이 비밀이
크도다-

이 비밀이 크도다

지은이 | 김성옥
펴낸이 | 원성삼
책임편집 | 김지혜
본문 및 표지디자인 | 한영애
표지 그림 | 전은호
펴낸곳 | 예영커뮤니케이션
초판 1쇄 발행 | 2021년 3월 12일
등록일 | 1992년 3월 1일 제 2-1349호
주소 | 03128 서울시 종로구 대학로3길 29(연지동) 한국교회100주년기념관 618호
전화 | (02) 766-8931
팩스 | (02) 766-8934
홈페이지 | www.jeyoung.com
ISBN 979-11-89887-37-7 (03230)

값 21,000원

모든 인간은 하나님의 형상을 닮은 존귀한 존재입니다. 사람은 인종, 민족, 피
부색, 문화, 언어에 관계없이 모두 다 존귀합니다. 예영커뮤니케이션은 이러한
정신에 근거해 모든 인간이 존귀한 삶을 사는 데 필요한 지식과 문화를 예수 그리스도의
사랑으로 보급함으로써 우리가 속한 사회에 기여하고자 합니다.

비밀!
성경 전체에 흐르고 있는
신랑되신 그리스도와 신부된 교회의
웨딩스토리

이 비밀이 크도다

김성옥 지음

예영

저자는 가슴을 부풀려서 '이 큰 비밀'을 말하고 있습니다. 평생 이 비밀에 휩싸여 스스로 누리는 결혼의 아름다움을 진지하게 전달하려고 애쓰고 있습니다. 그래서 두 번째 책을 서둘러 펴냅니다. 이 책은 쉽습니다. 누구나 편하게 펼쳐 들면 이웃집 아줌마가 도란도란 들려주는 이야기처럼 친근하게 다가옵니다. 그냥 사는 이야기는 아닙니다. 성경의 처음부터 마지막 어린 양의 혼인잔치까지 결혼의 아름다움을 샅샅이 살핍니다. 나아가 교회론으로 결혼을 단단하게 묶습니다. 결혼이 그리스도와 교회의 관계를 깨닫게 하는 고난의 길이기 때문입니다. 교회인 신부의 영성은 그리스도의 고난의 자취를 따르는 영성이라고 말합니다. 그렇기 때문에 결혼은 더욱 아름답고 신비스럽습니다. 이렇게 성경적, 교회론적으로 결혼을 그리는 이 책의 매 장마다 장점이 잘 드러납니다.

아마 남자 신학자라면 같은 성경을 살펴도 결혼을 상당히 현학적이고 고상하며 어렵게 묘사할 것입니다. 하지만 저자는 수십 년 상담과 공동체를 이끌면서 미혼은 결혼으로 이끌고, 파경은 회복시키는 사역을 했고, 믿음의 영성으로 부드럽고 세밀한 필체로 이 책을 집필했습니다. 그것은 결혼의 찬란한 빛으로 인도합니다. 무엇보다도 결혼이 사랑의 믿음에서 나온다는 것을 잘 보여 줍니다. 남편의 사랑과 아내의 순종은 오직 교회의 머리이신 그리스도의 은혜 안에 임한 하나님의 사랑을 성령 안에서 믿음으로 맛보아 이룰 수 있는 신자의 덕목이기 때문입니다. 저자는 이 메시지를 전하면서 이 땅에서 결혼과 가정이 든든하게 설 것을 간곡하게 당부합니다. 이 책을 통해 결혼 안에서 부부가 뿜어내는 아름다운 향기가 널리 퍼지기를 기대합니다.

유해무 교수_전 고려신학대학원, 『교의학』의 저자

저자는 결혼을 아담 창조에서 출발하여 구약 교회의 언약관계를 통과하며, 그 언약을 파기하는 인간의 모습이 안타까워 예수님께서 신약 교회에 구원의 청혼을 한다. 다시 오실 신랑을 온전히 신뢰하는 신부로, 결혼의 완전한 연합인 요한계시록 어린 양의 혼인잔치로 이끄시는 이 비밀을, 교회와 결혼관계로 잘 풀어서 들려주는 사랑 이야기로 엮어 간다.

30여 년간 이 사랑의 목마름을 갈구하는 현장에서 그들과 함께 부르짖으며, 고뇌하고 보듬은 질문을 던지고, 답을 찾았다. "하나님과의 관계(친밀함)로 말미암지 않은 복음의 모양은 종교일 뿐입니다."는 말은 코로나19 사태에 이 시대를 보여 주는 큰 울림이다. 또한 결혼을 이 시대의 잣대로 미루는 젊은 청년들에게 나침반으로 다가온다. "하나님 나라의 실제는 가정이며, 제 남편(아내)은 내 곁에 그리스도로 보냄 받은 하나님의 형상이기 때문이며, 좋은 파트너가 되는 것과 하나님께 좋은 파트너가 되는 것은 같은 원리입니다."라는 저자의 고백은 결혼 42년차인 나를 두렵고 떨림으로 이끈다.

옥현순 사모_유해무 교수 아내

좋은 책을 쓸 수 있는 사람은 많지만 그렇게 살아 낼 수 있는 사람은 흔치 않습니다. 이 책은 저자가 실제로 살아온 신실한 크리스천 부부로서의 구체적 고백이며 살아 있는 신앙적 지향입니다. 이 책을 통하여 여러분 모두가 그리스도 안에서 아름답고 행복하게 살고 있는 부부의 숨겨진 보석 같은 진실을 발견할 수 있기를 축원합니다.

이재영 대표_오두막공동체

아직도 변함없이 소년소녀 시절의 애정 어린 호칭을 쓰고 있는 부부의 모습을 늘 가까이 지켜볼 수 있었던 것은 우리 부부에게도 큰 행운이었습니다. 부부관계를 그리스도 안에서 최고의 영성으로 승화시킨 김성옥 소장의 아름다운 고백에 박수를 보냅니다.

최영희 권사_이재영 대표의 아내

『이 비밀이 크도다』를 읽으면서 성경은 삶으로, 온몸으로 해석되어야 한다는 것을 알고 감격했습니다. 저자가 '결혼과 가정과 치유와 복음과 하나님 나라'라는 주제에 생애를 걸고 사람을 섬기고, 살리고, 회복시키는 데 흘린 눈물과 기도와 쏟은 진액은 하나님만이 아실 것입니다. 우리는 결혼과 부부관계, 성관계는 행복을 위한 주제일 뿐이지, 그것이 복음의 본질이자 하나님 나라의 핵심이라는 것은 놓치기 일쑤입니다. 그만큼 우리는 몸과 영, 소위 세속적인 것과 거룩한 것, 이 땅과 저 하늘에 관한 날카로운 경계에 불안하게 서 있는 어린아이 같은 입장이 아닌가 싶습니다. 그는 부부 연합의 비밀을 복음의 진정한 본질로 이끌고 있고, 심지어 "이 비밀이 크도다 나는 그리스도와 교회에 대하여 말하노라(엡 5:32),"를 부부 연합의 비밀로 보고 교회론의 하이라이트로 해석합니다. 이제 회복되어야 할 복음의 권위와 세워져야 할 교회의 진정한 생명력은 부부관계의 회복과 가정에서 다시 시작해야 한다는, 새삼스럽지만 우리에게 남은 근원적인 싸움이라는 결론을 보게 됩니다.

저자는 부부의 가장 깊은 대화의 끝이 성관계이며, 부부의 성관계 안에 삼위 하나님이 함께 임재해 계신다고 말합니다. 하나님의 영광을 그곳에서 체험할 수 있다는 부분은 우리가 거룩한 것과 그렇지 못한 것을 애써 나누어 왔던 이분법을 기쁨으로 치유하는 힘이 있습니다. 그리스도 예수를 우리 안에 받아들였다면 그분의 영광은 우리의 몸 안에서도 그 아름다움과 복됨을 드러낸다는 것은 당연합니다.

온몸으로 써 내려간 이 귀한 책이 젊은 청년 세대뿐 아니라 가정사역자 그리고 교회의 회복과 하나님 나라의 도래를 갈망하는 모든 분의 애독서가 되기를 바라는 마음입니다. 나라가 어려울 때 충신이 난다는 옛말처럼 어려운 교회와 기독교계의 어두움 속에서 이 빛나는 책 한 권을 읽는다는 것은 큰 희망입니다.

김인수 대표_민들레공동체

약한 몸으로 많은 사람의 짐을 지고도 사역을 포기하지 않았던 한 사람이 삶의 연구와 통찰을 이 책에 담아 꽃다발처럼 내어 놓았습니다. 아마도 그 과정은 많은 눈물이었을 터인데, 열매로 나온 이 책은 보석처럼 마음을 반짝이게 하고, 일상을 하나님의 나라로 만듭니다. 남자와 여자, 가정, 결혼, 부부관계, 교회, 심지어 하나님 나라…. 이 막히고 부서지고 보수적이고 완고한 주제가 여기에서 다시 빛나고 자유롭고 아름다운 주제로 회복됩니다. 예수 그리스도와 하나 됨에 감격합니다. 내가 여자인 것이 행복하고 아내인 것이 감사합니다. 어린 양 피의 말씀으로 함께 다가와서, 남아 있는 어두움까지 따스한 빛으로 감싸안아 버립니다. 그리스도의 신부로, 하나님의 군대로 다시 사랑할 용기를 얻습니다.

누군가를 사랑할 때는 물론이며, 관계의 고통에 낙담할 때, 정체성의 뿌리를 찾을 때, 한 남성과 여성으로 하나님의 형상을 되살리고 싶을 때, 가정을 하나님의 나라로 완성하려 할 때, 교회를 그리스도의 몸으로 회복하고 싶을 때, 이 책을 읽으면 그 문이 열릴 것입니다. 다시 오실 주님을 기다리며, 회복될 하나님의 나라를 대망합니다.

권근숙 교장_민들레학교 교장, 김인수 대표 아내

주 안에서 사랑하는 저자 김성옥 권사님을 생각하면 세월이 흐를수록 더욱 청청하며, 결실하는 레바논의 백향목을 향한 시인의 노래가 떠오릅니다. 사람도, 세월과 함께 더욱 성숙해질 때에 아름답습니다.

의인들은 종려나무처럼 번성하고 레바논의 백향목처럼 자랄 것입니다. 여호와의 집에 심긴 사람들이니 우리 하나님의 뜰에서 번성할 것입니다. 그들은 노년에도

여전히 열매를 맺고 진액이 가득하고 싱싱할 것입니다. (시 92:12-14, 우리말성경)

저자는 경남 합천 초계에서 어린 시절을 보내고, 결혼 후에는 진주에서 서부 경남을 모판으로 사역의 씨앗을 뿌리며 가꾸기 시작하셨습니다. 후에는 도움이 필요한 곳이면 우리나라 어디든지 달려 가고, 해외까지도 마다하지 않고 한 평생 사역하신 열매처럼, 이번에 귀한 책을 출판하게 된 것을 주 안에서 함께 기뻐합니다. 처음에는 서부 경남 농어촌 사역자들의 사모들을 섬기는 일, 이 땅에서 가장 존귀한 분들이지만, 지역주민이나 교인, 심지어 남편에게도 대우 받지 못하는 연약한 분을 주님의 사랑으로 섬긴 기록을 우리는 이 책에서 만납니다. 그가 전한 한 마디 말로 소성하게 된 많은 성도를 기억하면, 권사님을 높이고자 하는 하늘 아버지의 마음을 만나게 됩니다.

하나님 사랑을 잃어버린 사람들의 삶에 아름다운 부부 사랑을 가꾸어 가기란 기적과 같지만, 전능자 하나님은 결국 만물을 새롭게 하실 것입니다. "나 요한은 거룩한 도시 새 예루살렘이 하나님 계신 하늘에서 내려오는 것을 보았습니다. 그 광경은 마치 결혼식에 단장한 신부가 내려오듯 아름답고도 영광스러운 것이었습니다." 그때 부부됨의 유별함과 존귀함을 온전히 깨닫게 될 것입니다.

『이 비밀이 크도다』를 통해 성경 곳곳에 흐르는 부부 사랑을 회복시키려 하시는 하나님의 열심을 배우게 될 것입니다. 우리는 이 책을 통해 그 비밀, 웨딩스토리와 교회, 여성 됨, 연합함, 남녀의 역할, 신부의 영성, 복음의 능력을 통해서 삶의 가장 귀한 부분을 속속들이 배울 것입니다. 나아가서 우리는 그리스도의 신부된 자아상을 회복하게 되어 날마다 신랑 예수 그리스도의 오심을 대망하는 성도로 자리 잡게 될 것입니다.

"아멘, 주 예수여, 어서 오시옵소서."

정근두 목사_에스라성경대학원대학교 총장

제가 저자를 처음 만난 때는, 저자가 고려신학대학에 입학하던 1974년입니다. 대학 후배가 되더니 몇 년 후 제 친구와 결혼했습니다. 두 사람이 함께 부부로, 그리스도인 사역자로 사는 모습을 먼 발치에서 보며 40년이 넘는 세월을 보냈습니다. 저자가 앞장서고 남편이 도우면서, 상담하고, 사람들의 회복을 돕는 사역을 하는 줄은 알았지만, 헤세드 사역이 이렇게 능력 있게 진행되는 줄 몰랐습니다. 이것은 자랑을 모르는 두 부부의 심성 때문이기도 하고, 또 이 모든 것이 자신들의 헌신의 결과이기 전에, 복음의 능력이라고 믿기 때문일 것입니다. 참 감사한 일입니다.

이 땅에서 우리가 할 수 있는 가장 영광스러운 일은, 복음으로 사람을 살리며, 가정을 회복시키는 일일 것입니다. 헤세드 사역이 이미 많은 열매를 맺고 있음을 함께 기뻐하면서, 앞으로 사람을 살리는 사역자로서 두 분이 남은 길을 더욱 잘 걸어가기를 기도합니다. 바라기는 가능한 한 많은 성도가 함께 『이 비밀이 크도다』를 읽고, 먼저 자신이 회복되고, 그 후 다른 사람의 회복을 돕는 자로 살기를 소망합니다.

박은조 목사_글로벌문도하우스 원장

성부 하나님께서는 천지 만물을 아름답게 다 지으신 후, 마지막으로 남자와 여자를 지으시고, 친히 주례하셔서, 부부로 세우셨습니다(창 2:18). 성자 예수님께서는 공생애를 시작하시면서, 이름도 모르는 가나의 평범한 한 부부의 혼인을 축복하시면서 첫 이적을 행하시고, 구원 사역을 시작하셨습니다(요 2:1-11). 성령께서는 그분이 우리에게 충만하실 때 그 활동의 첫 영역이 부부간의 사랑과 순종의 삶이라고 말씀하셨습니다(엡 5:18-33). 이렇게 결혼과 가정은 삼위 하나님께서 소중히 여기시는 영역입니다.

성령께서는 에베소서를 통해서 그리스도와 교회의 관계가 곧 부부관계라는 놀라운 비밀을 말씀하십니다. 부부관계에 하나님 나라의 비밀이 있고, 이 비밀이 성경 곳곳에 나타나 있습니다. 이 말을 바꾸어 생각하면, 어쩌다 만나서 부부가 된 나와 내 배우자의 관계를 통해서, 우리는 머리되신 예수님과 우리의 관계를 더욱 깊이 인식하고 누릴 수 있다는 말씀입니다. 참으로 신기한 비밀이 아닐 수 없습니다.

또한 여성의 지위에 관해서도 성경은 그 시대로서는 상상도 할 수 없는 놀랍고 비밀스러운 가르침을 기록하고 있습니다. 예수님의 부활은 교회의 생명이 걸린 핵심 사건입니다. 그런데 이 부활의 최초 증인은, 당시 법정의 증인도 될 수 없었던, 사람 수를 셀 때 포함되지도 않던 여성들이었습니다.

이 책에서 저자는 가정과 관련된 이런 비밀을 자세히 다루고 있습니다. 그래서 모든 남편과 아내가 이 책을 읽고, 하나님의 더욱 깊은 비밀 속으로 들어오시기 바랍니다. 결혼할 모든 분들은 이 책을 읽고, 신비로 가득한 하나님의 가르침 속에서 여러분의 새 인생을 시작하시기 바랍니다.

양미희 사모_박은조 목사의 아내, 커피 브레이크 강사, 부부의 삶 영성수련회 강사

부부의 연합, 영생의 비밀

보라 형제(부부)가 연합하여 동거함이 어찌 그리 선하고 아름다운고…거기서 여호와께서 복을 명령하셨나니 곧 영생이로다(시 133:1-3).

저는 C국에서 20년 넘게 사역하고 있습니다. 이번 코로나 기간에 앞서 저자의 첫 번째 책 『회복』을 중국어로 번역하였습니다. 번역하면서 하나님과 깊이 교제하는 광합성 기도에 대해 감동받았습니다. 이 내용을 나누었을 때, 어떤 부부는 자면서 호흡을 하면서 광합성 기도를 했는데, 마침 그날 그 도시에 지진이 났습니다. 그런데 주님과 깊은 교제 가운데 지진난지도 모르고 평안히 잘 잤다고 합니다. 주님께서 지켜 주셨습니다. 『회복』으로 중국 여러 곳에서 수양회를 열어, 각 교회마다 은혜받고 있습니다. 서로 용서하고 자신이 존재 가치와 의미를 주님 앞에서 예수 그리스도의 생명 값으로 여기는 생명 회복의 역사가 일어나고 있습니다.

『이 비밀이 크도다』의 출간을 하나님께 감사드립니다. 예수 그리스도의 은혜를 깊이 알고 그 사랑을 실천하며, 하나님과 깊은 연합을 이루며 사는 성도들이 대체로 부부의 사이가 좋으며, 또 그 자녀들도 그런 부모님께 효도하는 것을 보았습니다.

이처럼 신앙의 좋고 풍성한 열매는 그리스도 예수와 깊은 사랑의 연합을 이루고 그 안에 깊이 뿌리를 박아 그리스도의 생명을 풍성하게 받아 누리는 자들에게 나타나는 하나님의 축복입니다. 남자라는 히브리어 'שׁיא(이쉬)'와 여자 혹은 아내라는 의미의 히브리어 'אשׁה(이샤)'에서 각각 불을 뜻하는 히브리어 'אשׁ(에쉬)'를 떼어내고 합치면 하나님의 이름 여호와의 단축형인 'יה(야)'가 됩니다. 부부가 예수 그리스도의 사랑으로 서로를 용서하고, 성령의 뜨거운 불길로 모든 죄와 상처와 아픔을 태우고, 또 그 뜨거움의 용광로에서 하나로 연합할 때, 그 부부와 가정에 하나님의 영광이 드러나게 되는 것이 하나님의 진리입니다. 이 시대의 많은 부부의 문제점은 바로 부부 사이에 "예수 그리스도의 사랑"이 없는, 곧 하나님의 임재가 사라진 문제라고 볼 수 있습니다.

『이 비밀이 크도다』는 하나님과 깊은 연합을 이루는 자가 부부 사이에서도 깊은 사랑을 완성하며 하나님의 영광을 드러내는 진리를 잘 나타낸 책입니다. 이 책을 통하여 많은 가정이 부부 사이에 예수 그리스도의 사랑이 부재한 문제를 깨닫고 예수 그리스도의 사랑으로 회복되어 많은 열매를 맺는 성령의 역사가 일어나기를 간절히 기도합니다.

김모세 선교사_C국

김성옥 소장님의 강의가 빨리 책으로 출판되기를 얼마나 사모하고 기다렸는지 모릅니다. 저는 사역 현장에서 지치고 힘들 때마다 소장님의 강의 CD를 들으며 소생할 수 있었기 때문입니다. 『회복』을 번역하는 과정과 책 내용을 통해 저희 부부의 삶의 변화는 물론이고, 선교 사역 현장에서 많은 치유와 회복의 놀라운 역사를 경험했습니다. 소장님의 눈물과 미소가 스민 두 번째 책을 읽으며 비밀의 깨달음과 넘치는 성령의 감동을 꼭 선교 현장의 젊은이들에게 나누고 싶은 마음이 간절합니다. 그래서 『이 비밀이 크도다』가 하루 빨리 중국어로 번역되기를 기도하고 있습니다.

이 책은 특히 마지막 시대를 사는 그리스도인들을 향한 주님의 외침으로 다가옵니다. 예수님의 첫 번째 표적인 갈릴리 가나의 혼인에 대한 의미와 재림, 즉 요한계시록에서 성취될 어린 양의 혼인잔치와 상관관계를 여러 관점에서 잘 드러내고 있습니다. 또한 결혼을 기다리는 교회인 신부의 정체감과 다시 오실 신랑을 기다리는 신부의 영성으로 결혼이란 주제 아래 있는 모든 남자와 여자, 부부를 향하여 하나님과의 관계에서 그 어떤 사역보다 우선 되는 친밀한 사랑의 영성의 삶을 살아야 한다고 외치듯 촉구하고 있습니다. 결혼을 앞둔 젊은이, 결혼의 위기 가운데 있는 분은 물론 건강한 부부일지라도 꼭 읽어야 할 필독서입니다. 이 책은 내면을 조명하고 기름부음을 덧입게 하는 은혜가 있기에 사역자들에게 적극 추천합니다.

김폴린 선교사_C국, 김모세 선교사의 아내

이 책을 읽으면서 제 가슴이 얼마나 쿵쾅거렸는지 모릅니다. 새기고 또 새기고, 다지고 또 다지고 싶은 책이었습니다. 빨리빨리 읽기엔 너무 아까운, 내면화를 시키기까진 시간이 걸릴 듯합니다. 그 비밀을 캐내고 싶은 기대감으로 넘칩니다.

먼저 믿음의 선배님이신 김성옥 저자의 삶의 열매인 『이 비밀이 크도다』의 출간을 진심으로 축하드립니다. 천국의 놀라운 이 비밀을 함께 알아가는 자리에 있게 하심이 큰 기쁨입니다. 부족한 제가 짧은 순례자의 여정 속에서 그리스도 안에서 여성의 정체성, 결혼, 아내, 역할에 대한 많은 고민과 다음세대 여성을 향한 생각으로 고심할 때에 저자는 이미 수십 년 전부터 그 물음에 대한 답을 말씀과 삶을 통하여 찾으시며, 묵묵히 걸어오셨습니다. 그 인내로 태어난 이 책은 단순히 활자가 아닌 저자의 깊은 묵상과 기도, 말씀을 삶으로 살아내기 위한 고군분투의 흔적임을 감히 압니다. 어느 날 불쑥 찾아 뵈었을 때에도 최고의 환대로 평안과 행복과 기쁨으로 위로해 주셨습니다. 돌아보니 이미 그때에도 구약부터 신약에 이르기까지 말씀에 뿌리를 내린 그리스도와 교회, 남편과 아내, 그 비밀을 이미 내면화하셔서 저자 안에 하늘의 충만한 비밀의 깨달음이 잉태되어 있으셨던 것 같습니다. 하나님의 때에 우리에게 함께 나눔이 된 이 비밀은 저에게도 표현 못할 비밀이 되었습니다. 세상이 앗아갈 수 없고, 알 수도 없는 그 충만한 기쁨으로, 오직 은혜로만 알 수 있는 비밀, 그곳으로 여러분을 안내합니다.

이지현 원장_내과전문의

성경은 아담과 하와의 결혼으로 시작하여 그리스도와 교회의 결혼으로 끝납니다. 결혼생활은 성경 전체를 통해 가르치는 신비스러운 진리입니다. 아담과 하와의 관계가 결혼의 사적인 영역이라면 예수 그리스도와 교회의 관계는 결혼의 공적인 영역이라 할 수 있습니다. 이처럼 결혼생활은 개인적인 관계에서 시작하여 공동체적인 관계에서 완성됩니다. 결혼생활은 벅찬 희망과 기쁨으로부터 시작되지만 여러 가지 고통과 번민 가운데 지속적인 성찰과 깨달음을 통하여 성장하고 성숙하여 완성을 향해 나아가는 영적 여정입니다. 지금 우리는 이 길고 긴 비밀 통로 어딘가를 걸어가고 있습니다. 어떤 이들은 실패하여 그 길에서 이탈했고, 어떤 이들은 평생 그 입구 근처에서 서성거리고 있지만, 어떤 이들은 상당히 완성에 근접해 있는 것을 보게 됩니다. 성인들은 결혼생활이 사적인 관계에 머물러 있지 말고 공동체적 관계로 성숙하도록 가르치고 있습니다. 저자는 이 책에서 그 비밀의 여정을 풀어 가고 있습니다. 그는 성공적 결혼생활과 오랜 공동체 생활 그리고 진지한 연구와 수많은 당사자들과 이루어진 임상적 경험들을 통해 그 비밀을 하나씩 터득해 왔습니다. 보다 성숙한 결혼의 영적 여정을 걷고자 하는 이들에게 훌륭한 안내서가 될 것입니다.

유장춘 교수_한동대학교, 샬롬공동체

우리 부부의 삶을 돌이켜 보건대 결혼은 피 묻은 십자가 복음입니다. 너무나 비밀스럽고 신비한 진리의 길입니다. 그러나 실제적인 이해와 적용은 쉽지 않습니다. 적당히 이해하고 살아갈 뿐입니다. 이 책을 읽으면서 나 자신의 결혼생활과 그리스도의 신부로서 삶의 본질에 대하여 깊이 성찰하게 되었습니다. 저자는 여성에 대한 특별한 부르심에 순종하여 섬김과 돌봄으로 40여 년을 걸어오신 분입니다. 그녀는 말씀과 상담 사역으로 그들을 세워 가며 하나 됨을 위하여 공동체의 삶으로 헌신해 왔습니다. 저는 이 책에서 저자가 섬세함과 예리함으로 외치는 호소를 듣는 것 같았습니다. 이 책을 제가 속한 공동체의 자매들과 함께 공부하며 실제 결혼생활과 그리스도와의 영적 연합에 대하여 새로 신부수업을 하고 싶은 생각이 들었습니다. 그리스도를 신랑으로 맞이한 아름다운 신부들에게 이 책은 쉽지만 깊고 넓게 생생한 현장감으로 잘 인도하고 있습니다. 이 책을 다 읽을 즈음에는 완벽한 사랑과 빈틈없는 자비심으로, 온 세상을 품는 포용력으로, 생명의 값을 치루신 신랑을 만나게 될 것입니다. 오랫동안 기다리시며 두 팔 벌려 맞으시며 모든 부끄러움 수치, 실수, 아픈 과거를 치유하고 기억조차 아니하시는 그 신랑의 품에 안긴 나의 현존을 또렷이 경험하게 될 것입니다.

박은희 사모_샬롬공동체, 유장춘 교수 아내

비밀, 가정은 교회론의 하이라이트

창세기는 만물의 시작에 대한 메시지를 전하고 있습니다. 하나님의 천지창조는 사람을 지으심, 특별히 여자를 지으심으로 완성됩니다. 하나님의 천지창조의 완성은 부부가 만나는 결혼이었고, 처음 부부의 삶은 만남으로 인한 감격적인 삶이었습니다. 그리고 그것은 하나님께서 교회보다 먼저 세우신 가정이라는 공동체의 시작이었습니다.

여기에서 '비밀'은 교회(그리스도와 교회의 관계)에 담긴 원리가 가정(부부)의 원리이며, 동시에 가정의 원리가 교회의 원리이기도 하다는 의미입니다. 본문은 본래 가정(부부)에 대해 교훈하는 내용이며, 배경이 되는 에베소서는 바울이 교회에 대하여 교훈하는 서신입니다. 저자는 배경(Context)에서 본문을 해석하며 이 비밀을 '교회론의 하이라이트'라고 표현합니다. 모든 사회적인 문제의 핵심이 가정과 교회의 약화며, 그래서 문제의 답은 가정과 교회를 회복하고 성숙시키는 것이라고 말합니다.

가정을 가정이 되게 하고 교회를 교회가 되게 하는 원리로는 크게 두 가지를 제시합니다. 하나는 '연합'의 원리입니다. 하나님의 형상으로 지음을 받은 남편과 아내가 삼위일체의 하나님, 코이노이니아(공동체적인 삶)의 하나님처럼 영적으로 하나가 되고 육체적으로도 하나가 되는 원리입니다. 부부는 "하나님의 거울(형상)이 내 옆에 누워 있다."고 고백할 수 있어야 함을 강조합니다.

다른 하나는 연합의 열쇠, 즉 연합을 위한 방법으로 '사랑과 순종'의 원리를 제시합니다. 순종은 그리스도를 사랑하기 때문에 하나님께 순종하는 것으로 사랑의 다른 모습을 표현하는 것입니다. 결국 연합의 원리는 '사랑'입니다. 특별히 창세기의 돕는 '배필(에제르)'은 '죽기까지 책임지는 관계'라고 원어의 뜻을 소개합니다. 그것은 예수님께서 "자기 피로 사신 교회(행 20:28)"라고 표현하신 것과 같은 의미입니다. 가정이나 교회의 연합을 위한 방법은 사랑의 원리입니다.

하나님은 '하나님과 결혼하기 위해' 인간을 창조하셨으며, 그리스도를 통해 구원하신 또 다른 가정, 교회를 '구원의 동반자'로 삼으셨습니다. 이 책은 창세기의 가정 공동체로 시작하여, 에베소서에서는 가정 공동체에서 교회 공동체로 이어지며, 요한계시록에서 하나님의 가족 공동체로 완성되는 성경의 전체 내용을 '웨딩스토리'로 정리하였습니다. 그것은 하나님의 구원 역사에서 가정과 교회가 매우 중요하다는 것을 알게 합니다. 나아가 그리스도인들이 하나님의 구원 역사에 바르게 참여하려면, 모든 문제와 해답의 본질이 되는 가정과 교회가 회복하고 성숙해야 함을 깨우쳐 줍니다.

정태일 목사_사랑방공동체 대표

여성 여러분! 사랑합니다. 여성 여러분은 자신의 여성 됨을 사랑합니까? 기쁨으로 여겨집니까?

이 책을 읽는 내내 뭇 여성들에게 눈을 맞추시며 같은 질문을 하시는 저자의 사랑이 담긴 표정이 떠오릅니다. 동시에 여성인 나와 가정에서의 나 그리고 공동체 안에서의 나의 모습을 재조명해 보는 유익한 시간이 되었습니다. 우리의 삶 속에 다양한 만남이 있지만 부부의 만남만큼 신비하고 아름답고 소중한 만남이 있을까요? 세상의 많고 많은 사람 중에 남자와 여자로 만나 사랑하고, 결혼하고, 가정을 이룬다는 것은 정말로 기적입니다. 이 기적과 같은 부부의 삶을 우리는 감사하며 바르게 살아가고 있는지요? 한 번쯤 진지하게 돌아보며 회복하도록 도움을 주는 책이 출간되어 감사합니다. 특별히 그리스도인으로서, 하나님께서 가장 큰 사랑의 표현으로 짝지어 주신 부부관계를 통해 복음의 놀라운 비밀을 깨닫게 하시니 감사합니다.

삶을 다양하게 표현할 수 있지만 계속적인 관계의 연속이라고도 이야기합니다. 저자가 늘 하는 질문 속에는 바른 관계를 이어갈 수 있는 여자인 나에 대한 정체성을 확인해 보라는 것이 매우 중요하다는 생각이 들었습니다. 우리는 지금 따라가기가 숨가쁠 정도로 변화가 빠른 시대를 살고 있습니다. 이 변화 속에서 여성의 자리와 역할과 가치관도 많은 변화가 있습니다. 늘 다른 사람들의 영향을 받던 소극적인 위치에서 다른 사람들에게 영향을 끼치는 능동적인 모습으로 달라지면서 긍정적인 점도 많지만 여성만이 가지고 있는 고유하고 소중한 것이 변하므로 또 다른 어려움이 생기지 않았나 하는 생각도 해 봅니다.

저자는 책 속에서 부부 관계를 말씀 안에서 하나님과 이스라엘, 그리스도와 교회와의 사랑과 순종의 관계로 잘 이해하도록 도움을 주셨으며 그리스도인의 가정에서 남편과 아내의 자리와 역할에 대해서 자세하게 설명해 주셨습니다.

가정에서의 아내의 역할을 에제르(돕는 자), 즉 성령의 역할이라고 하신 것과 복종이란 주제를 사랑의 또 다른 표현이라는 글에 또 한번 마음이 뭉클했습니다. 하나님의 사랑을 깨닫는 비밀의 통로로 주신 가정을 지키는 데는 많은 유혹과 어려움이 있겠지만 예수님께서 교회를 사랑하시고 교회가 예수님께 순종함같이 남편과 아내도 사랑과 순종으로 주님 안에서 영적 연합이 될 때 하나님께서 원하시는 진정한 부부 그리스도인의 가정이 가능함을 전하셨습니다. 공동체 안에서 우리 가정, 가정 안에서의 아내인 내가 하나님의 비밀을 전하는 에제르의 모습으로 선한 영향력을 끼치는 삶을 살고 싶습니다. 하나님을 믿는 모든 가정과 결혼을 준비하는 사람들에게 읽어 보시기를 추천합니다.

이월영 사모_정태일 목사의 아내, 꾸러기어린이학교 교장

5부: 연합의 비밀

고교시절 "나에게 한 세대의 신앙의 어머니를 달라. 그러면 반세기 동안에 세상을 변화시키겠다."라는 말이 어디서 들었는지는 기억나지 않지만 늘 가슴에 꽂혀 있었습니다. 그리고 '여성의 존재 목적은?', '여성으로서의 나의 정체성은?'이라는 주제로 고민했습니다. 누구도 여성의 정체성에 대하여 가르쳐 주는 사람은 없었지만 예사로운 존재는 아닌 것 같았습니다.

어머니날이었던 것 같습니다. 한복을 입은 한 여인이 가슴에 카네이션을 달고 있었는데, 술이 취한 상태로 비틀거리며 한복의 치마 허리가 반쯤 흘러내려간 모습을 보며 어린 가슴을 태웠던 기억이 있습니다. 철없는 어린 소녀였지만 주변의 여성들을 바라보며 막연한 사명감에 불타고 있었던 것이죠.

70년대 초반 고려신학대학(현 고신대학교)을 들어갔을 때에도 여성이 신학공부를 하는 경우는 흔치 않았습니다. 남학생들이 가끔씩 "여자가 왜 여기 왔노?"라고 물었습니다. 그 즈음, 교지에 글 쓸 기회가 있었습니다. 글의 요지는 '내가 이곳에 온 이유는 사역자가 되기 위해서가 아니라 말씀을 통하여 진정한 여성의 창조 목적이 어떠한지를 배우기 위함이다.'였습니다. 제 마음속 깊은 곳에는 이러한 갈망이 점점 더 커져 갔습니다.

졸업논문 주제도 "사모학"이었습니다. 부끄럽지만 논문의 골자는, 사모는 사명에 앞서 창조 목적대로의 진정한 여성이어야 한다는 것이었습니다. 여성의 정체성에 바탕을 두지 않은 사명이나 역할은 하나님의 생명 흐름을 방해하는 위험을 초래할 수 있기 때문입니다. 40년이 훨씬 지난 지금, 제 가슴속에는 여전히 여성에 대한 뜨거움이 있습니다.

그 가슴의 온도로 이 책을 집필하게 되었습니다. '여성'에서 시작되었던 주제는 '하나님의 나라의 내면화', '결혼', '교회론', '왕의 신부'로 확장되었습니다. '여성'이라는 주제는 결국 성령님께로 이양되게 하셨습니다. 아담의 갈비뼈로, 창조의 최후의 걸작품으로 지음 받은 에덴의 여왕은 참으로 아름다웠습니다. 잭 하일스의 말처럼 "성경에 나오는 여인들의 모든 장점을 다 가진 여인이 바로 그녀였습니다."

범죄로 인한 여성의 에제르적 삶의 상실! 그 에제르적 삶의 회복이 필요합니다. 하나님의 형상 회복은 곧 여성에게는 상실된 에제르성의 회복입니다. 결심하고 흉내 낸다고 닮는 것이 아님을 잘 압니다. 성령님을 알아가는 길은 그분과 함께 그분과 더불어 먹고 마시는 길입니다. 이러한 삶의 훈련의 장이 한국의 땅끝 복음의 불모지 서부 경남의 한 모퉁이에서 시작됩니다.

1980년대 서부 경남 지역은 복음화률이 5% 미만이었습니다. 그 당시 복음의 열정을 가진 청년 대학생들과 함께 교회가 없는 마을을 찾아가 학교 운동장 모퉁이 그늘 아래, 마을회관에서 노천 성경학교를 열며 복음을 전하고 있을 무렵, 서부 경남의 복음화를 위한 선교회(목회자·평신도의 연합)가 만들어졌습니다. 저는 이때 자연스럽게 사모들을 중심으로 모임을 만들었습니다. 매주 저희 집에 모여서 식탁 교제를 하며 말씀을 나누었는데, 그 당시(80년대 후반) 사모들은 대외적인 활동의 기회가 거의 없었던 때라 다들 모임을 사모하며 기다렸습니다. 그 모임이 아름답게 영글어가며 사모 모임뿐만 아니라 여러 지역들에서 여성 모임, 목회자를 위한 세미나에 이르기까지 확장되었습니다. 격식은 없었지만 어려움을 나누고, 격려하며, 말씀과 음식을 나누는 만남 가운데 성령님은 각자의 삶에 조용한 혁명을 이루셨습니다. 한 사람의 변화는 가족 모두의 관계에 영향을 미치고 하나님 나라의 구체적인 회복의 삶을 누리게 하셨습니다. 저는 함께한 분들의 가진 다양한 삶의 모양, 눈물과 고통의 현장 가운데 성령 하나님의 일하심을 통하여 하나님의 헤세드를 배우게 되었고, 그들의 눈물 속에 계신 예수님을 만나게 되었습니다. 그 현장은 저에게는 초대교회였고, 하나님을 만나는 성소였습니다.

주님은 고교시절 제 가슴속에 심어 주셨던 여성에 대한 뜨거운 관심에 기름 부으셔서 자기의 사랑하는 수많은 딸들을 섬기는 일을 하게 하셨음을 이 글을 쓰며 다시 깨닫게 됩니다.

이 책의 여성의 정체성에 대한 내용은 곧 남성의 정체성을 동반한 말씀이며 곧 인간이라는 주제입니다. 그러므로 여성에게만 국한되는 것이 아닙니다. 나아가 예수 그리스도와 교회는 곧 나의 결혼 이야기입니다. 모든 사람의 일생 가운데 가장 많은 관심은 결혼일 것입니다. 그 관심의 시작이 아이들이 자라가는 과정에서 이성에 대한 관심이며 그것의 종착역은 결혼입니다. 남자와 여자의 서로를 향한 관심은 청소년기, 청년기를 지나 어른이 되어서도 있습니다.

결혼이 없는 세상은 존재할 수 없습니다.

결혼이 존재하기에 인류가 존재하고 세상이 존재하는 것입니다.

결혼은 사회와 국가의 필수요건입니다.

기초가 무너지면 집이 흔들리듯 결혼이 무너지면 공동체와 사회 존속이 불가능합니다. 인류는 기본적인 결혼 관계를 통하여 존속하고 번영하여 왔습니다. 그러므로 결혼 관계를 파괴하려는 사탄의 전략은 예부터 지금까지 계속되고 있으며, 지금 더욱 구체적이고 합법적으로 결혼을 파괴하고 변질시키려는 이슈로 혈안이 되어 있는 것을 우리 모두 잘 압니다. 그래서 오래전부터 강의해 왔던 주제를 『회복』에 이어 서둘러 적게 되었습니다.

지금 이 세상에서 가장 도전받고 있는 것들이 무엇인지 살펴보면 하나님께서 가장 중요하게 여기는 주제가 무엇인지 알 수 있습니다. 복음의 본질은 결혼이란 주제를 떠나서는 그 깊이를 설명하기 어렵습니다. 우리 사회의 어두움을 보여 주는 이혼, 졸혼, 자살, 우울증, 각종 중독은 결혼이 얼마나 어둠의 세력으로부터 도전받고 있는지 보여 줍니다. 이 모든 것이 건강한 가정의 부재에서 비롯됨을 부인할 수 없습니다.

이미 출판된 『회복』은 하나님의 나라의 실제를 우리 삶에서 누리기 위한 복음의 내면화와 치유 과정이었고, 『이 비밀이 크도다』는 복음의 내면화로 마음 밭이 옥토로 준비된 자가 더 깊은 복음의 진수를 누릴 수 있도록 하나님과 인간과의 관계에 담겨 있는 복음의 진수를 지금 우리의 결혼 현장을 통해 드러냅니다.

성경 전체에서 흐르고 있는 놀라운 비밀인 '그리스도', 그 그리스도와 우리와의 관계 가운데 흐르고 있는 사랑, 아가서에 표현된 진한 사랑이 곧 나 자신의 이야기가 되어 다시 오실 신랑을 기다리는 교회인 신부로서의 삶이 정결한 삶으로 거듭나기를 바랍니다. 또한 현재의 결혼을 통하여 하나님과 더 깊은 연합의 비밀을 제대로 누리기를 바랍니다.

글을 집필하다 보니 다듬지 않은 울퉁불퉁하고 거친 돌 같아서 독자 앞에 선뜻 내놓기에 송구한 생각이 듭니다. 그러나 "다듬은 돌로 쌓지 말라."는 말씀을 기억하며 용기냅니다. 그동안 사역 가운데 캐내게 하신 보석을 있는 모양 그대로 꿰어 주님께 내어 드립니다.

지금 헤세드 공동체의 들녘에는 햇살이 있는 한 언제든 흐드러지게 피어오른 들꽃을 볼 수 있습니다. 눈여겨 보지 않으면 지나쳐 버리고, 짓밟히기 쉬운 힘없는 들꽃에 지나지 않지만 언제나 그 자리에서 수줍은 듯 고개를 내밀며 강한 생명력을 뿜어내는 경이로움을 발견하게 됩니다. 들꽃 하나하나에 깃든 만물 가운데 충만하신 하나님의 충만하심이 부족한 제 글에도 덧입혀져 하나님의 충만하심으로 드러나기를 간절히 기도합니다.

이 책은 많은 분의 사랑으로 만들어졌습니다. 책을 집필하는 긴 시간, 곁에서 온갖 필요를 챙겨 주고, 원고 방향을 잡아 주신 나의 사랑 조이께 이 사랑의 결정체를 드립니다.

10회 이상 책의 각 주제별 강의에 참여하여 1차 독자가 되어 경청하고, 응원하며, 조언해 주신 분들께 감사를 드립니다. 원고 정리, 강의 녹취록 정리, 자료 정리, 워드 작업, 가편집, 요약 등 먼 거리도 개의치 않고 귀한 시간 쪼개어 달려와 도와주신 귀하신 동역자들이 너무 많아 일일이 거명하지 못하지만 그 귀한 사랑에 깊이 감사드립니다.

제 부족함에도 수많은 분의 사랑의 손길이 씨줄과 날줄이 되어 『이 비밀이 크도다』가 출간되었습니다.

오직 은혜입니다.

> 큰 기쁨의 좋은 소식을 이미 간직한 이 땅의 교회들에게
> 성령의 비를 부으소서!
> 이 땅과 이 세대의 속량을 기도하는 자들을 일으키소서!
> 그리하여 더 큰 기쁨의 좋은 소식인
> 다시 오실 주님을 맞을 정결한 신부로 거듭나는
> 부흥의 역사를 주소서!
> 마라나타!

저자 김성옥

● 소그룹에서의 활용을 위한 TIP ●

이 책은 한 번만 읽는 책이 아닙니다. 여러 번 반복하여 읽으면 더욱 좋습니다. 한 주에 1장씩 소그룹 교제로 활용하기를 권장합니다.

소그룹에서 활용 안내
① 한 그룹은 5-7명이 좋습니다.
② 그날 나눌 장은 미리 읽어 오는 것을 원칙으로 합니다.
③ 미리 읽어 왔더라도 다시 한 분씩 돌아가면서 일정한 분량을 또박또박 읽습니다. 시간이 소요되더라도 읽는 가운데 성령의 역사가 있습니다.
④ 각 장 뒷부분에 있는 "생각 나눔" 질문에 따라 생각을 나누십시오. 한 사람에게 너무 긴 시간이 지체되지 않도록 시간을 분배하십시오.
⑤ 남의 이야기가 아닌 자신의 진솔한 마음을 나누십시오.
⑥ 소그룹 내에서 어떤 이야기를 나누더라도 판단하지 마십시오.
⑦ 자신의 경험이나 지식을 다른 사람에게 강요하지 마십시오.

리더의 진행방법
① 장소와 형편에 맞게 찬양과 기도로 시작합니다.
② 소그룹 마무리는 대화식 기도(『회복』 참고)로 마치면 적용 효과가 큽니다.
③ 한 장의 분량이 너무 길면 적당한 부분에서 나누십시오. 진도가 나가는 것에 신경 쓰면 귀한 것을 놓칠 수도 있습니다.
④ 새로운 장을 시작하기 전에 지난 내용을 요약하기를 권합니다. 3분 내로 당번을 정하여 나누면 됩니다.
⑤ 모임의 진정한 인도자는 성령님이십니다.
⑥ 질문이 많은 장은 적절한 질문을 정하여 나누어도 됩니다.

1부

비밀

"이는 내 사랑하는 자요!"
존재, 구석구석까지
이 목소리를 듣고 있는가?

1-1
성경 속에 숨겨진 결혼 비밀

그러므로 사람이 부모를 떠나 그의 아내와 합하여 그 둘이 한 육체가 될지니 이 비밀이 크도다 나는 그리스도와 교회에 대하여 말하노라(엡 5:31-32).

저는 이 말씀을 볼 때마다 가슴이 뜁니다. 그 신비, 그 비밀이 무엇이기에. 바울은 자신이 깨달은 말씀의 감동을 글로 전할 수밖에 없었지만 만일 에베소 교회의 형제자매를 대면하였다면 벅차오르는 감격을 주체하지 못하고 큰소리로 외쳤을 것입니다.

"이 비밀이 크도다 나는 그리스도와 교회에 대하여 말하노라."

바울은 에베소서 5장 22절에서부터 계속 아내와 남편에 대해 말하다가 갑자기 부부의 하나 됨을 그리스도와 교회로 이끌어 엉뚱한듯 결론을 맺습니다. 이 말씀은 예수님과의 교회인 나의 결혼이라는 것입니다. 그러므로 그것이 비밀이라고 말하고 나아가 그 비밀이 '크다'고 말합니다. 그렇다면 나의 결혼이 예수님과 결혼이라니? 무슨 의미일까요? 우리의 **결혼은 그리스도와 교회와의 관계를 나타내는 가장 놀랍고 실제적인 관계입니다.**

다 이루었다

'이 비밀이 크도다'라는 바울의 내면적 외침과 함께 연상되는 말씀이 있습니다. 그 말씀은 요한복음 19장 30절에 나옵니다.

예수께서 신 포도주를 받으신 후에 이르시되 **다 이루었다** 하시고 머리를 숙이니 영혼이 떠나가시니라(요 19:30).

"다 이루었다." 이 절규는 예수님의 마지막 외침입니다. 십자가 위에서 물과 피를 다 쏟기까지 이 구원의 마침표를 찍으시기 위하여 심장이 파열되기까지 이 한 마디를 위하여 온몸으로 세상의 죄를 담으셨습니다.

죄인을 구하러 오신 초림 예수님은 죽음으로 신부의 값을 치르셨습니다. 유월절 만찬을 떠올려 보면, 다 이루었다는 이 말씀은 자신의 신부를 위하여 값을 목숨으로 치르셨기에 예수님은 '나는 나의 신부를 위하여 완불하였다'는 내면의 절규를 담아 외치신 것 같습니다.

다시 오실 예수님은 이제 신부를 찾으러 오실 것입니다. '다 이루었다'는 말씀은 '이 비밀이 크도다'라는 말씀 속에 들어 있는 보화 같습니다. 자신의 옆구리에서 탄생될 신부인 교회를 향한 사랑의 탄성이 가슴을 뭉클하게 합니다. '다 이루었다. 나의 신부여!'라는 사랑의 메아리처럼 말입니다. 이 비밀은 그리스도와 교회, 곧 신랑과 신부의 결혼 관계의 회복을 위하여 하나님의 아들이 생명으로 치르신 사랑의 결정체입니다.

내가 무엇이기에 이 같은 사랑으로 사랑하십니까? 진정 이 비천한 죄인을 왕의 신부로 부르셨습니까?

이스라엘을 아내로 표현하시는 하나님의 사랑

내가 하나님의 열심으로 너희를 위하여 열심을 내노니 내가 너희를 정결한 처녀로 한 남편인 그리스도께 드리려고 중매함이로다(고후 11:2).

신부를 취하는 자는 신랑이나 서서 신랑의 음성을 듣는 친구가 크게 기뻐하나니 나는 이러한 기쁨으로 충만하였노라(요 3:29).

바울도 사도로서 자신의 역할을 중매자로 표현합니다. 심지어 세례 요한도 그리스도의 길을 예비하는 자신을 들러리인 신랑의 친구라고 합니다. 신약에서 예수님과 교회(나)의 관계를 신랑과 신부로 묘사하듯이 구약에서도 하나님과 이스라엘을 남편과 아내로 묘사합니다. 우리가 잘 알고 있듯이 호세아서의 핵심은 결혼과 용서입니다.

여호와께서 호세아에게 이르시되 너는 가서 음란한 여자를 맞이하여 음란한 자식들을 낳으라 이 나라가 여호와를 떠나 크게 음란함이니라 하시니(호 1:2).

호세아가 고멜과 결혼한 것처럼 하나님과 이스라엘 백성의 언약 관계를 결혼으로 묘사합니다. 호세아가 간음한 아내를 용서하고 노예 시장에서 다시 찾아오기 위하여 값을 지불한 것 같이 하나님도 이스라엘을 위하여 생명의 값을 지불하십니다. 선지자의 삶은 그 시대를 대변하는 삶입니다. 호세아 선지자의 삶은 더욱 그것을 말합니다.

내가 네게 **장가**들어 영원히 살되 공의와 정의와 은총과 긍휼히 여김으로 네게 **장가**들며 진실함으로 네게 **장가**들리니 네가 여호와를 알리라(호 2:19-20).

이사야 선지자(사 54:5)도 **"이는 너를 지으신 자가 네 남편이시라."**라고 말씀하며, 예레미야 선지자(렘 3:14)도 **"나 여호와가 말하노라 배역한 자식들아 돌아오라 나는 너희 남편임이라."**고 말씀합니다. 이처럼 여러 선지서에서 하나님과의 결혼 언약을 깬 이스라엘에 대한 책망과 심판을 말씀하고 있습니다.

예레미야 3장에서만 보더라도 이스라엘의 행위에 대해 행음, 음란, 창녀, 간음, 남편을 속이다 등 결혼과 관련된 단어가 무려 11회나 나옵니다. 이 말씀 한 장(章)만으로도 하나님과 우리의 관계가 혼인 관계임을 알 수 있습니다.

> 네가 많은 무리와 **행음**하고서도…네가 **행음**하지 아니한 곳이 어디 있느냐…**음란**과 **행악**으로 이 땅을 더럽혔도다…네가 **창녀의 낯**을 가졌으므로…(렘 3:1-3).

> …모든 푸른 나무 아래로 가서 거기서 **행음**하였도다…(렘 3:6).

> 내게 배역한 이스라엘이 **간음**을 행하였으므로 내가 그를 내쫓고 그에게 **이혼서**까지 주었으되 그의 반역한 자매 유다가 두려워하지 아니하고 자기도 가서 **행음**함을 내가 보았노라 그가 돌과 나무와 더불어 **행음**함을 가볍게 여기고 **행음**하여 이 땅을 더럽혔거늘(렘 3:8-9).

> …나는 너희 **남편**임이라…(렘 3:14).

예수님의 공생애 사역 중 첫 번째 표적인 가나 혼인잔치, 자기 아들을 위하여 혼인잔치를 베푼 어떤 임금의 이야기, 열 처녀의 비유 또한 결혼에 대해 말씀하고 있습니다.

그러므로 복음의 진정한 본질인 부부 연합의 비밀이 그리스도와 교회 연합의 비밀이라는 것을 설명하기 위해 성경은 부부의 원리로 이야기하고 있습니다. 나아가 부부 연합은 결국 교회인 나와 그리스도와의 연합이라는 것을 강조합니다. 이것을 놓치면 복음의 본질을 놓치게 됩니다. 이러한 관점으로 성경을 보면 시작부터 끝까지 결혼 이야기라는 것을 볼 수 있습니다. 이것을 표로 정리하면 다음과 같습니다.

성경 속 웨딩스토리

					이 비밀이 크도다 교회론의 절정		
창세기	출애굽기	아가서	말라기	복음서	복음서	에베소서	요한계시록
아담과 하와의 결혼으로 시작	횃불 언약 (창 15장) 시내산 언약 (출 19:1-25)	신랑과 신부의 노래 지성소의 책	결혼의 깨짐 결혼 회복의 요청	가나 혼인잔치 예수님의 첫 번째 사역 (요 2장)	유월절 만찬 공생애 마지막 사역, 결혼 언약 (마 26장)	남편과 아내 ⇔ 그리스도와 교회 (엡 5장)	어린 양의 혼인잔치 결혼의 완성

공생애-포도주로 시작해서 포도주로 끝나다

아담과 하와의 결혼으로 시작된 성경은 인간이 하나님과 언약을 파기하자 자신의 아내 될 새로운 백성을 만들기 위하여 아브라함을 부르셔서 언약을 맺습니다. 시내산 언약으로 백성과 관계를 다지시고 아가서에서는 그 사랑의 과정과 깊이를 신랑과 신부의 사랑 노래로 드러냅니다. 하나 됨의 절정이지요.

말라기 암흑시대에 이르러서는 이스라엘과 하나님과 단절된 관계를 부부관계의 깨어짐으로 표현합니다. 하나님은 '나는 이혼하는 것을 싫어한다(말 2:16). 아내의 눈물과 탄식과 울음을 해결하지 않고 드리는 기도나 제물은 받지 않겠다(말 2:13).'고 단호하게 말씀합니다.

> 너와 네가 어려서 맞이한 아내 사이에 여호와께서 증인이 되시기 때문이라
> (말 2:14).

이것은 우리 결혼 관계가 곧 하나님께로 이어진다는 것을 분명하게 보여 줍니다. 말라기 선지자는 하나님의 백성에게 회복할 것을 절박하게 요청합니다.

보라 여호와의 크고 두려운 날이 이르기 전에 내가 선지자 엘리야를 너희에게 보내리니 그가 아버지의 마음을 자녀에게로 돌이키게 하고 자녀들의 마음을 그들의 아버지에게로 돌이키게 하리라 돌이키지 아니하면 두렵건대 내가 와서 저주로 그 땅을 칠까 하노라 하시니라(말 4:5-6).

말라기의 암흑시대가 지금과 유사한 것 같습니다. 부부 공동체가 깨지면 부모와 자녀와 관계도 깨집니다. 그러므로 이 시대에 부부 공동체의 깨어짐은 부모와 자녀 세대의 단절로 연결되어 나타납니다.

포도주로 시작하여 포도주로 끝나는 예수님의 공생애

예수님의 첫 사역, 가나 혼인잔치에서 물을 포도주로 만드신 것은 신랑으로 오신 예수님 그리고 신랑으로 다시 오실 예수님을 나타냅니다. 유월절 만찬에서 포도주를 나누는 것은 우리를 향한 예수님의 청혼을 의미합니다. 이 청혼은 신부의 값을 자신의 몸으로 치르시기 직전에 일어난 것입니다. 그러므로 공생애 첫 사역인 가나 혼인잔치부터 공생애 마지막 사역인 유월절 만찬까지 예수님의 공생애는 포도주로 시작해서 포도주로 끝나는 것을 볼 수 있습니다. 이를 좀 더 구체적으로 이해하기 위해서 유대의 결혼 풍습*에 대해 알아보도록 하겠습니다.

먼저 유대에서 결혼하려면 신랑이 신부 아버지께 지참금을 지불해야 합니다. 신랑이 신부 집에 찾아가서 먼저 신부 아버지께 이 지참금을 지불합니다. 여기서 지참금은 신랑이 청혼할 신부의 값입니다. 야곱이 삼촌 라반의 두 딸 레아와 라헬을 아내로 맞기 위해 칠 년에 칠 년을 더해 라반을 섬겼던 것과 같습니다. 이후 신랑은 신부가 될 처녀에게 청혼의 의미로 포도주를 한 잔 건네는데, 청혼

---

* 『유대 문화를 통해 본 예수의 비유』, 이진희, 쿰란: 2001, 50-51,『열린다 성경』. 류모세. 두란노: 2009, 98-99.

을 받은 신부는 결혼을 승낙하는 의미로 그 포도주를 받습니다.

"나는 당신을 아내로 맞이하고 싶습니다. 내가 이 포도주 잔을 당신께 드림으로 나는 당신을 위해 나의 생명까지 바치기를 원합니다. 부디 당신은 이 잔을 받아 마시고 나의 신부가 되어 주십시오."

신랑에게서 포도주 잔을 받은 신부는 입 맞추듯 포도주를 한 모금 마신 후 그 잔에 든 포도주 몇 방울을 결혼 언약서인 '케투바'에 떨어뜨립니다. 이로써 두 사람의 정혼식이 이루어집니다. 정혼식은 신랑 신부가 정식으로 결혼한 것과 똑같은 신분이 되게 합니다. 정혼식을 마치고 난 후, 신랑은 신부에게 "내가 가서 당신을 위해 집을 준비하고 아버지가 허락하는 날에 당신을 데리러 다시 여기로 오겠소."라는 약속을 남기고 기뻐 춤을 추며 집으로 돌아갑니다.

신랑이 신부를 데리러 다시 오겠다고 약속한 이 기간은 대개 1–2년 정도인데 그동안에 신부는 순결을 지켜 다시 오실 신랑을 기다립니다. 이때 혹여라도 신부가 다른 남자에게 마음을 빼앗기는 일이 생기면 이것은 신부의 부정함으로 여겨서 이혼을 당할 사유가 되기도 합니다. 성경에도 이 기간에 성령으로 예수를 잉태한 마리아를 '요셉이 가만히 끊고자 하여'라고 나와 있습니다.

여기서 우리가 주목해야 할 것은 신랑이 신부에게 포도주 잔을 건네는 행동입니다. 유월절 만찬에서 예수님이 제자들에게 포도주를 건네는 것과 겹쳐집니다. 이틀 후, 예수님은 십자가에 못 박히셔서 신부의 값을 치르십니다.

> …너희가 다 이것을 마시라 이것은 죄 사함을 얻게 하려고 많은 사람을 위하여 흘리는 바 나의 피 곧 언약의 피니라(결혼 언약, 마 26:27-28).

이 말씀은 진정 우리를 향한 신랑되신 예수님의 청혼입니다. 우리는 이 포도주를 받아 마심으로 예수님의 신부가 되는 결혼 언약에 들어간 것입니다.

…내가 너희를 위하여 거처를 예비하러 가노니 가서 너희를 위하여 거처를 예비하면 내가 다시 와서 너희를 내게로 영접하여 나 있는 곳에 너희도 있게 하리라 (요 14:2-3).

초림하신 예수님은 우리에게 구원의 포도주 잔을 내미시며 청혼하셨습니다. 다시 오실 예수님이 이 땅에 있는 정혼한 신부를 데리러 오십니다. 그때에야 비로소 결혼이 완성됩니다(계 21장). 요한계시록에서 결혼의 완전한 연합이 이루어집니다. 이 땅에서 미완성인 결혼은 바로 어린 양의 혼인잔치로 완성됩니다.

결국에 하나님의 창조 계획은 하나님의 형상으로 사람을 지으시고, 하나님과 사람의 관계를 결혼 관계로 미리 예정하신 것으로 볼 수 있습니다. 에덴동산에서 아담과 하와의 결혼 주례를 최초로 행하셨던 하나님께서, 세상 마지막 때에 예수 그리스도와 교회의 결혼 주례를 맡으실 것입니다. 에베소서에서는 이 모두를 집약하여 남편과 아내의 이야기가 곧 예수 그리스도와 교회의 결혼이라고 교회론의 절정인 깃발을 높이 쳐듭니다.

"이 비밀이 크도다. 내가 그리스도와 교회에 대하여 말하노라."

나눔을 위한 정리

결혼은 그리스도와 교회의 관계를 나타내는 가장 놀랍고 실제적인 관계입니다. 그러므로 복음의 진정한 본질인 부부 연합의 비밀이 그리스도와 교회와의 연합의 비밀이라는 것을 설명하기 위해 성경은 부부의 원리로 설명하고 있습니다. 나아가 부부 연합의 신비는 결국 교회인 나와 그리스도와의 연합이라는 것을 강조합니다.

유월절 만찬에서 포도주를 나누듯, 유대의 결혼 풍습에서 신랑이 신부에게 청혼의 의미로 포도주를 건넵니다. 예수님께서 우리에게 하신 청혼을 당신은 받아들였습니까?

생각 나눔

1. 나의 결혼이 결국 예수님과 나의 결혼이라는 것이 얼마나 실제적으로 다가오는지 한번 이야기를 나누어 봅시다.

2. 우리의 일상에서 혼자가 아닌 둘이라서 더 좋은 점에 대해 나누어 봅시다.

3. "다 이루었다."는 예수님의 마지막 외침은 당신의 삶에 어떤 의미로 다가옵니까?

4. 『이 비밀이 크도다』라는 이 책의 제목은 처음에 당신에게 어떤 의미로 보였습니까? 이 책이 끝날 때는 당신에게 '이 비밀'이 어떠한 깊이로 내제될 것 같습니까?

1-2
이 비밀을 알게 하소서

내 눈을 열어 주의 법의 기이함을 보게 하소서!
우리 주 예수 그리스도의 하나님 영광의 아버지여!
지혜와 계시의 영을 나에게 주사 하나님을 알게 하소서.

> 이 비밀은 만세와 만대로부터 감추어졌던 것인데 이제는 그의 성도들에게 나타났
> 고 이 비밀은 너희 안에 계신 그리스도시니 곧 영광의 소망이니라(골 1:26-27).

"이 비밀이 크도다!" 이것은 30여 년이 넘는 세월 동안 수많은 사람, 수많은
교회와 수많은 부부에게 계속하여 외쳐 온 주제입니다. 이 말씀을 나눌 때마다
저의 뜨거운 가슴과 반짝이는 청중의 눈빛이 만나며 소망과 설렘으로 가슴이
울렁였습니다.

하나님의 거룩한 비밀이 온갖 주제와 사회적 이슈로 도전받고 있는 이때에
이 비밀의 경륜이 꼭 드러나야한다는 부담감이 있습니다. 이 비밀에 대한 '깨달
음'은 제 온몸으로 다가오는데, 가슴 벅찬 감격을 말이 아닌 글로써 표현하기에
는 미흡하기만 하여 날마다 사도 바울처럼 이렇게 기도합니다.

> 주여! 지혜와 계시의 영을 나에게 주사 하나님을 알게 하소서.
> 이 작고 미흡한 표현이 마중물이 되게 하소서.
> 성령께서 독자 모두에게 그 넓이와 길이와 높이와 깊이가 어떠함을

깨닫게 하셔서 하나님의 모든 충만하심으로 충만하게 하시기를 간구합니다.

비밀

> 곧 계시로 내게 비밀을 알게 하신 것은…그것을 읽으면 내가 그리스도의 비밀을
> 깨달은 것을 너희가 알 수 있으리라(엡 3:3-4).

> 그 뜻의 비밀을 우리에게 알리신 것이요(엡 1:9a).

바울이 이 비밀을 깨달았다는 말씀에 소망을 품습니다. 비밀이라는 단어가
이 서신에서 4회 나오는데 바울이 계시로 그 비밀을 알게 되었다는 말씀(엡 3:2)
과 더불어 더욱 반가운 것은 이 서신을 읽으면 바울이 깨달은 비밀을 우리도 알
수 있다는 것입니다(엡 3:3-4). 곧 에베소서 안에 이 비밀이 함축되어 있다는 뜻
이며, 5장에서 "이 비밀이 크도다 내가 그리스도와 교회에 대하여 말하노라."
는 부분은 교회론의 하이라이트라고 생각됩니다. 참으로 가슴 설레는 흥분과
떨림이 있습니다. 바울이 깨달은 놀라운 비밀을 우리도 알기를 원합니다. 바울
은 에베소에 보내는 이 편지 중간 즈음에서도 붓을 멈추고 무릎을 꿇고 기도합
니다.

> 이러하므로 내가 하늘과 땅에 있는 각 족속에게 이름을 주신 아버지 앞에 무릎을
> 꿇고 비노니(엡 3:14-15).

> 그의 영광의 풍성함을 따라 그의 성령으로 말미암아 너희 속 사람을 능력으로 강
> 건하게 하옵시며 믿음으로 말미암아 그리스도께서 너희 마음에 계시게 하시옵
> 고 너희가 사랑 가운데서 뿌리가 박히고 터가 굳어져서 능히 모든 성도와 함께

지식에 넘치는 그리스도의 사랑을 알고 그 **너비와 길이와 높이와 깊이**가 어떠함을 깨달아 하나님의 모든 충만하신 것으로 너희에게 충만하게 하시기를 구하노라 (엡 3:16-19).

하나님의 모든 충만으로 충만!

교회는 그의 몸이니 만물 안에서 만물을 충만하게 하시는 이의 충만함이니라 (엡 1:23).

하나님의 모든 충만하신 것으로 너희에게 충만하게 하시기를 구하노라(엡 3:19).

그 안에는 신성의 모든 충만이 육체로 거하시고 너희도 그 안에서 충만하여졌으니…(골 2:9-10).

이 전율이 느껴지십니까?

충만이라는 단어에 육으로는 깨달을 수 없는 신비가 들어 있습니다. 이 말씀은 너무도 신비롭습니다. 그의 몸된 교회인 나 자신이 주님과 한몸 된 신비 안에서, 그리스도의 충만이 나에게 흐르고 있습니다. **나도 그 안에서 통치자이시고 권세자이시고 머리이신** 주님과 한몸이기에 동일하게 머리로부터 하나님의 모든 충만이 흐릅니다. 모든 것을 말로 표현하기 어렵지만 그 놀라운 분과 한몸이라는 사실 하나만으로도 온갖 그리스도의 부요가 내 것이라고 여겨지니 얼마나 놀라운 일입니까?

"신성의 모든 충만이 육체로 거하시고 나도 그 안에서 충만하여졌으니"라는 말씀을 자주 쓰니까 누군가가 "충만이란 말이 도대체 무엇입니까?" 하고 질문했습니다. "저는 잘 모릅니다."라고 대답합니다. 전에도 지금도, 이 말씀을 읽으면 느끼는 전율에 대하여 어떻게 표현해야 할까요? 저는 잘 모릅니다. 그러나 분명한 것은 날이 갈수록 이 말씀은 전보다 더 충만한 충만함의 전율이 온몸으로 느껴진다는 것입니다. 송명희 시인의 마음처럼 말입니다.

> 예수 그 이름 나는 말할 수 없네
> 그 이름 속에 있는 비밀을
> 그 이름 속에 있는 사랑을
> 그 풍부함 표현 못해서 비밀이 되었네
> 그 이름 비밀이 되었네

저 또한 비밀이 되었습니다. 바울은 이 편지에서 두 차례나 기도합니다. 그런 것처럼 우리도 이 비밀을 알도록 바울이 에베소 교회를 향하여 편지를 쓰기 시작하면서 하나님께 드린 기도를 먼저 드립시다. 저는 이 책을 읽으면서 성령께서 그 비밀의 신비를 저보다 더 풍성히 독자들께 열어 주기를 간절히 기도합니다. 주여, 이 비밀을 알게 하소서!

> 우리 주 예수 그리스도의 하나님, 영광의 아버지께서 지혜와 계시의 영을 너희에게 주사 하나님을 알게 하시고 너희 마음의 눈을 밝히사 그의 부르심의 소망이 무엇이며 성도 안에서 그 기업의 영광의 풍성함이 무엇이며 그의 힘의 위력으로 역사하심을 따라 믿는 우리에게 베푸신 능력의 지극히 크심이 어떤 것을 너희로 알게 하시기를 구하노라(엡 1:17-19).

바울은 이 편지를 붓으로 썼지만 그의 가슴은 에베소 교회 성도를 향하여 큰 소리로 외쳤을 것 같습니다. 성도에게 부어진 이 하늘에 속한 신령한 복을 외치듯 적다가 벅찬 감격을 이기지 못하고 이 놀라운 영광의 신비를 에베소 교회가 제대로 알기 원하는 마음으로 잠시 멈추고 이 기도드린 것으로 보입니다. 천천히 이 말씀을 주목하여 묵상해 보십시오.

신비! 비밀! 충만!

여기 표현된 '충만', 측량할 수 없는 그리스도의 풍성함이 말씀을 읽는 자의 심장을 터질 듯 채워 주시기를 간구합니다. 하나님께서 자신의 피로 값주고 교회를 사셨습니다(행 20:28).

"이 비밀이 크도다 나는 그리스도와 교회에 대하여 말하노라."

하나님께서 감추었던 비밀의 경륜을 바울을 통하여 드러내십니다.

하나님의 비밀

> 이 비밀은 만세와 만대로부터 감추어졌던 것인데 이제는 그의 성도들에게 나타났고 하나님이 그들로 하여금 이 비밀의 영광이 이방인 가운데 얼마나 풍성한지를 알게 하려 하심이라 **이 비밀은 너희 안에 계신 그리스도시니 곧 영광의 소망이니라**(골 1:26-27).

하나님은 바울에게 이 비밀을 열어 주셨습니다. 바울을 통해 이 계시가 에베소를 비롯한 다른 교회에게도 열리도록 편지하고 있습니다. 만세에 감추어졌던 비밀이 성도에게 이미 나타났습니다. 그리스도께서 오셨기 때문입니다. 이 비밀의 영광이 얼마나 풍성한지요! **이 비밀은 내 안에 계신 그리스도이십니다.**

> 이는 그들로 마음에 위안을 받고 사랑 안에서 연합하여 확실한 이해의 모든 풍성함과 **하나님의 비밀인 그리스도**를 깨닫게 하려 함이니 그 안에는 지혜와 지식의 모든 보화가 감추어져 있느니라(골 2:2-3).

비밀의 주체이신 그리스도!

그분과 나는 어떤 관계입니까? 그 안에 비밀이 들어 있습니다. 그 관계의 비밀을 알아가는 만큼 그 풍성함을 알아가고, 그 영광의 소망을 보며, 그 감추인 보화를 캐내는 삶을 살 것입니다. 교회의 신비를 소유하게 될 것입니다.

> 그러므로 사람이 부모를 떠나 그의 아내와 합하여 그 둘이 한 육체가 될지니 이 비밀이 크도다 나는 그리스도와 교회에 대하여 말하노라(엡 5:31-32).

> 주여, 이 비밀을 알게 하소서!
> 우리 주 예수 그리스도의 하나님 영광의 아버지여.
> 지혜와 계시의 영을 나에게 주사 하나님을 알게 하소서.
> 마음의 눈을 밝히소서.
> 그리하여 부르심의 소망이 무엇인지 알게 하소서.
> 성도 안에 있는 기업의 영광의 풍성함을 알게 하소서.
> 그 능력의 역사를 따라 우리에게 베푸신 지극히 큰 능력을 알게 하소서.

나눔을 위한 정리

교회는 그리스도의 몸입니다. 그의 몸인 우리는 만물을 충만하게 하시는 충만의 주체이신 그리스도와 한몸이라는 사실이 충만함의 감격으로 이끕니다.

하나님의 신성의 모든 충만이 예수에게 거하시고 육체로 오신 예수님의 충만이 우리 안에 거하십니다. 그러므로 우리는 예수님으로 충만해졌습니다.

생각 나눔

1. 이 비밀을 알고 싶은 당신의 갈망이 어느 정도인지 나누어 봅시다.

2. 충만함이 무엇이라고 생각합니까?

3. 충만함의 결과가 어떠한지 나누어 봅시다.

비밀이 흐르다

성경 속에 혈액처럼 흐르고 있는 비밀

교회와 그리스도 사이에는 하나님과 인간 안에 존재했던 거룩하고 숭고한 사랑이 존재합니다. 이것은 최상의 사랑입니다. 그 놀라운 사랑의 가시적 표현이 곧 남편과 아내입니다. 바울은 에베소서에서 이 관계 속에 흐르는 놀라운 복음의 진수를 비밀이라고 하는데, 이 비밀은 성경 전체에 흐르고 있습니다. 마치 혈관을 통하여 몸 전체에 흐르고 있는 혈액처럼 말입니다. 창세기 서두의 인간 창조에 담긴 하나님과 아담의 관계에서도 이 비밀이 흐르고 있습니다. 아브라함을 불러 자기 백성을 삼으신 횃불 언약, 애굽에서 자기 백성을 불러내어 광야에서 맺으신 시내산 언약 가운데도 이 비밀이 흐릅니다. 하나님은 자기 백성을 향하여 노골적으로 말씀하십니다.

> 내가 네게 **장가**들어 영원히 살되 공의와 정의와 은총과 긍휼히 여김으로 네게 **장가**들며 진실함으로 네게 **장가**들리니 네가 여호와를 알리라(호 2:19-20).

하나님과 이스라엘의 관계는 구원자와 피구원자 정도의 관계가 아니라 남편과 아내 관계라는 것입니다. 이 비밀은 구약 전체에 흐르고 있습니다. 일편단심 자기 백성을 아내라고 하시며 짝사랑하시는 하나님의 애타는 사랑! 틈만 나면 바람피우는 아내인 이스라엘!

…배역한 자식들아 돌아오라 나는 너의 남편임이라…(렘 3:14).

I am married unto you

나는 너와 결혼하였다

'나는 너와 결혼하였다!'라고 하시며 이스라엘을 '아내'라고 부르십니다. 이렇게 이스라엘 백성과 하나님과의 관계가 종교적인 관계가 아니라 구원을 호소할 때 능력의 신으로 돕기만 하는 관계가 아니라 부부 관계라는 것을 선지서에서도 강조하고 있습니다. 구약 전체를 통해 이 비밀이 혈액처럼 흐르고 있습니다. 하나님이 자신을 구원자, 능력자라고 계시하시는 것은 나와 너와 이 신비한 하나 됨의 관계, 깨어진 남편과 아내의 관계를 회복하는 구원자이시며, 회복케 하시는 능력자라는 것이지요.

말라기는 암흑 시대를 깨어진 결혼의 극치로 표현하고 있습니다. 배도한 이스라엘에 대하여 너무 화가 나서서 400년간이나 침묵하시는 하나님의 아픈 마음을 느껴 보십시오. 말라기에서 이혼하는 것을 하나님과의 단절이라고 말씀하고, 부부 안에서 눈물과 탄식, 울음의 관계 안에 있는 남편의 제사를 받지 않겠다고 단호히 말씀하십니다. 말라기는 진정한 결혼의 회복자로 오실 메시아를 절실하게 요청하고 있습니다. 하나님과 이스라엘의 본질적인 사랑을 표현한 것이 아가서입니다. 아가서는 하나님과 이스라엘 관계, 즉 예수 그리스도와 교회 안에 사랑의 깊이를 보여 줍니다. 나아가서 그리스도와 교회와의 사랑이 얼마나 놀라운지를 잘 드러내고 있는 지성소의 책입니다. 왕과 왕후의 대관식이 임박하였으니 이 세대의 어린 양의 신부인 교회 가운데 아가서가 열리기를 소원합니다.

지성소에서의 만남

하나님의 백성은 성전 바깥 뜰에서 안뜰로, 성소를 지나 지성소 안으로 들어

가야 합니다. 하나님과의 만남은 지성소 안에서 누리는 영광(쉐키나)입니다. 하나님의 임재 안에서 사는 삶이 교회인 우리 가운데 누려져야 합니다.

사랑에 **빠지면** 누구나 시인이 됩니다. 더 깊이 **빠지면** 그 시로 노래합니다. 우리는 그 사랑에 **빠져야** 합니다. 지성소의 영광, 그 깊은 사랑에 **빠진** 자는 찬양하지 않고는 견딜 수 없습니다. 아가서 가운데로 흐르는 그 사랑 노래를 날마다 부르고 싶습니다. 이것은 그리스도인이 누려야 할 최고의 축복입니다.

아담과 하와는 다른 두 개체가 아니라 아담에서 나온, 본래 하나였습니다. 교회인 우리는 둘째 아담인 그리스도의 옆구리에서 나왔기에 본래 예수 안에 있었던 한몸이었습니다. 예수님의 유월절 기도의 결론은 이것입니다.

"아버지와 내가 하나인 것같이 저희도 하나 되게 하소서."

> 내게 주신 영광을 내가 그들에게 주었사오니 이는 우리가 하나된 것 같이 그들도 하나가 되게 하려 함이니이다(요 17:22).

아들에게 주신 영광을 우리에게 주셨기에 하나 됨이 가능합니다. 그 영광은 하나님의 영이요 생명이기 때문입니다. 에베소서에서 말씀하고 있는 비밀은 하나 됨입니다. 통일, 함께, 하나, 한 새 사람, 한몸, 한 성령, 몸이 하나, 성령도 하나, 주도 한 분, 한 소망, 세례도 하나, 한 육체. 이렇게 하나 됨으로 가득 차 있습니다. 이 하나 됨의 신비를 우리도 알기를 원합니다.

이 비밀은 성경 전체에 흐르며 요한계시록에서 절정에 이릅니다. 교회와 그리스도와의 결혼으로 완성됩니다. 온 세상이 하나님의 영광으로 가득 찬 왕과 왕후의 결혼식으로!

나눔을 위한 정리

성경에는 하나님과 인간 안에 아름다운 사랑의 비밀이 흐르고 있습니다. 그것은 남편과 아내로 표현된 사랑의 비밀입니다. 하나 됨의 비밀은 그리스도와 함께 살리시고, 함께 일으키시고, 함께 하늘에 앉히시고, 한 새 사람, 한몸, 한 성령, 한 육체로 표현하여 하나 됨의 비밀을 알리고 있습니다.

생각 나눔

1. 이 비밀이 당신에게는 어떻게 와 닿습니까?

2. 그리스도와 '함께함'이라는 내용이 당신에게 얼마나 실제적으로 다가오는지 나누어 봅시다.

1-4
비밀의 시작

当신의 결혼생활은 행복하십니까? 속았습니까? 만일 미혼자라면 결혼에 어떤 기대가 있습니까?

> 결혼해 보라. 당신은 후회할 것이다. 결혼하지 마라. 당신은 더욱 후회할 것이다.
> —소크라테스

결혼이란 이런 것입니까? 결혼은 정말 그렇습니까? 지금 우리의 현실로는 결혼의 정의를 내릴 수 없습니다. 그리스도인의 결혼은 어떠해야 합니까? 우리는 결혼이 무엇인지 제대로 알아야 합니다. 그래야 나를 알 수 있고 삶의 진정한 의미, 세상의 시작과 끝을, 아니 진정한 영원의 세계를 이해하고 기대할 수 있습니다.

결혼제도의 창시자

결혼의 출발은 어디입니까? 우리 함께 에덴으로 가 봅시다. 하나님은 인간의 그 어떤 제도보다 결혼제도를 먼저 세우심으로 인간을 향한 놀라운 사랑을 표현하셨습니다. 교회와 그리스도 사이에는 하나님과 인간 안에 존재해 왔던 거룩하고 숭고한 최상의 사랑이 존재합니다. 그 놀라운 사랑이 가시적으로 드러난 것이 곧 남편과 아내의 관계입니다. 바울은 이 관계 속에 흐르고 있는 놀라운 복음의 진수를 비밀이라고 말합니다. 이 비밀은 성경 전체에 흐릅니다.

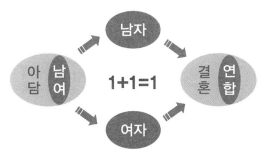

결혼제도의 창시자 하나님

> 하나님이 자기 형상 곧 하나님의 형상대로 사람을 창조하시되 남자와 여자를 창조하시고(창 1:27).

하나님의 형상은 다르게 표현하면 하나님의 생명이라고 할 수 있습니다. 생명은 하나님의 속성입니다. 하나님 자신이 생명이기 때문에 창조하신 모든 것에 생명을 불어넣을 수 있습니다.

> 그(예수님) 안에 **생명**이 있었으니(요 1:4).

> …인자의 살을 먹지 아니하고 인자의 피를 마시지 아니하면 너희 속에 **생명**이 없느니라(요 6:53).

> 예수께서 이르시되 내가 곧 길이요 진리요 **생명**이니(요 14:6).

> …너희로 믿고 그 이름을 힘입어 **생명**을 얻게 하려 함이니라(요 20:31).

> 우리 **생명**이신 그리스도…(골 3:4).

결혼은 곧 생명 확장, 생명 충만

하나님은 자신과 똑같은 생명력 있는 존재가 생육하고, 번성하여, 충만하기를 원하셨습니다. 즉 이 모든 생명의 실체, 즉 생명의 원판은 예수님이요 하나님이십니다.* 인간은 하나님의 생명을 담은 존재입니다.

> 여호와 하나님이 이르시되 사람이 혼자 사는 것이 좋지 아니하니 내가 그를 위하여 돕는 배필을 지으리라 하시니라(창 2:18).

> 아담이 모든 가축과 공중의 새와 들의 모든 짐승에게 이름을 주니라 아담이 돕는 배필이 없으므로(창 2:20).

이 말씀에서 보면 하나님은 아담에게 그의 짝이 필요하다는 것을 느끼게 합니다. 하나님이 지으신 짐승과 공중의 모든 새들을 아담에게 이끌어 오셔서 아담에게 이름을 짓게 합니다. 모든 생명에게 이름을 주면서 그들은 모두 짝이 있지만 아담은 자기와 마음을 나눌 존재가 없음을 보게 합니다. 그 어디를 둘러보아도 하나님의 창조물 가운데 아담의 짝이 되는 여자는 없었던 것입니다.

최초의 결혼 주례

아담을 깊이 잠들게 하십니다. 아담이 잠들었다고 할 때 그 '잠'은 '죽음'과 같은 단어입니다. 여자를 만들 때, 아담을 만드신 과정처럼 흙으로 만들지 않으시고 아담의 옆구리에서 뼈와 살을 취합니다. 아담의 갈비뼈로 여자를 만드십니다. 이미 **아담 안에는 여자가 들어 있었던 것입니다.** 아담의 부족함을 채우는 존재, '에제르'는 아담을 위하여 재창조된 특별한 존재입니다. "내가 그를 위하

---

* 『영원에서 영원』, 이재철, 대장간: 2009, 40-41.

여 돕는 배필을 지으리라."를 다른 장에서 설명하는 것처럼 '에제르', 곧 아담을 돕는 성령을 지으리라는 것입니다.

첫째 아담의 옆구리, 둘째 아담의 옆구리에서

첫째 아담의 옆구리에서 여자를 끄집어 내는 일은 둘째 아담되는 예수 그리스도의 옆구리에서 교회가 나오는 것의 예표입니다. 아담을 죽음같이 잠들게 하시고 여자를 끄집어 내시듯이 예수님의 죽음으로 교회가 탄생되었습니다.

아담이 깊은 잠에서 깨어나는 순간입니다. 하나님은 그 아름다운 에덴에서 첫 번째 결혼 주례를 하십니다. 아름다운 꽃과 새들의 합창, 맑은 물소리가 하모니를 이루는 세상에서 가장 아름다운 최초의 결혼식장! 이 세상에서 가장 영광스러운 아담! 그 영광에 영광을 더해 주는 최후의 걸작품 미스 유니버스 하와! 하나님의 손에 이끌려 아담에게 갑니다. 아담은 하나님께 그녀가 누구인지 묻지 않았습니다. 보는 순간 바로 자기 갈비뼈라는 것을 압니다.

뼈 중의 뼈, 살 중의 살

"이는 내 뼈 중의 뼈요 살 중의 살이로다!"

이보다 더 진한 사랑의 고백이 있을까요? 에덴에서 이름 짓기 박사인 아담은 남자에게서 취하였으므로 '여자'라고 이름합니다. "자기야!! 나야!!" 이런 뜻 아닐까요? 이 남자와 여자는 저절로 사랑에 빠졌을 것입니다. 하나에서 둘이 되었으니 자석처럼 자연스럽게 하나가 되었습니다.

여자의 출처는 남자의 옆구리임을 기억합시다.

교회의 출처는 예수님의 옆구리임을 기억합시다.

비밀이 여기에 있기 때문입니다.

첫째 아담에게서 하와가 나왔습니다.

둘째 아담에게서 교회가 나왔습니다.

바울은 이 비밀의 신비를 말하고자 합니다. 태초에 에덴에서 아담과 하와 사이에 일어난 일은 예수님의 십자가 사건을 통하여 일어날 일, 곧 예수님과 교회의 그림자입니다. 이들은 벌거벗었으나 부끄러워하지 않은 관계였습니다. 왜냐하면 네가 나이고 내가 너이며, 에덴은 낙원이었고, 그야말로 그들은 기쁨의 나날을 보냈습니다. 이들 부부는 하나님 영광의 온전함으로 활짝 피어났습니다. 혼자일 때, 알지도 누리지도 또 깨닫지도 못했던 그 신비가 두 사람의 하나 됨 속에서 드러납니다.

서로를 바라보면 하나님의 얼굴이 보입니다.

서로 안에서 하나님의 형상이 나타납니다.

에덴은 영광의 충만으로, 사랑의 충만으로 가득하였습니다.

그들의 일상은 예배였습니다. 동산을 거니시는 하나님의 임재, 하나님의 숨결, 하나님의 목소리를 듣는 것은 너무나 행복한 일상이었습니다.

나눔을 위한 정리

결혼은 하나님의 생명 확장과 하나님의 생명 충만입니다. 인간은 하나님의 생명을 담은 존재입니다.

생각 나눔

1. 비밀 생명이란 단어가 내게 주는 감동이 어떠합니까?

2. 아담이 옆구리에서 하와가, 둘째 아담 예수의 옆구리에서 교회가 나왔다는 사실은 나에게 어떤 의미로 다가옵니까?

1-5
나는 너와 결혼하였다

◯◯

배역한 자식들아 돌아오라 나는 너의 남편임이라(렘 3:14).

인간은 관계를 떠나서는 존재가 불가능합니다. 그 관계의 출발은 하나님과의 관계입니다. 나는 하나님과 어떤 관계입니까? 하나님께서 자신을 남편이라 소개하시니 우리는 하나님과 결혼관계라 할 수 있습니다. 혹시 이런 표현이 불편하거나 생소하다면 조금만 인내하시고 이 주제를 따라와 주시기 바랍니다.

성경은 웨딩스토리

패역한 이스라엘을 향하여 하나님은 이렇게 외치고 계십니다.

"바람피우고 있는 아내야! 제발 돌아오라. 내가 너희 남편이지 않느냐?(렘 3:14) 눈을 들어보라. 네가 **행음**치 아니한 곳이 어디 있느냐? **음란**과 **행악**으로 이 땅을 더럽혔다(2절). 네가 **창녀**의 낯을 가졌구나(3절). 네가 많은 무리와 **행음**하고도 내게 돌아오려느냐(1절)."

예레미야 3장에서도 음행과 관련된 단어가 많이 나옵니다. 이 패역함을 고치시려고 어쨌든 돌아오라고 안타깝게 부르고 계시는 하나님, "돌아오라. 내가 너의 배역함을 고치리라."고 하십니다. "나는 너의 남편이다."라고 하십니다.

호세아를 통하여 말씀하시는 하나님의 말씀을 들어보십시오.

내가 네게 장가들어 영원히 살되 공의와 정의와 은총과 긍휼히 여김으로 네게 장

가들며 진실함으로 네게 장가들리니 네가 여호와를 알리라(호 2:19-20).

아내인 이스라엘에 대한 사랑을 포기하지 않으십니다.

"나는 너와 결혼하였다! 나는 너의 남편임이라!"

하나님은 결혼제도의 창시자입니다. 인간의 외로움에 대한 처방이나 행복, 인류 번성의 목적을 넘어서는 특별한 경륜이 있습니다. 성경 전체에서 이렇게 하나님과 인간과의 관계가 구원자와 피구원자와의 관계를 넘어 결혼 관계임을 묘사합니다. 사도 바울은 이 관계를 '신비'라고 표현합니다. 창세기에서 결혼으로 시작된 인류의 역사가 요한계시록에서 완성되는데, 그 결혼은 교회인 신부와 하나님의 어린 양의 혼인잔치로 표현되고 있습니다. 에덴에서 첫 번째 결혼의 주례를 하셨던 하나님께서 마지막 최후의 결혼 주례를 맡으실 것입니다. 종말을 사는 우리는 정결한 신부로서 그날을 준비하며 기다려야 합니다.

내 소유

세계가 다 내게 속하였나니 너희가 내 말을 잘 듣고 내 언약을 지키면 너희는 모든 민족 중에서 내 소유가 되겠고 너희가 내게 대하여 제사장 나라가 되며 거룩한 백성이 되리라 너는 이 말을 이스라엘 자손에게 전할지니라(출 19:5-6).

아담의 범죄로 언약이 파기되었으므로 하나님은 다시 아브라함을 부르셔서 언약을 체결하십니다(창 15장). 아브라함의 후손들을 자기 백성으로 삼으시고 자기 땅으로 이끌어 내셔서 시내산 언약(출 19장)을 맺으십니다. **내 소유, 거룩한 백성, 제사장 나라**가 되게 한다는 언약입니다. 여기서 **내 소유**라는 말은 결혼 관계 안에서의 친밀한 소속감을 표현합니다. 이렇게 피의 언약으로 자신의 생명을 담보하여 자신의 소유로 삼으셨다는 것은 신부된 우리에게 얼마나 든든한 보장이 되는지요? "아내인 너를 책임지겠다. 너의 보험이 되겠다. 너의 보장이 되겠다. 내가 너의 보호자가 되겠다."는 뜻입니다. 그러므로 하나님이 나의 기업이라는 것을 알고 누린다는 것은 누구도 침범할 수 없는 요새가 됩니다.

거룩한 백성

거룩한 백성이라는 말은 하나님과의 관계 안에서 더욱 친밀한 관계를 유지하기 위해 하나님과 연합할 수 있도록 하는 본질적인 순결에 대한 강조입니다. 하나님의 속성과 같이 회복되므로 하나님과 연합, 즉 거룩은 하나님과 인간의 관계 안에서 서로에게 소속감을 더 강하게 결속해 주는 신분이 되게 합니다.

제사장 나라

제사장 나라는 하나님과의 이러한 신랑과 신부된 관계로 인한 정체감 속에 담겨져 있는, 즉 예수 그리스도를 대신하여 이 땅에서 할 수 있는 권리와 의무입니다. 진정한 대제사장이신 그리스도와 연합한 자로서 그리스도로부터 위임된 부르심 안에 있는 책임과 권세를 의미합니다. 또한 제사장 나라라는 것은 신부로서의 특권과 책임을 말합니다. 왕의 신부가 된 정체감이란 왕의 권세와 왕이 하셨던 사역을 대행하는 것입니다. 아내는 남편이 가지고 있는 권세 안으로 들어갑니다. 아내는 남편이 가진 권세를 함께 공유합니다. 왕후 에스더가 남편 아하수에로 왕의 권세로 유다 민족의 목숨을 구한 것처럼 말이지요.

거룩하신 하나님의 소유된 백성이기에 거룩해야 하고 그 거룩을 위해서 죄를 씻는 제사장이 필요합니다. 그 거룩하신 하나님과 연합을 위하여…. 이스라엘은 계속하여 하나님을 떠나지만 이스라엘을 향하신 하나님 사랑의 집념은 자기 백성과 함께 머물고 싶어서 광야에서 배회하는 이스라엘과 함께하십니다. 결코 포기할 줄 모르는 헤세드의 사랑으로 말입니다.

여호와 삼마, 임마누엘!

나눔을 위한 정리

하나님은 자기 백성된 우리에게 "나는 너와 결혼하였다. 나는 너의 남편이다." 하시며 과감히 다가오십니다. 이스라엘(나)을 자기 소유와 백성으로 삼으시고 또한 온 열방을 향한 제사장 나라로 삼으십니다. 자기 백성의 어떠함에도 끝까지 함께하십니다.

생각 나눔

1. "너는 내 것이라."고 말씀하시는 하나님과 결혼 관계 안에 있는 나 자신의 감동과 소속감을 나누어 봅시다.

2. 여호와 삼마, 임마누엘이라는 단어가 주는 감동을 나누어 봅시다.

2부

웨딩스토리와 교회

"이는 내 사랑하는 자요!"
존재, 구석구석까지
이 목소리를 듣고 있는가?

왕의 신부로 초청된 피투성이: 교회의 정체성 1

왕의 신부로 초청된 피투성이가 있습니다.

> …네 근본과 난 땅은 가나안이요 네 아버지는 아모리 사람이요 네 어머니는 헷 사
> 람이라(겔 16:3).

> …네가 나던 날에 네 몸이 천하게 여겨져 네가 들에 버려졌느니라(겔 16:5).

하나님은 에스겔을 통하여 하나님과 결혼 관계에 있는 이스라엘 백성의 심한 외도를 낱낱이 폭로하십니다. 그 죄는 이스라엘이 남편된 하나님을 배반하고 가증한 일, 즉 심히 행음하였음을 책망하십니다. 에스겔 16장에서만 음란한 행위에 대한 단어가 31회가 나옵니다. 나열하기 부끄러울 정도의 구체적인 음란 행위입니다. 이러한 이스라엘을 통하여 음란함을 심판하시는 경고 안에는 하나님이 이스라엘을 얼마나 사랑하였는지를 알 수 있습니다. 한 민족의 역사를 한 여인의 일생으로 이야기합니다. 이것은 하나님과 이스라엘과의 언약이 결혼 언약임을 드러냅니다.

버려진 아이
고대 근동에서는 태어난 아이를 원치 않을 경우 기본적인 조치도 취하지 않고 그냥 죽도록 버리는 경우가 허다했다고 합니다.

내가 네 곁으로 지나갈 때에 네가 피투성이가 되어 발짓하는 것을 보고 네게 이르기를 너는 피투성이라도 살아 있으라 다시 이르기를 너는 피투성이라도 살아 있으라 하고(겔 16:6).

에스겔 16장은 63절이나 되는 가장 긴 장입니다. 하나님의 말씀이 에스겔에게 임하십니다. 여호와 하나님께서 어떠한 사랑으로 이스라엘을 사랑하셨는지를 피투성인 채로 들에 버려진 여자아이를 통해 알려 주십니다. 그 아이는 탯줄도 자르지 않은 채, 소금물로 씻지도 않은 채, 포대기에 싸지도 않은 채, 들에 버려졌습니다. 아무도 거들떠보지도 않고 긍휼을 베풀지도 않던 아이에게 하나님은 다가가십니다.

"피투성이라도 살아 있으라. 피투성이라도 살아 있으라."

내가 너를 살리겠다는 하나님의 강렬한 사랑의 의지입니다. 이 아이는 처녀로 자랐지만 벌거벗은 모습 그대로입니다. 하나님은 또 다가가십니다. '내가 네 곁으로 지나며 보니' 피투성이로 버려져 발짓하고 있을 때 다가가셨던 그 사랑의 열심으로 말입니다.

네 때가 사랑스러운 때라 **내 옷으로 너를 덮어** 벌거벗은 것을 가리고 네게 맹세하고 **언약하여** 너를 **내게 속하게** 하였었느니라(겔 16:8).

위의 말씀에 강조된 부분은 결혼과 관련된 단어입니다. 벌거벗은 그 처녀를 하나님의 옷으로 덮어 그 수치를 가립니다. 언약을 맺어 하나님께 속하게 합니다. 이 여인이 바로 이스라엘입니다. 이 여인이 바로 나입니다. 이 버려진 아이를 그분의 물과 피로 씻어 정결하게 하십니다.

내가 물로 네 피를 씻어 없애고(겔 16:9a)

이 말씀을 보니 에베소서 5장 26절이 연상됩니다. 이렇게 버려진 아이와 같은 나를 물로 씻어 거룩하게 하십니다. 그리하여 그 버려진 아이를 왕후의 지위까지 오르게 하십니다.

> 이는 곧 물로 씻어 **말씀으로 깨끗하게 하사 거룩하게 하시고** 자기 앞에 영광스러운 교회로 세우사 티나 주름 잡힌 것이나 이런 것들이 없이 거룩하고 흠이 없게 하려 하심이라(엡 5:26-27).

왕후의 지위에

> 내가 물로 네 피를 씻어 없애고 네게 기름을 바르고 수 놓은 옷을 입히고 물돼지 가죽신을 신기고 가는 베로 두르고 모시로 덧입히고 패물을 채우고 팔고리를 손목에 끼우고 목걸이를 목에 걸고 코고리를 코에 달고 귀고리를 귀에 달고 화려한 왕관을 머리에 씌웠나니 이와 같이 네가 금, 은으로 장식하고 가는 베와 모시와 수 놓은 것을 입으며 또 고운 밀가루와 꿀과 기름을 먹음으로 극히 곱고 형통하여 왕후의 지위에 올랐느니라 네 화려함으로 말미암아 네 명성이 이방인 중에 퍼졌음은 내가 네게 입힌 영화로 네 화려함이 온전함이라 나 주 여호와의 말이니라 (겔 16:9-14).

하나님의 아내 왕후를 한 번 보십시오. 감격스러운 장면을 보십시오. 아모리인 아비, 헷 사람 어미를 가졌고 탯줄도 자르지 않은 채 , 피투성이를 씻지도 않고 강보로 싸지도 않은 채, 나던 날부터 몸이 꺼린 바 되어 들에 버려진 아이, 그렇게 버려진 아이가 바로 '나'입니다. 피투성이가 되어 발짓하는 그 비천한 생명을 하나님은 온전하게 하셔서 왕후의 지위에 오르게 하셨습니다. 내가 바로 이러한 왕후의 정체성을 가진 영광스러운 교회입니다. 사랑하지 않고는 견딜 수 없는 하나님입니다.

내 옷으로 너를 덮어

> 내가 네 곁으로 지나며 보니 네 때가 사랑을 할만한 때라 **내 옷으로 너를 덮어** 벌 거벗은 것을 가리고 네게 맹세하고 언약하여 **너를 내게 속하게 하였느니라**…
> (겔 16:8).

> …나는 당신의 여종 룻이오니 **당신의 옷자락을 펴 당신의 여종을 덮으소서** 이는 **당신이 기업을 무를 자가 됨이니이다** 하니(룻 3:9).

위의 말씀에 강조된 말씀은 결혼 관계를 나타내는 것입니다. 이렇게 하나님과 이스라엘과의 관계를 구체적으로 왕과 왕후의 관계로 묘사하고 있습니다. 자격 없는 피투성이를 왕후 자리까지 이끄십니다. 씻기고 입히고 장식을 채우고 고운 밀가루, 꿀, 기름을 먹이시며 영화와 화려함으로 온전하게 하십니다.

"지존자의 은밀한 곳, 전능자의 그늘 아래 사는 자…**그가 너를 그의 깃으로 덮으시리니 네가 그의 날개 아래 피하리로다.**" 하나님과 우리 관계가 이러한 결혼 관계입니다. 이 얼마나 따뜻한 사랑의 표현입니까? 이 전능자가 나의 남편이라는 것입니다. 이 전능자가 나의 보호자입니다.

간음하는 아내로다

> 그러나 네가 네 화려함을 믿고 네 명성을 가지고 행음하되 지나가는 모든 자와 더불어 음란을 많이 행하므로 네 몸이 그들의 것이 되도다(겔 16:15).

하나님이 입혀 주신 의복을 취하여 자신들을 위한 산당을 만들었습니다. 하나님은 행음한 이스라엘을 향하여 이 일은 전무후무하다고 말씀합니다. 남편 된 하나님이 주신 모든 좋은 것을 가지고 우상과 더불어 행음하며, 하나님을 위하여 낳은 자녀까지도 우상에게 제물로 드려 불살랐고, 어렸을 때 벌거벗어 적신이었으며 피투성이가 되어 발짓하던 것을 기억하지 아니하고 모든 가증한 일과 음란을 행하였다고 책망하십니다.

그 남편 대신에 다른 남자들과 내통하여 간음하는 아내로다(겔 16:32).

이와 같이 아내 된 이스라엘은 이토록 하나님의 마음을 아프게 합니다.

나 주 여호와가 이같이 말하노라 네가 맹세를 멸시하여 언약을 배반하였은즉 내가 네 행한 대로 네게 행하리라(겔 16:59).

결혼 언약을 배반한 백성에게 심판을 선언합니다. 그럼에도 하나님의 사랑을 보십시오.

그러나 내가 너의 어렸을 때에 너와 세운 언약을 기억하고 너와 영원한 언약을 세우리라(겔 16:60).

이는 내가 네게 모든 행한 일을 용서한 후에…(겔 16:63).

이러한 백성을 포기하지 않으시고 하나님은 이스라엘과 새 언약을 맺을 것을 말씀합니다. 하나님이 언약 파기의 책임을 지시고 자신의 죽음으로 새 언약 중보자로 오시겠다는 것이지요.

여자가 남자를 안으리라(새 언약의 성취)

> 반역한 딸아 네가 어느 때까지 방황하겠느냐 여호와가 새 일을 세상에 창조하였나니 곧 여자가 남자를 **둘러싸리라**(렘 31:22).

하나님은 깨어진 이 결혼의 회복을 위하여 예수 그리스도를 보내시겠다고 하십니다. '그리스도로 인하여 회복된 교회가 예수 그리스도의 주변을 둘러싸리라.'는 의미로 볼 수 있습니다. '둘러싸리라'는 말씀을 개역한글에서는 '안으리라'고 표현합니다. 두 가지 의미가 다 중요합니다.

먼저 둘러싼다는 말을 살펴보겠습니다. 하늘 보좌를 둘러싸고 하나님을 찬양하는 교회를 연상해 보십시오.

> …거룩하다 거룩하다 거룩하다…(계 4:8).

> …거룩하다 거룩하다 거룩하다 만군의 여호와여 그의 영광이 온 땅에 충만하도다 (사 6:3).

우리가 땅에서 찬양하고 있지만 영적인 실상은 하늘 보좌입니다. 찬양하고 있는 그 현장이 바로 하늘 보좌 곁이라는 말입니다. 그 찬양의 자리 중심에 계신 영광의 하나님을 바라보십시오. 그 영광이 우리에게 충만히 머문 상태로 찬양하지 않겠습니까? 날마다 이 하늘 영광을 함께 누려 보지 않겠습니까?

이제 '안으리라'에 초점을 맞추어 봅시다. 개역한글에는 '안으리라'고 번역되었습니다. 새번역도 보겠습니다.

> 주님께서 이 땅에 새 것을 창조하셨으니 그것은 곧 여자가 남자를 **안는 것이다**.

여자가 남자를 보호하는 것이다. (렘 31:22 새번역)

이 말씀에서 새 언약의 중보자로 오시는 그리스도를 잉태하고 안는 여자는, 육체로 오신 하나님을 보호하는 여자로도 이해합니다. 요한계시록 12장의 '철장의 권세를 잡은 자를 잉태하고 해산하는 여자(즉 교회)'를 연상하게 하지요. 이것은 "교회의 정체성" 부분에서 좀 더 다루도록 하겠습니다.

여자의 품에 안기시는 예수님

자기 백성을 날개 그늘로 덮으시고 안으시던 하나님께서 여자의 품에 안기십니다. 안기시는 모습은 역설입니다. 에스겔 16장에서 이렇게 버려져 피투성이가 되어 발짓하던 아이를 '너는 피투성이라도 살라.' 하시며, 씻기시고 강보로 싸서 자기의 옷으로 덮고 양육하시던 하나님이 여자의 몸에 잉태되시고, 아기로 오셔서 여자의 품에 안기십니다. 그 크고 광대하신 하나님께서 피조물인 여자의 젖을 먹고, 여자의 손에 자기를 의탁하시고, 가장 힘없고 낮은 어린 아기의 모습으로 오심을 보십시오. 우리를 살리려고 이렇게 낮아지신 하나님의 신비를, 하나님 사랑의 역설을….

이스라엘과 사랑에 빠지신 하나님,

이스라엘을 짝사랑하시는 하나님,

호세아를 통하여 음란한 아내를 용서하시는 하나님,

버려진 고아를 데려다 씻기고, 키우고, 온갖 좋은 것으로 왕후의 치장을 하시는 하나님 말입니다.

방종한 자기 백성, 자기 아내를 구원하고 회복하게 하려고 이미 언약하신 약속을 성취하시는 하나님의 열심입니다. 이 놀라운 하나님의 헤세드 사랑이 우리 가슴을 저미게 합니다. 땅끝까지 낮아지고 생명 버리신 그 사랑 말입니다. 창조는 무에서 유를 만드는 사건입니다. 곧 새로운 일을 창조하신다고 말씀하십니다. 그것은 이스라엘의 배도로 철저한 결혼 언약 파기에 대한 새 언약의 성취입니다.

해를 옷 입은 교회

…그 발 아래에는 달이 있고 그 머리에는 열두 별의 관을 썼더라(계 12:1).

여자가 아들을 낳으니 이는 장차 철장으로 만국을 다스릴 남자…(계 12:5).

영광스러운 교회를 보십시오. 아이를 낳은 여자, 곧 철장으로 만국을 다스릴 남자를 낳은 여자는 해를 옷으로 입고, 달을 밟으며, 열두 별의 면류관을 쓰고 있습니다. 이 여자는 예수 그리스도의 피, 곧 물로 씻어 말씀으로 깨끗하게 하사 흠과 티와 주름 잡힌 것이 없는 거룩하고 영광스러운 모습입니다.

사랑하는 여성 여러분! 피로 값주고 사신 바 된 교회인 여러분은 이런 자입니다. 예수를 잉태한 자, 예수를 품은 자, 예수를 낳은 자입니다.

그 꼬리가 하늘의 별 삼분의 일을 끌어다가 땅에 던지더라 용이 해산하려는 여자 앞에서 그가 해산하면 그 아이를 삼키고자 하더니(계 12:4).

요한계시록 12장에서 교회인 이 여자를 용이 삼키려고하므로 여자는 하나님께서 예비하신 곳으로 도망하여 1,260일을 보호 받습니다. 마귀는 자기의 때가 얼마 남지 않음을 알고 분내어 남자를 낳은 여자를 박해하고 또 뱀이 입으로 물을 강같이 토하여 여자를 삼키려 합니다. 그러나 땅이 여자를 도와 토한 물을 삼킴으로 여자가 구원을 받습니다. 사탄은 더욱 분내어 싸우려는 태세를 포기하지 않습니다(계 12:12).

영광스런 교회를 사탄은 공격하고 있습니다. 교회를 핍박하는 것은 곧 그리스도를 핍박하는 것입니다. 예수님이 바울에게 "네가 왜 나를 핍박하느냐." 했던 말씀은 그리스도와 교회는 하나이기 때문에 그렇게 말씀하신 것입니다.

> 용이 여자에게 분노하여 돌아가서 그 여자의 남은 자손 곧 하나님의 계명을 지키며 예수의 증거를 가진 자들과 더불어 싸우려고 바다 모래 위에 서 있더라 (계 12:17).

사탄은 예수를 공격하다가 교회를 공격합니다. 사탄이 교회를 공격하는 일은 이상한 일이 아닙니다. 그러나 결국 교회가 승리할 것입니다.

교회는 그리스도의 몸

> 교회는 그의 몸이니 만물 안에서 만물을 충만하게 하시는 이의 충만함이니라 (엡 1:23).

우리를 향한 그리스도의 간절한 열망은 결국 자신의 몸인 교회를 이 땅에 세우시기 위함입니다. 그러므로 우리가 교회를 떠올릴 때 건축물이 아니라 그리스도를 머리로 한 우리와 한몸된 실체의 신비스러움을 보아야 합니다. 나를 성전 삼아 내 안에 사시려고 오신 그리스도. 내 몸은 영광스러운 성령의 거룩한 전입니다.

> 나는 여호와 너희의 하나님이라 내가 거룩하니 너희도 몸을 구별하여 거룩하게 하고 땅에 기는 길짐승으로 말미암아 스스로 더럽히지 말라(레 11:44).

옛 자아는 죽고 그분이 내 안에 오셔서 살아 계심으로 자연스럽게 거룩하게 됩니다.

너희는 내 안에

> 그 날에는 내가 아버지 안에, **너희가 내 안에, 내가 너희 안에** 있는 것을 너희가 알리라(요 14:20).

성령이 오셔서 나와 함께 사시는 일, 바로 '너희가 내 안에, 내가 너희 안에' 이 말보다 한몸 됨을 확실하게 나타내는 말이 있을까요? 그러므로 교회는 방법론이 아닙니다. 생명의 역동입니다. 교회는 조직이 아니라 본질입니다. 교회는 친목회가 아닙니다. 사랑의 코이노니아(교제, 순환)입니다. 교회는 용서를 먹고 마시는 천국입니다.

> 보라 형제가 연합하여 동거함이 어찌 그리 선하고 아름다운고…곧 영생이로다 (시 133:1-3).

교회는 상처투성이에 고집쟁이이며 욕심쟁이인 너와 내 안에서 그리스도의 형상을 보게 되고, 그런 모습 안에서 회복된 새로운 피조물의 영광을 보며 기뻐하는 자들의 공동체입니다. 교회는 형제의 얼굴에 반영된 하나님의 얼굴을 보는 곳이요, 하나님의 형상의 가시적인 집합체요, 형제 안에서 천국을 보고 누리는 이 땅에 있는 하나님의 나라입니다.

> 이 성전의 나중 영광이 이전 영광보다 크리라…(학 2:9).

바벨론에 포로로 잡혀갔다가 돌아온 자들은 이미 화려한 솔로몬 성전을 본 자들입니다. 솔로몬 성전과는 비교도 되지 않을 만큼 초라한 스룹바벨의 성전을 보고 크게 실망한 이들에게 지금 이 성전에 비할 수 없는 나중 영광을 예언합니다. 이 성전의 나중 영광은 바로 그리스도와 온전히 연합된 영광스러운 교회입니다.

> 또 내가 보매 거룩한 성 새 예루살렘이 하나님께로부터 하늘에서 내려오니 그 준비한 것이 신부가 남편을 위하여 단장한 것 같더라(계 21:2).

교회! 우리는 하나님이 거하시는 진정한 하나님의 집입니다.

> 성 안에서 내가 성전을 보지 못하였으니 이는 주 하나님 곧 전능하신 이와 및 어린 양이 그 성전이심이라 그 성은 해나 달의 비침이 쓸 데 없으니 이는 하나님의 영광이 비치고 어린 양이 그 등불이 되심이라(계 21:22-23).

나눔을 위한 정리

방종한 자기 백성, 자기 아내를 구원하고 회복하려고 이미 언약하신 것을 성취하시는 하나님의 열심을 보십시오. 피투성이로 들에 버려진 아이에게 강렬한 사랑의 의지를 보이시고, 그분의 옷으로 덮어 왕후의 지위에 오르게 하십니다.

남편된 하나님의 사랑과 땅끝까지 낮아지고 생명을 버리신 하나님의 신비를 보십시오. 나를 성전 삼아 내 안에 사시려고 오신 그리스도, 내 몸은 영광스런 성령의 거룩한 집임을 꼭 기억해야 할 것입니다.

생각 나눔

1. 예수님을 알기 전 나는 피투성이로 들에 버려진 아이였다는 것에 공감합니까? 예수님을 알기 전, 피투성이로 버려진 아이였던 모습은 어떠했는지 나누어 봅시다.

2. 에스겔 16장에 나타난 여인의 외도를 내 삶에 비추어 봅시다. 그 모습은 어떠합니까?

3. 결혼하면 신부는 신랑의 모든 것을 함께 나눕니다. 왕의 신부로서 나는 왕의 모든 것을 어떻게 누릴 수 있습니까?

4. 교회인 당신의 정체성을 이야기해 봅시다.

어린 양의 아내: 교회의 정체성 2

또 내가 보매 거룩한 성 새 예루살렘이 하나님께로부터 하늘에서 내려오니 그 준비한 것이 신부가 남편을 위하여 단장한 것 같더라 내가 들으니 보좌에서 큰 음성이 나서 이르되 보라 하나님의 장막이 사람들과 함께 있으매 하나님이 그들과 함께 계시리니 그들은 하나님의 백성이 되고 하나님은 친히 그들과 함께 계셔서 모든 눈물을 그 눈에서 닦아 주시니…(계 21:2-3).

위의 말씀을 보면 새 예루살렘은 곧 신부입니다. 하나님께로부터 하늘에서 내려오는 거룩한 성 새 예루살렘을 어린 양의 아내라고 말씀합니다. 바벨탑은 하나님께 도전하는 인간의 허망한 노력으로 올라가지만 거룩한 성 새 예루살렘은 하늘에서 내려옵니다.*

…이리로 오라 내가 신부 곧 어린 양의 아내를 네게 보이리라 하고 성령으로 나를 데리고 크고 높은 산으로 올라가 하나님께로부터 하늘에서 내려오는 거룩한 성 예루살렘을 보이니(계 21:9-10).

나의 진정한 현주소는 하늘 보좌

어린 양의 아내가 하나님께로부터 내려오는 것을 보면 신부는 하나님과 함께

---

* 『영원에서 영원』, 이재철, 대장간: 2009, 191.

있었음이 분명합니다. 어린 양의 아내인 교회는 땅에 있었는데 왜 하늘에서 내려옵니까? 우리는 이 땅에 살고 있었지만 진정한 주소는 하늘 보좌에 주님 곁입니다. 교회, 곧 신부는 이 땅에 살고 있었지만 실상은 예수와 함께 하나님의 보좌에 있었습니다.

> 또 함께 일으키사 그리스도 예수 안에서 함께 하늘에 앉히시니(엡 2:6).

> 이는 너희가 죽었고 너희 생명이 그리스도와 함께 하나님 안에 감추어졌음이라 (골 3:3).

교회인 우리는 지금 이 땅에 살고 있습니다. 그러나 동시에 영생을 살고 있습니다. 이 땅에서 우리의 찬양은 하늘 보좌에 둘러서서 하는 찬양과 같습니다. 땅에 있지만 하늘에 속한 자로 살고 있음에 얼마나 감격스러운지요. 이 영광스런 교회의 정체성! 그 교회가 바로 우리입니다. 우리의 생명이 하나님 안에 감추어져 있습니다.

> 진리는 땅에서 솟아나고 의는 하늘에서 굽어보도다(시 85:11).

이는 하늘과 땅의 입맞춤이요, 긍휼과 진리의 만남이요, 의와 화평의 입맞춤입니다.

하나님의 영광으로 인하여

거룩한 성 예루살렘은 하나님의 영광으로 인하여 '그 성의 빛이 지극히 귀한 보석 같고 벽옥과 수정같이 맑습니다.' 사람이 어떤 말로 하나님의 영광을 표현할 수 있겠습니까? 인간의 한정된 언어로 표현하는 것은 하나님의 영광을 제한

할 수 있습니다. 말씀은 영이요, 생명이니 이 영광의 말씀과 직접 대면하기를 바랍니다. 영광스러운 새 예루살렘을 보십시오.

> 나는 그 안에서 성전을 볼 수 없었습니다. 그것은 전능하신 주 하나님과 어린 양이 그 도성의 성전이시기 때문입니다. 그 도성에는, 해나 달이 빛을 비출 필요가 없습니다. 그것은, 하나님의 영광이 그 도성을 밝혀 주며, 어린 양이 그 도성의 등불이시기 때문입니다. 민족들이 그 빛 가운데로 다닐 것이요, 땅의 왕들이 그들의 영광을 그 도성으로 들여올 것입니다. 그 도성에는 밤이 없으므로, 온종일 대문을 닫지 않을 것입니다. (계 21:22-25, 새번역)

새 예루살렘은 이미 우리 안에 충만히 존재하고 있습니다. 이날을 우리는 그토록 사모하여 기다리고 있습니다. 하나님은 이날을 위하여 회막, 장막 성전, 건물 성전에서도 이스라엘 백성과 함께 지성소에 임재하셨습니다.

성전을 떠나가기를 싫어하시는 여호와의 영광

에스겔 10장에서 하나님의 영광이 성전을 떠나는 장면을 볼 수 있습니다. 에스겔은 "이스라엘의 남은 자를 멸하려 하시나이까?(겔 9:8)"라고 질문합니다. 에스겔은 이상 가운데서 무서운 심판과 참혹한 살육의 광경을 목격하면서 애절한 중보기도를 드렸지만 그 간청은 효력이 없었습니다. 이스라엘의 죄악은 어떤 중보기도로도 하나님의 진노하심을 돌이킬 수 없을 정도로 깊었습니다. 이스라엘은 결혼 언약을 위반했습니다. 쉽게 표현하면 바람둥이라는 것입니다. 심판의 첫 내용은 하나님의 영광이 그들을 떠나는 것입니다. 심판 밖에는 사랑의 길이 없었던 것이지요.

하나님께서 헤어지기 싫어서, 떠나기가 아쉬워서, 돌아보고 또 돌아보며 억지로 걸음을 옮기시는 것 같은 애절한 마음을 에스겔 10장에서 볼 수 있습니다.

그룹들이 올라가니 그들은 내가 그발 강 가에서 보던 생물이라 그룹들이 나아갈 때에는 바퀴도 그 곁에서 나아가고 그룹들이 날개를 들고 땅에서 올라가려 할 때에도 바퀴가 그 곁을 떠나지 아니하며 그들이 서면 이들도 서고 그들이 올라가면 이들도 함께 올라가니 이는 생물의 영이 바퀴 가운데에 있음이더라 여호와의 영광이 성전 문지방을 떠나서 그룹들 위에 머무르니(겔 10:15-18).

자기 백성의 곁을 떠나기 싫어서 그룹들이 멈추면 바퀴들도 멈췄고 그룹들이 올라가면 바퀴들도 올라갔습니다.

여호와의 영광이 그룹에서 올라와 성전 문지방에 이르니 구름이 성전에 가득하며 여호와의 영화로운 광채가 뜰에 가득하였고(겔 10:4).

하나님께서도 성전을 떠나기 싫어하십니다. 그러나 범죄 소굴로 전락된 예루살렘을 버리는 것이 아니라 심판하는 것이 사랑이기에 차마 떨어지지 않는 걸음을 옮기십니다. 성전인 자기 백성을 못내 떠나기 싫어하셨던 하나님의 그 영광은 지금 우리를 돌아보게 합니다. 하나님의 성전인 내가, 우리 가정과 교회가 하나님이 거하시기에 합당한 곳입니까?

여호와의 영광이 성전 문지방을 떠나서 그룹들 위에 머무르니(겔 10:18).

이 슬픈 장면을 보십시오. 하나님께서 성전 문지방을 떠납니다. 하나님의 임재가 떠난 이스라엘의 비참함! 이카봇!(하나님의 영광이 떠났다), 바로 지금과 같은 현실입니다.

다니엘 9장을 근거로 저는 자주 기도합니다.

주께서 돌아오셔야만 합니다.

그 영광이 내게 머무셔야 합니다.

그 영광이 내 가정에 머무셔야 합니다.

그 영광이 우리의 교회에 머무셔야 합니다.

주여! 돌아오소서. 우리의 황폐한 상황을 보옵소서.

우리 하나님이여 주의 종의 기도와 간구를 들으시고

주를 위하여 주의 얼굴빛을 황폐한 성소에 비추시옵소서.

나의 하나님이여.

귀를 기울여 들으시며 눈을 떠서

우리의 황폐한 상황과 주의 이름으로 일컫는 성을 보옵소서.

주께 간구하옵는 것은 우리의 의를 의지하는 것이 아니하고

주의 큰 긍휼을 의지하는 것이오니

주여, 들으소서.

주여, 용서하소서.

하나님이여, 주를 위하여 하시옵소서.

이는 주의 성과 주의 백성이

주의 이름으로 일컫는 바 됨이니이다.

주여 어서 오시옵소서.

하나님이 떠나시자 이스라엘은 바벨론의 포로가 되었습니다(겔 40:1-25). 그 때 하나님은 이스라엘을 다시 예루살렘으로 돌아오게 하고 성전을 하나님의 임 재의 영광으로 채우겠다고 약속하셨습니다(겔 43:1-5)

> 여호와의 영광이 동문을 통하여 성전으로 들어가고 영이 나를 들어 데리고 안뜰 에 들어가시기로 내가 보니 여호와의 영광이 성전에 가득하더라(겔 43:4-5).

하나님은 요한계시록 21장에서 환란 가운데 있는 성도에게 완성될 새 예루살렘의 영광을 미리 보여 주십니다.

> 이 성전의 나중 영광이 이전 영광보다 크리라…(학 2:9).

기다려지고 기다려지는 '이전'의 나중 영광! 이 말씀이 얼마나 좋은지요! 얼마나 소망을 품게 하는지요. 주 하나님이 성전이십니다. 새 예루살렘은 어린 양이신 예수의 신부! 교회입니다.

> 성 안에서 내가 성전을 보지 못하였으니 이는 주 하나님 곧 전능하신 이와 및 어린 양이 그 성전이심이라 그 성은 해나 달의 비침이 쓸 데 없으니 이는 하나님의 영광이 비치고 어린 양이 그 등불이 되심이라(계 21:22-23).

이 얼마나 황홀하고 영광스럽습니까? 하나님 곧 전능하신 이 곧 어린 양이 성전이 되시므로 해와 달의 비추임이 쓸데없습니다. 교회는 이토록 존귀합니다. 결국 예수님은 교회인 우리와 연합하셔서 그 놀라운 영광을 덧입게 합니다. 존귀한 당신이 곧 교회입니다. 교회가 이토록 영광을 입었습니다. 이것이 교회인 우리의 정체감입니다. 지금 우리는 이 땅의 교회를 보며 병들어 있다고, 바벨론에 물들었다고, 음란한 이스라엘과 같다고 한탄하고, 비난하고, 정죄했습니다.

그러나 **교회의 정체성과 원래 주소는 이토록 황홀한 거룩한 성 새 예루살렘입니다.** 깨어나야 합니다. 바벨론에서 나와야 합니다. 그리스도 피로 씻은 정결한 신부로 거듭나야 합니다. 존귀한 여인! 당신이 그리스도의 신부입니다. 당신이 왕후입니다! 영광스러운 교회! 당신이 하나님의 비밀이며 신비입니다! 영광스러운 그리스도의 몸인 당신이 바로 어린 양의 아내입니다.

존귀한 여인이여! 당신 곁에 있는 그 남자는 하나님의 형상이 표현된 존재, 곧 보이는 예수입니다. **그 남자와 연합된 여인, 당신은 이 땅에 표현된 하나님의 영광이요 그리스도의 몸된 교회입니다.** 남자와 여자와의 연합은 그 놀라운 왕과 왕후의 결혼입니다.

나눔을 위한 정리

요한계시록에 보면 이 땅에서 어린 양의 아내인 교회는 땅에 있었는데 왜 하늘에서 내려옵니까? 우리의 원래 주소는 하늘 보좌, 주님과 함께 있는 그곳이기 때문이겠죠. 그러므로 이 땅에서 부르는 우리의 찬양은 하늘 보좌에 둘러서서 찬양하고 있는 것입니다. 비록 우리는 땅에 있지만 하늘에 속한 자입니다. 지금 보이는 못나고 연약한 모습에 좌절할 것이 아니라 신부로 부름 받은 영원불변한 신분을 알고 그 특권을 누려 봅시다.

생각 나눔

1. 교회인 우리의 현주소는 어디입니까? 여러분의 방식대로 주소를 적어 봅시다.
   [예] (욕망)시 (경쟁)로 (우울)길, [   ]시 [   ]로 [   ]길

2. 당신은 하나님의 영광에 대한 목마름이 있습니까?

3. 이 땅에 있는 당신의 남편은 하나님의 표현된 존재이자 하나님의 영광입니다. 당신의 여성 됨이 기쁨입니까?

4. 성전을 떠나기 싫어하시는 하나님의 영광에 대하여 나누어 봅시다.

2-3
사람과 함께 살고 싶으신 하나님의 열정

∞

몸 성전

그러나 참으로 하나님께서 땅에서 사람들과 더불어 사시겠나이까 보소서 하늘과
하늘들의 하늘이라도 주를 수용할 수 없거늘 하물며 내가 건축한 이전은 얼마나
못 미치겠나이까?(대하 6:18, 한글킹제임스)

하나님께서 우리를 향해 간절하게 원하신 것은 자신의 형상대로 지으신 사람
과 함께 거하는 것이었습니다. 그렇게 하기 위해 하나님은 이 땅에 오셨습니다.
첫 번째는 성막으로 하나님이 자기 백성과 함께 거하려고 정하신 처소입니다.
성막은 하나님과 이스라엘 백성의 만남을 위한 곳이었습니다. 그래서 회막이라
불리기도 했고, 그래서 모세는 회막에서 수시로 하나님을 만났습니다. 성막은
이동식 구조물입니다. 광야에서 백성과 함께하시기 위해 설계되었으며, 시내산
에서 모세를 통하여 명하신 것입니다. 이스라엘 백성이 이동할 때마다 성막도
함께 이동합니다. 그것도 모자라 구름기둥 불기둥으로 하나님의 함께하심을 나
타내셨습니다.

이스라엘 백성이 가나안에 들어간 후 왕국시대에는 솔로몬을 통하여 성전을
짓도록 하십니다. 성전은 이 우주에서 하나님에 의해 직접 설계된 유일한 건축
물입니다. 성막은 한시적이었습니다. 하나님은 이곳에 계시겠다고 하셨고, 이
스라엘 백성의 삶의 중심이 되었습니다. 성전은 다가올 진정한 하나님 나라에

서 하나님 자신을 예표합니다. 이 땅에 있는 성전은 불순종하는 백성으로 인하여 하나님의 영광이 떠나기도 하였고, 훼파되고, 무너지기도 하였습니다.

2000여 년 전, 진정한 성전이신 예수 그리스도께서 오셨습니다. 성전인 자기 육체를 깨뜨리심으로 자신이 진정한 성전임을 보이셨고, 우리는 예수 그리스도를 머리로 하여 한몸이 되었습니다.

> 너희는 너희가 하나님의 성전인 것과 하나님의 성령이 너희 안에 계시는 것을 알지 못하느냐 누구든지 하나님의 성전을 더럽히면 하나님이 그 사람을 멸하시리라 하나님의 성전은 거룩하니 너희도 그러하니라(고전 3:16-17).

이 말씀에서 성전은 건물(히에론)이 아니라 몸된 성전 됨(나오스)을 말합니다. 너희가 '하나님의 **성전**(고전 3:16~17, 6:19; 고후 6:16; 엡 2:2)'과 '예수께서 **성전** 된 자신을 가리켜 말씀하신 것(요 2:21)'에서는 '나오스'가 사용되었습니다. 복음서와 사도행전에서는 대부분 건물을 가리키는 '히에론'이 쓰이고, 서신서 이하에서는 대부분 '나오스'라는 단어가 쓰입니다. '히에론'은 성전의 외형을 가리키지만 하나님의 영이 임하는 몸된 성전은 '나오스'를 사용하였습니다. '나오스'는 하나님의 이름을 두신 곳, 언약궤가 있는 하나님의 임재를 상징하는 곳으로 성도의 몸에 하나님의 영이 임하시는 곳을 가리킵니다(고전 3:16).[*]

이제 성전은 건물이 아닙니다. 성전은 곧 교회인 당신입니다. 우리 몸이 성령께서 거하시는 집인 것을 잊으면 우리 삶은 건물 중심의 무미건조한 삶이 될 수밖에 없습니다. 그래서 초등학문에 머무는 종교인의 삶으로 전락할 수밖에 없습니다. 그 영광스러운 지성소가 이미 열렸는데도 성전 바깥뜰에서 머무는 관계 밖에는 되지 않습니다. 지성소로 나아가야 합니다. 주님은 자신의 몸으로 성

---

[*] 박용덕(2014), "성전을 의미하는 나오스와 히에론의 차이", 개인 블로그 신앙상식.

전 휘장을 찢으셨습니다. 언제까지 초등학문에 머물러 있을 수는 없습니다.

교회인 우리가 삶의 현장에서 진정한 그리스도인으로서의 삶으로 살아내지 못하는 중요한 이유 중의 하나는 여기에 있습니다. 교회는 그리스도를 머리로 한몸으로 존재합니다.

무너진 성전

이 성전을 헐라 내가 다시 일으키리라(요 2:19).

성전은 무너졌습니다. 이제 화려한 건물은 무너지고 감추었던 비밀인 예수 그리스도의 몸이 성전으로 드러났습니다. 그의 몸이 깨뜨려짐으로 그와 연합된 우리도 성전이 되었습니다. 예수님의 몸이 부서짐으로 성전(나오스) 휘장이 위로부터 아래로 갈라졌습니다. 이제는 우리 몸이 성전입니다.

예수님의 공생애 두 번째 표적은 성전 청결 사건입니다. 예수님이 오신 목적을 온전히 성취하기 위해 거룩한 신랑 예수님과 연합할 몸된 교회 정화가 필수였습니다. 예수님의 공생애 첫 번째 표적이 예수님의 오신 목적을 나타낸다면 두 번째 성전 청결 사건은 예수님의 몸에서 탄생될 교회 속에 있는 비밀을 풀어가는 중요한 첫 단초입니다.

예수는 성전 된 자기 육체를 가리켜 말씀하신 것이라(요 2:21).

교회인 우리는 움직이는 성전입니다. 걸어 다니는 성전입니다. "만민이 기도하는 집"이라고 하신 말씀처럼 교회인 나는 기도하는 집입니다.

이 땅에 자신의 몸을 남기신 예수님

『영원에서 영원으로』의 저자 이재철은 예수님이 이 땅에 자신의 몸을 남기셨다고 표현합니다.

> 예수님이 '다 이루었다'고(요 17:4, 19:30) 두 번이나 말씀하셨습니다. 예수님이 3년의 공생애 가운데 이루시고 남기신 것은 책도, 업적도 아니요 더더욱 종교도 아닌 살아 움직이는 그리스도의 몸된 교회를 그의 옆구리에서 출생시키셨습니다. 즉 이 땅에 '자기자신의 분신' 또는 더 정확히 말하면 아예 자기자신을 남기신 것입니다. **교회야말로 보이지 않는 하나님이 이 땅에 볼 수 있게 나타난 그리스도의 몸인 것입니다.**
> 내가 아버지 안에 아버지께서 내 안에 계심을 믿으라(요 14:11).
> 교회는 예수님 안에 있고 예수님은 교회 안에 있는데 하나님과 예수님과의 관계는 예수님과 교회의 관계와 똑같은 것이기 때문에 교회는 껍데기만 사람들이지 그 안에 약동하고 있는 것은 예수님의 생명이라는 것입니다.[*]

'다 이루었다'는 말씀의 뜻을 앞에서 나누었듯이 '나의 신부를 위하여 내 생명으로 신부의 값을 지불하였다'는 의미입니다. 그 생명을 지불하시므로 그리스도의 신부인 교회가 그리스도의 옆구리에서 탄생된 것입니다. 나 자신이 교회요, 나 자신이 예수님의 분신이라는 사실, 예수님 자신을 이 땅에 남기셨다는 사실은 얼마나 우리 존재를 영광되게 하는지요.

하나님과 예수님과의 관계 = 예수님과 교회와의 관계

---

[*] 『영원에서 영원』, 이재철, 대장간: 2009, 162.

약동하는 예수님의 생명이 우리 안에 있습니다. 더 이상 건축물을 가리켜 성전이라고 하면 안됩니다. 한국 교회는 교회당 건축물을 가리켜 '성전'이라고 부르는 경우가 허다합니다. 성전 건축이라는 미명 아래 구약의 성전 건축과 똑같은 개념과 열심으로 거창하게, 분수에 지나치게 열심을 쏟지만, 진정한 성전인 주님의 몸된 교회가 상하고 깨어지는 경우가 허다함을 봅니다.

다윗은 사울의 칼을 피해서 숨었던 굴에서도 "내가 성소에서 주를 바라보나이다."라고 고백합니다. 코로나19로 인해 우리가 함께 모여 마음껏 예배할 수도 없는 상황을 보면서, '이제 너 자신이 성전임을 기억하라 네가 있는 그곳이 거룩한 지성소가 되게 하라.'고 말씀하시는 성령의 음성이 들리는 것 같습니다.

함께 사시려고 오신 예수님

하나님은 우리를 자기 백성 삼으시고 우리 안에 오셔서 사시려고 긴긴 역사를 이스라엘과 함께 헤세드의 사랑으로 이스라엘을 추격하고 계셨습니다.

광야에서 자기 백성과 함께 살고 싶으셔서,
방황하는 이스라엘과 함께 구름 기둥으로 불기둥으로 동행하시며
함께 광야를 배회하셨던 하나님!
원망하고 불순종하는 백성의 광야 여정을 보십시오.
그러할지라도 백성이라도 함께 살고 싶으셨던 하나님!
자기 백성과 함께 머물고 싶으셔서 그 광대하신 분이 임한 초라한 장막과 법궤,
이곳에 내가 임재한다고 하시며 함께 동행하시는 야훼 하나님!
이 원망과 불순종하는 백성과 함께 동행하시는 하나님!
이 거대한 광야교회를 보십시오.
구약 4천여 년 여정, 오직 한 길,
자기 백성을 사랑하시어 아들을 보내시겠다는

이 거대한 사랑의 섭리, 사랑의 일념!

그 길을 깨뜨리고 막으려는 온갖 방해 가운데서

언약하신 대로 결국 다윗의 후손을 통하여

이 패역한 땅 흑암의 그늘진 곳에 어둠을 뚫고 오신 예수여!

이 땅으로 영원을 옮겨 오신 신비여,

하늘과 땅의 입맞춤!

하늘의 전압을 땅의 전압으로 바꾸셔서 임마누엘 되신 하나님!

그 영광을 지금 우리는 보고 있습니다.

말씀이신 그 하나님께서 말씀이 육신이 되어 우리 가운데 거하십니다.

그 영광을 지금 우리는 보고 있습니다. 아버지의 독생자의 영광을.

나를 성전 삼으셨기에, 내 안에 임마누엘 되셨기에,

내 안에 예수 그분이, 그분의 영이,

하나님의 영이 계시는 성전 됨이, 얼마나 놀라운지요.

성 안에서 내가 성전을 보지 못하였으니 이는 주 하나님 곧 전능하신 이와 및 어린 양이 그 성전이심이라(계 21:22).

…내가 떠나가는 것이 너희에게 유익이라 내가 떠나가지 아니하면 보혜사가 너희에게로 오시지 아니할 것이요 가면 내가 그를 너희에게로 보내리니(요 16:7).

보혜사 성령 그분은 예수의 떠나신 자리를 대신하여 내 안에 오셨습니다.

빌립아 내가 이렇게 오래 너희와 함께 있으되 네가 나를 알지 못하느냐 나를 본 자는 아버지를 보았거늘 어찌하여 아버지를 보이라 하느냐(요 14:9).

예수님은 이렇게 말씀하십니다. "지금 내가 하고 있는 모든 일도 아버지께서 내 안에 계셔 그의 일을 하시는 것이다." 지금 예수님이 하시고 계신 일은 아버지께서 예수 안에 계시므로 아버지의 일을 하고 계신다는 것이지요. 내 안에 성령이 계십니다. 성령이 계신 우리를 향하여 이렇게 하십니다.

> 내가 진실로 진실로 너희에게 이르노니 나를 믿는 자는 내가 하는 일을 그도 할 것이요(요 14:12).

이제 예수님은 아버지를 보이신 자요. 아버지의 일을 하셨던 분으로 그 일을 제자인 우리에게 동일한 관계로 위임해 주셨습니다.

> …또한 그보다 큰 일도 하리니 이는 내가 아버지께로 감이라(요 14:12b).

이 말씀은 어떤 기적이나 능력을 행하는 측면이 아닌 관계 차원으로 먼저 보는 것이 중요하다고 생각합니다. 한몸의 관계에서 말입니다.

> 예수님은 하나님을 보여 주셨고 나는 예수님을 보여 주는 사람입니다.

예수님은 **하나님을 보여 주신** 분입니다. 그러므로 나는 예수님을 보여 주는 사람입니다. "나를 본 자는 아버지를 보았다."라는 말씀은 '나 OO를 보는 자는 예수를 보는 자다.'라고 표현해도 괜찮지 않을까요? 요한복음 14장을 깊이 묵상해 보면 이 놀라운 비밀이 깊이 담겨져 있음을 봅니다. 특히 14장은 한 절씩 볼 것이 아니라 연결해서 이해해야 됩니다.

> 예수께서 대답하여 이르시되 사람이 나를 사랑하면 내 말을 지키리니 내 아

버지께서 그를 사랑하실 것이요 우리가 그에게 가서 **거처를 그와 함께하리라**
(요 14:23).

서로의 얼굴 안에 임마누엘 되신 예수님

임마누엘은 하나님이 우리와 함께 계신다는 뜻입니다. 우리 안에 '성령이 계
신다'는 말씀대로라면 나의 얼굴은 주님의 얼굴입니다. 그래서 내 얼굴에서 예
수님이 보여야 한다는 말씀입니다. 서로의 얼굴을 바라보십시오. 예수님이 보
입니까? 어떻게 하면 주님의 얼굴이 나타날까요? 하나님과 법적으로 화목된 관
계 안에 있는 우리는 사랑받고 있는 자요. 성령이 계신 자입니다.

기혼자 중에 어떤 부부는 서로 사랑을 주고 받으며 행복하게 잘 삽니다. 그러
나 모든 부부가 그러하지 못합니다. 법적으로는 결혼한 상태이지만 정서적 이
혼 상태로 살고 있는 부부도 많이 있습니다. 하나님과 우리 관계도 똑같습니다.
혹시 하나님과의 관계가 정서적 이혼 상태는 아닙니까?

> **사람이 자기의 친구와 이야기함 같이 여호와께서는 모세와 대면하여 말씀하시며**
> 모세는 진으로 돌아오나 눈의 아들 젊은 수종자 여호수아는 회막을 떠나지 아니
> 하니라(출 33:11).

모세는 하나님과 친밀한 사람이었습니다. 시내산에서 40일간을 하나님과 함
께했던 모세의 얼굴은 하나님의 영광을 가득 머금었습니다. 이스라엘 백성은
그 광채로 인하여 얼굴을 볼 수 없어서 수건으로 가리었습니다.

> 모세가 그 증거의 두 판을 모세의 손에 들고 시내 산에서 내려오니 그 산에서 내
> 려올 때에 모세는 자기가 여호와와 말하였음으로 말미암아 얼굴 피부에 광채가
> 나나 깨닫지 못하였더라(출 34:29).

모세가 그들에게 말하기를 마치고 수건으로 자기 얼굴을 가렸더라 그러나 모세가 여호와 앞에 들어가서 함께 말할 때에는 나오기까지 수건을 벗고 있다가 나와서 는 그 명령하신 일을 이스라엘 자손에게 전하며 이스라엘 자손이 모세의 얼굴의 광채를 보므로 모세가 여호와께 말하러 들어가기까지 다시 수건으로 자기 얼굴을 가렸더라(출 34:33-35).

하나님과 가까이 대면한 만큼 영광스러워집니다. 하나님과 함께 동행한 만큼 하나님을 닮습니다.

너희는 우리의 편지라 우리 마음에 썼고 뭇 사람이 알고 읽는 바라 너희는 우리로 말미암아 나타난 그리스도의 편지니 이는 먹으로 쓴 것이 아니요 오직 살아 계신 하나님의 영으로 쓴 것이며 또 돌판에 쓴 것이 아니요 오직 육의 마음판에 쓴 것 이라(고후 3:2-3).

나는 그리스도의 편지입니다. 나를 읽는 자는 그리스도를 읽습니다. 나를 보 는 자는 그리스도를 봅니다. 이제 우리는 수건을 벗은 얼굴로 그 영광을 보고 있습니다.

우리가 다 수건을 벗은 얼굴로 거울을 보는 것 같이 **주의 영광을 보매 그와 같 은 형상으로 변화하여 영광에서 영광에 이르니** 곧 주의 영으로 말미암음이라 (고후 3:18).

우리가 그의 영광을 보니 아버지의 독생자의 영광이요 은혜와 진리가 충만하더라 (요 1:14b)

하늘과 땅의 입맞춤, 은혜와 진리의 입맞춤, 우리는 이러한 자입니다. 지성소는 이미 열렸습니다. 지성소로 들어갑시다.

> 내게 입 맞추기를 원하니 네 사랑이 포도주보다 나음이로다(아 1:2).

왕의 지성소에서 왕과 입맞추어야 합니다.

지성소에서 그 영광의 왕과 사랑을 누린 만큼 거룩하게 됩니다.

그 영광의 왕과 사랑을 누린 만큼 주님을 닮습니다.

그 사랑을 누린 만큼 사랑을 할 수 있습니다.

그 사랑을 누린 만큼 용서할 수 있습니다.

그 사랑을 누린 만큼 담대한 삶을 살 수 있습니다.

그 사랑을 누린 만큼 기도할 수 있습니다.

> 어두운 데에 빛이 비치라 말씀하셨던 그 하나님께서 예수 그리스도의 얼굴에 있
> 는 하나님의 영광을 아는 빛을 우리 마음에 비추셨느니라(고후 4:6).

예수 그리스도의 얼굴에 있는 하나님의 영광을 아는 빛을 우리에게 비추셨습니다. 지금도 그 빛이 비치고 있습니다. 마지막 시대를 사는 우리, 어린 양의 혼인기약이 멀지 않은 이때 어린 양의 아내, 신부인 우리는 지성소에서 머무는 삶을 살아야 하고, 그 시간을 가져야 합니다. 지성소 안에서 하나님의 사랑과 영광으로 충만된 자는 이렇게 살 수 있습니다.

> 우리가 이 보배를 질그릇에 가졌으니 이는 심히 큰 능력은 하나님께 있고 우리에
> 게 있지 아니함을 알게 하려 함이라 우리가 사방으로 우겨쌈을 당하여도 싸이지
> 아니하며 답답한 일을 당하여도 낙심하지 아니하며 박해를 받아도 버린바 되지

아니하며 거꾸러뜨림을 당하여도 망하지 아니하고 우리가 항상 예수의 죽음을 몸
에 짊어짐은 예수의 생명이 또한 우리 몸에 나타나게 하려 함이라 우리 살아 있는
자가 항상 예수를 위하여 죽음에 넘겨짐은 예수의 생명이 또한 우리 죽을 육체에
나타나게 하려 함이라(고후 4:7-11).

새 예루살렘

성 안에서 내가 성전을 보지 못하였으니 이는 주 하나님 곧 전능하신 이와 및 어
린 양이 그 성전이심이라 그 성은 해나 달의 비침이 쓸 데 없으니 이는 하나님의
영광이 비치고 어린 양이 그 등불이 되심이라(계 21:22-23).

성전이 없는 예루살렘은 상상할 수 없습니다. 그러나 새 예루살렘에는 성전
이 없습니다. 하나님과 어린 양이 성전이며 그 도시의 등불입니다. 여기서 사용
된 헬라어는 건물을 가리키는 히에론이 아니라, 몸된 성전을 가리키는 나오스
입니다. 이 땅에 더 이상 건물 성전이 없습니다. 우리가 그의 몸이요 성전이기
때문입니다.

하나님이여 주는 나의 하나님이시라 내가 간절히 주를 찾되 물이 없어 마르고 황
폐한 땅에서 내 영혼이 주를 갈망하며 내 육체가 주를 앙모하나이다 내가 주의 권
능과 영광을 보기 위하여 이와 같이 성소에서 주를 바라보았나이다(시 63:1-2).

다윗이 고난의 현장, 유다 광야에서도 그곳을 성소로 삼아 주를 바라고 찬양
하였듯이, 내 삶의 모든 현장이 성소되어 주와 함께 언제나 주를 찬양하는 삶을
살기를 원합니다.

나눔을 위한 정리

하나님이 임재하시는 곳은 성전입니다. 그러나 이것은 건물을 가리키는 것이 아닙니다. 예수 그리스도의 몸이 부서짐으로 성전의 휘장이 갈라지고, 우리 몸이 성령이 거하는 성전이 되었습니다. 우리 몸이 바로 성전이며 교회입니다. 다윗의 후손을 통하여 흑암의 어둠을 뚫고 오신 예수님! 그분이 우리 안에 임마누엘하셔서 우리 몸이 하나님의 영이 머무는 성전이 되었습니다. 예수님의 옆구리에서 생겨난 교회! 교회인 우리 몸 안에서 약동하는 것은 예수님의 생명입니다. 우리는 하나님과 대면한 만큼 영광스러워지며, 하나님과 동행한 만큼 하나님을 닮습니다. 우리는 그리스도의 편지입니다. 그리스도의 신부인 우리는 예수의 생명을 가지고 지성소에서 머무는 삶을 살아야 합니다. 삶의 모든 현장에서 예수님을 보여 주는 성소가 되어 주와 함께 머물며 주를 찬양합시다.

생각 나눔

1. 2-3장을 읽기 전에 성전은 어떤 것이라고 생각했습니까? 이 장을 읽은 후 성전에 대한 어떻게 변했습니까?

2. 당신 앞에 있는 형제의 얼굴 안에 임마누엘되신 예수님의 영광이 보입니까?

3. 예수님의 죽으심으로 인해 성전은 어떻게 바뀌었습니까?

4. 당신의 몸이 성령이 거하시는 성전이라는 사실에 대해 어떤 감동이 있습니까?

3부

여성의 존재론적 정체감

"이는 내 사랑하는 자요!"
존재, 구석구석까지
이 목소리를 듣고 있는가?

3-1
여성의 창조론적 탁월성

저는 30년 이상 사역하면서 무수히도 많은 사람을 만났습니다. 그들이 가진 문제 역시 무수히도 다양한 문제였습니다. 우울증, 자살, 중독, 관계 갈등, 다양한 정신질환, 이혼, 부부 갈등, 탈선하는 청소년, 교회 공동체 안에서의 관계갈등 등, 문제는 다양하지만 이 모든 문제의 원인은 한 가지, 정체감의 문제였습니다. 다르게 표현하면 낮은 자존감의 문제이지요.

정체감이란 좀 더 쉽게 표현하면 '나는 누구인가?'라는 말입니다. 정체감의 기초는 '성 정체감'입니다. 즉 "나는 남자다." "나는 여자다."라는 인식입니다. 성 정체감은 정체감의 기초이기 때문에 자신에게 주어진 성을 받아들인다는 것은 건강한 정체감 형성에 있어서 아주 중요한 기초 공사와 같습니다.

범죄 이후, 인류 역사를 통하여 볼 수 있듯이 동서고금을 막론하고 여성에 대한 억압과 차별은 계속되어 왔음을 우리는 알고 있습니다. 제가 만난 무수한 여성들은 소설보다 더 드라마틱한 인생을 살아왔습니다. 그러한 인생을 사는 동안 곁에 있는 남자의 인생은 행복했을까요? 결코 그렇지 않음을 봅니다.

이 장에서 여성의 정체감을 다루는 것은 어딘가에 있을 이름모를 한 여성에 대한 주제가 아닙니다. 남자 곁에 있는 그 여자의 정체감을 말하려는 것입니다. 긴 역사동안 눌렸었기에 스프링처럼 튀어오를 수밖에 없었던 여성 해방이나 페미니즘적인 관점이 아니라 창조적인 관점에서 그 정체감을 찾으려 합니다.

신인 공동체

저는 오래 전에 공동체가 무엇인지를 제대로 알고 싶었습니다. 해외 여러 공동체와 국내 공동체도 방문해 보았지만 뭔가 명쾌하게 잡히는 것이 없었습니다. 사랑방 공동체 정태일 목사님의 강의에서 "공동체는 삼위 하나님의 존재 방식이다."라는 말을 들었는데, 지금까지 해 오던 사역을 구슬로 꿰어 주는 듯 명쾌했습니다.

부부의 존재 방식도, 하나님의 존재 방식으로 연결되는 것이 아닐까하는 생각이 들었습니다. 또한『공동체 신학』저자인 김현진 목사님 강의에서 "삼위 공동체=교회 공동체=부부 공동체"에 대해 설명하면서 사용한 '신인 공동체'라는 단어는 놀랐습니다. 삼위 하나님의 존재 방식과 부부의 존재 방식도 흐름이 동일하다는 것이지요. 이러한 전제를 가지고 돕는 배필의 어원을 찾아보려고 합니다.

돕는 배필이란?

여호와 하나님이 이르시되 사람이 혼자 사는 것이 좋지 아니하니 내가 그를 위하여 돕는 **배필**(에제르)을 지으리라 하시니라 여호와 하나님이 흙으로 각종 들짐승과 공중의 각종 새를 지으시고 아담이 무엇이라고 부르나 보시려고 그것들을 그에게로 이끌어 가시니 아담이 각 생물을 부르는 것이 곧 그 이름이 되었더라 아담이 모든 가축과 공중의 새와 들의 모든 짐승에게 이름을 주니라 아담이 돕는 배필이 없으므로(창 2:18-20).

많은 학자는 배필이라는 히브리어 '에제르'가 구약에서 약 21회 사용되었는데 주로 도우시는 하나님을 가리킨다고 말합니다(출 18:4, 33:29; 시 20:2, 89:19, 121:1-2, 124:8). 그중에 3회는 인간에게 사용되었는데(2회는 창 2:18-20, 민족을 지칭할 때 1회 사용) 군사적 도움을 강자가 약자에게 줄 때입니다(창 2:18; 사 30:5). '돕는 자'라는 말은 많은 여성이 불편해 하는 단어입니다. 이 말이 곁에서 일손을 거들어 주는 시종 같은 느낌을 줄 수 있지만 여성이 열등해서 돕는 것을 의미하지 않습니다. 잘 도울 수 있는 자는 능력 있는 자여야 합니다. **돕는 배필, 에제르 케네크도(ezer kenegdo)는 이 본문에서 '마주보며 동등한 위치에서 돕는다'는 뜻으로 사용되었습니다. '돕다'라는 동사 에제르는 건지다**(to rescue)**, 구원하다**(to save)**, 강하다라는 뜻도 있으며 힘센 자 혹은 강한 자로 번역**(아 6:10; 잠 31:10-21)**할 수도 있습니다.*** 이러한 의미로 보면 구원의 동반자라고 볼 수도 있습니다.

> 돕는 배필은 히브리어로 에제르 케네크도다. 에제르는 도움이란 명사지만 '케네크도'는 세 요소의 합성어다. '케'는 ~처럼이라는 의미의 전치사이고 '네크도'는 마주봄 혹은 맞상대라는 뜻의 명사 '네크도'에 '그의'(his)라는 소유격의 의미가 결합된다.
> 돕는 배필은 '그와 마주하는 것으로서의 도움'이라고 직역할 수 있다. 그와 마주하는 것에 해당하는 배필은 짝을 이루는 두 관계가 상호존중으로 이어지는 인격적 동등성에 근거하고 있음을 강조하는 것이다**

에제르는 때때로 하나님이 주어가 될 때 쓰이기도 했습니다.

> 하나님은 나를 **돕는 이**시며 주께서는 내 생명을 붙들어 주시는 이시니이다 (시 54: 4).

---

* 박삼종, 신학세상(https://m.blog.naver.com/iaminhim/17829905).

** 권혁승, 「크리스챤 투데이」 날마다 말씀따라 새롭게(33), 서울신학대학교 구약학 종교 신문.

여호와께서 내 편이 되사 나를 **돕는 자**들 중에 계시니 그러므로 나를 미워하는 자들에게 보응하시는 것을 내가 보리로다(시 118:7).

하나님은 우리의 피난처시요 힘이시니 환난 중에 만날 큰 **도움**이시라(시 46:1).

여기서는 돕는 이, 돕는 자, 큰 도움을 '에제르'로 표현하고 있습니다. 이 단어의 어원적 의미로 본다면 창세기 2장 18절의 내가 그를 위하여 돕는 배필을 지으리라는 말씀을 내가 그를 위하여 돕는 성령을 지으리라는 의미로 보아도 괜찮을 것 같다는 생각이 듭니다. **이렇게 에제르는 신적인 용어로 볼 수 있습니다.** 이 단어를 여성에게 사용한 것을 보면 여성을 향하신 하나님의 특별한 계획이 엿보입니다. 이 단어는 신약에서 보혜사 성령으로 사용됩니다.

내가 아버지께 구하겠으니 그가 또 다른 **보혜사**를 너희에게 주사 영원토록 너희와 **함께 있게** 하리니 그는 진리의 영이라 세상은 능히 그를 받지 못하나니 이는 그를 보지도 못하고 알지도 못함이라 그러나 너희는 그를 아나니 그는 너희와 함께 거하심이요 또 **너희 속에 계시겠음이라**(요 14:16-17).

신약에서 보혜사는 헬라어로 파라클레이토스입니다. 이는 구약의 에제르에 해당하는 말로써 보혜사는 대언자, 변호사, 중재자, 협조자라는 뜻이며, 위로자, 상담자, 보호자로 번역하고 있습니다.

'에제르'의 모본은 바로 성령님이십니다. 또 에제르는 전쟁에서 패배 위기에 몰린 군대를 찾아 도와주고 결정적인 힘이 되어 줌으로 승리를 이끌어 내는 응원군을 가리키는 말입니다. 에제르는 아자르에서 파생된 단어로 마치 울타리처럼 둘러싸

서 보호한다는 뜻(창 2:18)입니다.[*]

> 아침 빛 같이 뚜렷하고 달같이 아름답고 해같이 맑고 깃발을 세운 군대같이 당당
> 한 여자가 누구인가?(아 6:10)

여성은 창조론적으로, 존재론적으로 이런 자입니다. 놀랍지 않으십니까? '그
가 곧 나입니다.' 이렇게 선포해 봅시다. 가정에서 성령의 역할을 하는 에제르들
이여! 창조 때부터 하나님의 원대한 경륜을 따라 특별 제작하셨습니다. 하나님
의 그 거룩하신 손길로 여러분의 몸을 터치해서 하나님이 보시기에 심히 좋은
존재로 만드셨습니다. 잭 하일스 목사님의 시와 같은 글을 소개합니다.

> 아름답고 평화로운 에덴! 모든 소리가 노래였고 모든 풍경이 기쁨이었습니다. 전
> 쟁도 질병도 없었습니다. 뜨거움도, 차가움도 없는, 갈등도, 더러운 말도, 꽃망울
> 을 때리는 광풍도 없었고 눈물이나 한숨도 없는 그곳! 온 우주가 한 사람을 위하
> 여 지음을 받았습니다.
> 장미를 시들게 하는 차가운 바람도, 사람의 마음을 어둡게 하는 죄악의 그림자도
> 없었습니다. 사람에게 필요한 모든 것이 에덴에 내려진 복 속에 다 들어 있었던
> 것처럼 보입니다. 그러나 잘 보십시오. 한 가지 빠진 것이 있습니다. 아담에게는
> 이 아름다움을 함께 나눌 누군가가 필요했습니다. 그 아름다운 기쁨을 함께 나눌
> 동질의 생명으로 마음을 나눌 누군가를 사모했습니다.
> 걸음마다 은혜가 깃들여져 있었고 동작 하나하나에 기품과 청아함과 사랑이 흘렀
> 습니다. 완전함이 그녀에게 얹혀 있었습니다. 하나님의 아들이 기쁨으로 소리쳤
> 습니다. 새벽 별들이 합창을 했습니다.

---

[*] 박삼종, 신학세상(https://m.blog.naver.com/iaminhim/17829905).

에덴이 변했습니다. 아담 그에게 필요한 한 사람이 주어진 것입니다. 그녀가 온 이후 바람은 천 배나 더 시원했습니다. 그녀가 온 이후 꽃의 향기가 천 배나 더 향기로웠습니다. 새들의 노래는 더 청아했고 달도 별도 더 사랑스럽게 동물도 더 온순하게 다가왔습니다.

그녀가 왔기 때문입니다. 여기 진정한 아름답고 고귀한 그녀가 있습니다. 그녀가 온 이유는 에덴동산의 완전함이 아담의 필요를 채워 주지 못했기 때문입니다. 그녀는 사라가 아브라함을 주(主)라고 말했을 때의 그 아름다움을 가졌습니다. 루디아의 우아함을, 마리아의 평정을, 뵈뵈의 겸손을, 엘리사벳의 온유, 도르가의 친절을 마리아의 경배와 찬양을 가졌습니다. 그녀는 이 모든 것을 다 가지고 있었습니다. 이 모든 자질을 다 품은 사람이 이제 당신이어야 합니다.

그녀는 머리는 아니지만 머리가 바라보는 방향을 결정하는 목입니다. 그녀는 팔은 아니지만 팔에 힘을 북돋는 에너지입니다. 그녀는 레바논의 백향목은 아니지만 주위를 향기롭게 하는 몰약입니다. 성전의 기둥은 아니라 해도 모든 것을 향기롭게 하는 향단입니다. 그녀는 추수하는 농부는 아니지만 들판에 피어 추수를 아름답게 하는 백합화입니다.**

여성의 여성 됨과 영향력을 이보다 더 잘 표현할 수 있을까요? '보시기에 심히 좋았더라.' 하신 감탄을 하나님의 마음으로 노래한 것 같습니다. 잭 하일스의 설명에 의하자면 하나님은 가정을 삼위일체에 비유했습니다. 가정의 머리인 남자를 자신의 이름을 따라 아버지라 부르시고, 자녀를 삼위의 둘째 인격이신 아들에 비유했습니다. 그리고 성령을 상징하는 한 사람이 아내라고 하셨습니다.***

여성, 당신은 가정의 성령과 같으며 보이지 않는 능력입니다. 잭 하일스 목사님은 여성을 **가정의 성령**이라고 했습니다.

** 『성령님을 만나세요』, 잭 하일스, 박희원 역, 두란노: 1996, 269-275.
*** 『성령님을 만나세요』, 잭 하일스, 박희원 역, 두란노: 1996, 267-268.

나눔을 위한 정리

하나님의 최종적인 창조의 걸작품인 여성, 하나님께서 아담이 혼자 있는 것이 좋지 아니하여 돕는 배필, 히브리어로 에제르를 하나님 보시기에 심히 좋은 존재로 만드셨습니다. 그 여성, 에제르의 모본은 성령님이십니다. 울타리로 둘러싸서 보호하신다는 뜻이며 강한 자란 뜻이지요. 여성, 당신의 존재는 가정의 성령이요 보이지 않는 능력입니다(창 2:23).

생각 나눔

1. '돕는 배필'이란 말에서 '돕는'에는 여러 가지가 있습니다. 나에게 더 와닿는 뜻으로 자신을 표현해 봅시다.

2. 당신이 에제르 '가정의 성령'으로 보냄을 받은 사실에 대해 어떤 감동이 있습니까?

3. 당신이 에제르로서 삶의 회복을 위하여 어떠한 소망이 있는지 나누어 봅시다.

4. 잭 하일스 목사님의 글을 읽고 아담에게 필요한 한 사람이 주어졌을 때 에덴이 어떻게 변했는지 이야기해 봅시다.

3-2
최후의 걸작품, 여성

여성의 정체감

여성 여러분! 사랑합니다.

여성 여러분은 자신의 여성 됨을 사랑합니까?

여성 됨이 기쁨으로 여겨지십니까?

저는 30여 년 이상 사역하면서 남성보다 여성을 훨씬 더 많이 만났습니다. 80-90년대에 만났던 여성들의 이야기를 들으면서(지금은 많이 나아졌지만) 우리나라가 얼마나 남아선호 사상이 짙었는지를 알 수 있었습니다. 그중 어떤 한 분이야기입니다. 이분에게는 아들이 7명 있었는데 여덟째로 딸을 낳았습니다. 얼마나 귀한 딸입니까? 그런데 남편이 섭섭하다고 7일 동안이나 아내와 아이를 보지도 않더라는 것입니다. 어떤 한 자매의 어릴 때 이야기입니다. 할머니가 빨래를 개고 계셨는데, 그 주위를 막 뛰어다니면서 놀다가 그만 그 빨래 위로 넘어지니, "어디 쓰잘 데 없는 계집애가 오빠의 옷을 넘고 다니냐."고 할머니께 혼이 났다고 합니다.

이와 비슷한 예는 한두 가지가 아니지요. 여자는 밥상 위에 자기 밥을 올리지도 못하고 먹는다든지, 어른이 드시는 갈치를 함부로 손댈 수도 없는가 하면 여자이기에 부엌에서 밥을 먹는 경우가 허다했습니다. 이런 모습은 오래되지 않은 우리 문화였습니다. 저도 김장할 때마다 시어머니께서 "옛날엔 김장할 때 며느리에게 밥을 안 주었단다. 배추만 먹어도 배를 채울 수 있어서 그랬는지 귀한 자식을 낳을 사람에게 와 그랬을꼬."라고 하셨던 말씀이 기억납니다.

몇 년 전 "부모와 함께하는 청소년 치유 캠프"를 할 때였습니다. 그중에 한 어머니가 밝은 표정과 적극적인 태도로 잘 경청하는 모습이 참으로 인상적이고 사랑스러웠습니다. 그런 중에 나눔의 흐름에 따라서 강의 주제를 아내의 순종으로 바꾸게 되었습니다. 그랬더니 이분의 청강 태도가 바뀌었습니다. 강의 시간 내내 불편해하고 굳은 얼굴로 견디기 힘들어 하였습니다. 강의 이후 나눔과 질문 시간에 이분이 입을 열었습니다. 이렇게 기독교에서도 여성을 무시하고 있기에 곤란하다는 것입니다. 자신의 딸은 여성에 대한 사회적 편견에 분노가 너무 많아서 명절에 할아버지, 할머니 댁에는 절대로 가지 않는다고 했습니다. 명절에 남자들은 아무것도 안하고 여자들만 부엌에서 일하는 모습이 견딜 수 없이 화가 난다는 것입니다. 여성의 순종에 대한 강의에 불쾌함을 느끼는 분을 위해서 그 다음 시간에 주제를 바꿔 '여성 특강'을 신나게 했습니다. 여성의 존재론적 탁월성과 여성의 창조적 정체감에 대한 강의였습니다. 그제야 비로소 굳었던 그 어머니의 얼굴이 활짝 펴졌습니다. "여성의 존재가 그렇게 탁월하고 귀한 줄 몰랐습니다."라고 고백했습니다.

사랑하는 여성 여러분! 너무 존귀한 여성 여러분! 하나님은 여성을 너무나 소중하게 여기십니다. 여성이 태어날 때마다 기뻐하며 감탄하십니다. 하나님은 여성을 흙으로 짓지 않고 창조된 존재인 아담의 뼈를 가지고 재창조하셨습니다. 그리고 하나님은 감탄하십니다.

…보시기에 심히 좋았더라(창 1:31).

하나님의 최종적인 창조의 걸작품인 여성을 지으신 경륜은 특별하셨습니다. 아담의 모자람을 채워 주는 정도가 아닌 아담을 살리는 하와로, 아담을 건져 주는 에제르!(건져 주는 자=구원자), 곧 구원의 동반자로 창조하셨습니다.

보시기에 심히 좋았더라(amazing! very good!)

하나님께서는 여자를 창조하신 후 감탄하셨습니다. 다섯째 날 이전의 창조에 대하여 후렴처럼 '보시기에 좋았더라, 보시기에 좋았더라.'고 다섯 번이나 반복해서 말씀하십니다. 이렇게 다섯 번이나 보시기에 좋았더라고 하신 하나님께서 '보시기에 좋지 못하니'라고 하십니다. 아담이 혼자 사는 것이 하나님 보시기에 만족하지 못하다는 말씀입니다. 그러나 여자를 지으신 후, "보시기에 심히 좋았더라."고 바꾸어 말씀하십니다.

> 여자를 지으신 후의 하나님의 감탄입니다.
> '심히 좋았더라'입니다. 문자적으로는 '그리고 보아라! 그것은 매우 좋다'(킹제임스 번역은 and behold, it was very good) 입니다. 이 말씀의 히브리어는 '힌네 토브 메오드' 로 하나님은(자신의 지으신 모든 것을 바라보시고 그 결과) 대단히 감격하시며 두 손을(신속히 움직이는 물고기같이) 매우 힘차게 흔들며 기뻐하셨다라는 뜻입니다.[*]

잠깐 멈추고 이 광경을 한번 상상해 보십시오 두 손을 매우 힘차게 흔드시며 감격하시는 하나님의 모습 말입니다.

> 여기서 '힌네'는 하나님께서 창조 사역을 모두 마치시고 한 번 더 살펴보신 이후에 그 결과에 대해 말씀하시는 함축적인 평가 언어입니다. 바로 그 말은 아주 놀라워!! 만점이야!! 합격!! 등으로 표현할 수 있는데 이 연구자는 아주 놀라워! Amazing이라는 단어가 가장 적절한 번역이라고 합니다.[**]

하나님께서 '아주 놀라워!(Amazing! very good)' 하신 것처럼 하나님의 영을 담

---

[*] philsalgi.com.
[**] 『성령님을 만나세요』, 잭 하일스, 박희선 역, 두란노: 1996, 269-275.

아 하나님 닮은 우리도 '오! 놀라워라.' 하고 감탄해 볼까요?

보시기에 심히 좋았더라=하나님의 창조의 마침표

Amazing! very good!

남편이 아내를 향하여 "아주 놀라워!"

"당신으로 인하여 우리 모두가 하나님의 감격을 실감하고 있어요."

아내가 남편을 향하여 "아주 놀라워!"

"당신으로 인하여 오늘 하루도 놀라운 하루가 되었답니다."

아내를 향하여, 남편을 향하여, 자녀들을 향하여.

그리스도인의 삶은 감탄, 감격, 감사의 삶이어야 합니다.

하나님의 나라가 바로 이렇지 않습니까?

우리의 삶에 하나님의 구원이 임하면 "어메이징! 베리 굿!"입니다.

아주 놀라워!

하나님께서 감탄하신 이 말씀은 여자 한 사람만을 향하여 말씀하신 것이라기보다는 여자가 지음을 받아 이 세상에 옴으로 인하여 그 모든 것이 심히 놀라워졌다는 것입니다. 물론 그 가운데 가장 행복했던 자는 아담입니다. 여자가 등장함으로 아담은 '심히 좋았더라.'로 말씀하신 하나님의 기쁨을, 하나님의 감격을 동일하게 누릴 수 있게 되었습니다.

에드 실보소의 표현처럼 지구상에 생물이 창조된 이후 지금까지 하나님을 이토록 만족시킨 존재는 여자가 유일하다는 사실입니다. 여자는 결코 추가된 존재가 아닙니다. 만물의 영장이라 불리는 그 남자를 유익하게 하기 위한 존재만도 아닙니다. 현숙한 여인은 그 남편의 면류관입니다. 그 남자가 왕관이라면 여자는 그 왕관을 빛나게 하는 그 왕관에 박혀 있는 보석입니다. 이 여자로 인하여 하나님의 창조에 대한 하나님 자신의 평가에 만점, 최고야였습니다. 여자의 창조는 하나님의 기쁨 지수를 몇 단계 높이는 일이었다는 사실입니다.*

잭 하일스의 말처럼 **그녀가 온 이유는 에덴동산의 완전함도 아담의 필요를 채워 주지 못했기 때문입니다.**

여성이여! 세상에는 이토록 아름다운 존재인 그대가 있어야 합니다. 여성! 당신은 하나님이 만드신 최후의 걸작품입니다. 하지만 하나님과 아담을 크게 만족시켜 준 존재가 죄에 빠졌습니다. 에덴동산을 거니시는 하나님과 함께 천국을 살았던 사람이 하나님과 관계가 깨어졌습니다. 그들은 부끄러워 무화과나뭇잎으로 치마를 만들어 입었습니다. 심한 죄책감과 두려움으로 하나님의 얼굴을 피하여 숨었습니다. 그들 부부의 관계도 죄가 들어옴으로 인하여 깨어졌습니다. "내 뼈 중의 뼈요. 내 살 중의 살이라."고 진한 사랑의 고백을 나누었던 하나됨의 관계가 서로를 탓하고 비난하기 시작합니다. 벌거벗었으나 부끄러워하지 않았던 관계가 허물어졌습니다.

그들과 온 세상, 아름다운 자연과의 관계도 깨어졌습니다. 찬 서리가 내립니다. 가시와 엉겅퀴가 납니다. 그토록 사랑스러운 동물들, 그들의 이름을 지어주며 하나님의 축복을 함께 나누었던 새들도, 짐승들도 이제 서로 두려워 피하는 관계가 되었습니다. 이 에덴의 여왕이 범죄 함으로 온 인류는 죄 가운데, 죄의 영향력 아래 살게 되었습니다. 하나님의 영으로 지음 받은 사람, '살아 있는 영'이라 불렸던 사람이 육체가 되어 버렸습니다.

그러나 하나님께서는 그들을 향하신 놀라운 사랑의 계획을 포기하지 않으십니다. 죄로 인하여 그들과 더 이상 친밀함의 관계를 유지할 수 없었기에 에덴에서 그들을 쫓아내지만 새로운 회복, 구원을 위하여 친히 그들에게 가죽옷을 지어 입히십니다. 인간을 위하여 이때에 벌써 양의 피를 흘린 것입니다. 그리고

---

* 『여성, 특별한 하나님의 계획』, 에드 실보소, 예수전도단: 2003, 28.

나를 위하여 2천여 년 전 실제로 하나님의 어린 양이 피를 흘리셨습니다. 그러므로 우리는 다시 그 하나님의 사랑에, 하나님의 감탄에 동참할 수 있습니다.

다 이루었다! 보라 새로운 피조물이 되었도다!

Amazing! very good!

이제는 새로운 피조물이 되었기에.

예수님을 품에 안은 여인

사랑하는 여러분! 상상해 보십시오. 이 모습을 뭐라고 표현해야 적절할까요? 풍겨 오는 따뜻함, 생명, 사랑, 온유함, 사랑스러움의 이미지를. 아! 티 없이 아름다운 하나 됨의 관계가 아닙니까? 생명을 잉태하고, 생명을 젖 먹이며, 양육하는, 세상에서 가장 아름다운 여인의 모습 말입니다. 이 땅의 모든 인류가 여성의 몸을 거쳐 이 땅에 보내집니다. 이 땅의 모든 남성이 여성의 태에서 10개월을 머물며 여성의 목소리와 여성의 심장소리를 듣고 태어나 또 여성의 젖을 빨고 24시간 내내 여성의 손에 보살핌을 받으며 자라납니다.

여기 더욱 놀라운 사건을 보십시오. 2천여 년 전 유대 땅에서 처녀의 몸으로 하나님을 잉태한 여인! 그녀는 하나님을 그의 태에 품었습니다. 아기로 오신 그 하나님은 한 여인의 젖을 먹으며 한 여인의 손에 전적으로 자신의 몸을 의탁하셨습니다. 사람으로 오신 하나님을 보호하며, 낮아지신 하나님의 필요를 채우는 여인!

천사는 예수의 탄생 비밀을 마리아에게 알렸습니다. 그 여인은 돌에 맞아 죽을 수도 있는 위험을 무릅쓰고 천사의 말을 받아들였습니다. 하나님은 수천 년의 역사를 통하여 언약하시고 예언하신 이 놀라운 임마누엘의 역사적 사건을 한 여인의 태를 통하여 말씀이 육신이 되는 구원 계획을 성취하셨습니다.

에드 실보소는 『여성! 특별한 하나님의 계획』에서 이렇게 말했습니다.

하나님이 인간의 몸을 입고 세상에 오시는 것을 알리는 해산의 고통을 제일 먼저 느낀 자는 여자였습니다. 예수님의 몸을 처음 만지고 그분을 강보로 싼 것은 여자의 손이었습니다. 우주의 창조자요, 전능자이신 하나님은 어린 아이의 몸을 입으시므로 당신의 피조물 가운데 하나인 여자의 보살핌에 의지하게 되셨습니다. 하나님이 인간의 육체를 입고 세상에 오셨을 때에 그분의 필요를 들어주기 위해 예비 된 사람은 누구였는가? 그는 한 여인이었습니다. 그녀는 예수님의 최초의 교사였으며 또 그분의 처음 제자가 되었습니다. 마리아처럼 예수님에 대해 상세히 아는 사람은 아무도 없습니다.[*]

마리아는 하나님의 아들이시며 또한 육신으로는 목수이신 예수님과 함께 30여 년을 생활해 오면서 고락을 같이 해 왔기에 뭔가 다른 사람들이 볼 수 없는 것을 보았을 것이고 깨달았을 것 같습니다. 마리아 역시 예수 탄생에 관한 천사의 말을 마음에 간직한 채 메시아로서 이루실 그분의 때를 주목하고 있었을 것입니다.

…그 어머니는 이 모든 말을 마음에 두니라(눅 2:51).

갈릴리 가나 혼인잔치에서 마리아는 아들에게 포도주가 떨어졌다고 말할 때입니다. "여자여 나와 무슨 상관이 있나이까?…내 때가 이르지 아니하였나이다."라는 말씀 밖에 하시지 않았음에도 마리아는 하인들에게 예수가 무슨 말씀을 하든지 그대로 하라고 합니다(요 2:1-11). 이미 마리아는 첫 번째 표적 사건과 연결하여 예수님이 친히 유월절 어린 양이 되실 것이라는 예지가 있었을까요?

예수님의 공생애 사역 첫 번째 표적 사건은 가나 혼인잔치였습니다. 예수님

---

[*] 『여성, 특별한 하나님의 계획』, 에드 실보소, 예수전도단: 2003, 36-37.

은 그의 어머니 마리아와의 대화에서 "여자여 나와 무슨 상관이 있나이까? 내 때가 아직 이르지 못하였나이다."라고 말씀하신 후에 물로 포도주를 만드시는 첫 번째 표적을 행하십니다. 이 말씀의 이면에 담긴 뜻이 궁금해지면서 어머니 마리아의 깊은 통찰력이 엿보입니다.

유대인들의 잔치에서는 포도주가 떨어질 경우, 잔치의 흥을 깨뜨리는 정도에서 그치는 것이 아니라 주인이 수치를 당하며 심지어는 법적인 소송까지 받을 수 있었습니다. 포도주는 중요한 행사 때에 메인 메뉴였습니다. 포도주가 모자란다고 말하는 마리아에게 "그것이 나와 무슨 상관이 있느냐."라고 말씀하십니다. 그러나 이 말씀 안에는 포도주와 밀접한 상관이 있는 예수님 자신의 고뇌가 있음을, 마리아는 그의 여성적인 영감으로 감지하고 있었던 것입니다. '포도주'라는 단어는 '나의 피' 이렇게 연결된 개념으로 예수님은 느꼈을 것입니다. 예수님 내면의 동요 속에 '여자여! 당신의 말을 듣고 내 속에 울려 퍼지는 갑작스럽고 비상하게 요동치는 것은 무엇입니까?'라는 울림을 느낍니다.

폴 투르니에는 가나 혼인잔치에서 일어난 예수님과 어머니의 대화 속에 담긴 돌토의 여성적 통찰력을 인용하고 있는데 같은 마음이기에 소개합니다.

논리적이지 않는 여성의 이러한 통찰력은 정신분석가보다 뛰어나며 예수님의 말씀은 논리적이지 않기 때문에 더욱 신비롭게 들린다고 합니다. 남성은 항상 논리를 수단으로 이해하려 하지만 지금의 마리아와 예수님과의 대화에는 전혀 논리적이지 않으면서 신비한 감성으로 소통하고 있는 것입니다.

여기서 마리아는 예수님보다 덜 초조해 합니다. 그 이유는 산모가 진통을 통하여 출산의 때를 느끼듯이 마리아는 예수님의 때를 감지하고 있었다는 것입니다. 마리아는 가나의 포도주를 예수님이 장차 흘릴 피의 상징으로 보았고, 그 피는 장차 예수님을 통하여 이루어질 "하나님과 인간 사이의 새로운 언약"의 표시로 제자들에게 마시게 할 유월절 성만찬의 포도주로 다시 이어질 것으로 보았다는 것입니다. 바로 이 두 사건을 돌토는 생명의 탄생으로 본다는 것이지요.

마리아가 하인들에게 그가 무슨 말을 하든지 그대로 하라고 합니다. 그 말은 산모 마리아로서 출산의 때를 알고 있었듯이 결코 이성적인 판단이 아닌 자신의 확신을 아들에게 전달했을 것이고 예수님은 마리아의 그 확신에 찬 요청에 예수님은 기다리고 있었던 성령으로부터의 신호를 감지하셨다는 것입니다. 마리아는 이 현장에서 여자의 직관으로 하나님의 뜻을 분별하며 대화를 시작하였고 자기의 확신을 아들에게 전달하므로 자신에게 주어진 여성으로서의 사명을 성취하고 있습니다.*

여성으로서 저 역시 돌토가 말하는 '여성의 직관'이라는 것이 충분히 공감됩니다. 나아가 직관이라고 표현한 것이 여성만이 가지고 있는 특별한 영성이라고 표현해도 무방하겠습니다.

향유를 부은 여인

프랑소와 돌토는 예수님의 동역자, 격려자가 된 여인들 중 또 다른 마리아의 예를 들고 있습니다. 예수님의 공생애 말기, 수난 받기 3일 전에 일어난 사건으로 예수님이 시몬의 집에 초대를 받은 잔치입니다(요 12:1-8).

> 마리아는(나사로의 누이) 지극히 비싼 나드 향유를 예수님의 발에 붓고 머리털로 예수님의 발을 씻겼습니다.

마리아는 이제 예수님의 발 앞에서 말씀을 듣는 수동적인 소녀에서 아주 적극적이고 능동적인 여인으로 변모하여 남자들의 비난도 두려워하지 않고 하나님의 역

---

* 『여성, 그대의 사명은』, 폴 투르니에, 홍병룡 역, IVP: 2004, 129-131. 프랑소와 돌토가 제라드 세베린과의 대화를 수록한 "정신분석의 위기에 처한 복음서"의 내용을 인용. 이 책의 가장 두드러진 내용 중의 하나인 가나 혼인잔치에서 일어난 예수님과 어머니의 대화 속에 담긴 돌토의 여성적 통찰력을 인용하고 있습니다.

사에 동참하고 있는 모습으로 표현합니다.

인류의 역사에 가장 결정적인 순간에 마리아는 예수님께 향유를 부었습니다. 아마 마리아 자신도 미처 깨닫지 못한 상태에서 예수님께 그의 임박한 죽음을 알려 주었을 것입니다. 그런데 예수님은 큰 소리로 마리아가 향유를 부은 것은 나의 장사할 날을 위한 것이라고 말씀하셨습니다.

이 두 장면에서 어머니 마리아는 가나에서 예수님의 공생애 때를 밝혀 주고, 베다니의 마리아는 사랑과 직관을 통하여 향유를 부으므로 죽음의 때를 알리는 것을 넘어서 예수님이 여자들에게도 귀를 기울이는 데까지 나아갑니다. 즉 예수님은 여인들의 메시지 속에 아버지의 뜻이 계시되고 있음을 깨닫고 그들의 말을 진실로 경청하시는 데까지 스스로를 허용하셨다는 것입니다.*

저는 이러한 여인을 향하신 예수님의 마음을 상상하며 이렇게 적어 봅니다.

예수님의 고뇌 1

내가 보기에 심히 아름다운 딸아, 너는 나의 친구, 나의 생명의 동역자이다. 나의 성육신을 위해 준비되어 있었지. 내가 나의 백성을 살리려 육체를 입고 사람으로 너희의 땅으로 내려갔을 때 한 여성이 나의 성육신을 위해 준비되어 있었지.

그 여인은 정혼하였고 신랑을 기다리고 있었던 순결한 처녀였단다. 그녀는 남자를 알지 못하는 정혼한 처녀였기에 돌에 맞아 죽을 수도 있는 위험을 감수하고 "주의 종이오니 말씀대로 이루어지이다." 하고 나를 그녀의 태에 기쁨으로 맞아 주었다. 나는 그녀의 태에서 열 달을 머물렀었다. 그녀는 경건한 여성이었고 내가 이 땅에 발을 딛고 내 백성을 구원하려는 수천 년의 경륜을 이루는 성소가 되어 주었다. 그 여인인 마리아는 이렇게 내게 찬양하며 환영하는 노래를 불렀었다.

---

* 『여성, 그대의 사명은』, 폴 투르니에, 홍병룡 역, IVP: 2004, 131-132.

내 영혼이 주를 찬양하며

내 마음이 하나님 내 구주를 기뻐하였음은

그의 여종의 비천함을 돌보셨음이라

보라 이제 후로는 만세에 나를 복이 있다 일컬으리로다

능하신 이가 큰 일을 내게 행하셨으니 그 이름이 거룩하시며

긍휼하심이 두려워하는 자에게 대대로 이르는도다

그의 팔로 힘을 보이사 마음의 생각이 교만한 자들을 흩으셨고

권세 있는 자를 그 위에서 내리치셨으며 비천한 자를 높이셨고

주리는 자를 좋은 것으로 배불리셨으며 부자는 빈 손으로 보내셨도다

그 종 이스라엘을 도우사 긍휼히 여기시고 기억하시되

우리 조상에게 말씀하신 것과 같이 아브라함과 그 자손에게

영원히 하시리로다 하니라(눅 1:46-55).

성육신의 변압체가 되어 준 여인

마리아는 나를 환영하는 찬양을 최고로 부른 여인이었다.

육신이 되어 버린 인간을 구하려고 육신을 입고 세상으로 내려갔을 때 그녀는 나의 어머니가 되었고, 나를 품고 젖을 물렸고, 나를 강보에 싸서 양육해 주었었지. 하늘의 전압을 땅의 전압으로 낮추는 변압체가 되어 준 여인! 내가 많은 사람의 비방 거리가 되었을 때에 칼이 그녀의 심령을 찌르듯 아팠지만 그녀는 나의 보호자, 친구, 동역자, 어머니가 되어 주었다.

그리고 한 가지 중요한 사건은 공생애 시작점에서 갈릴리 가나 혼인잔치에 참여했을 때였지. 그 여인이 포도주가 떨어졌다고 말했을 때. 나는 그 혼인잔치 집 현장에서 이러한 생각으로 고뇌하고 있었다. 나는 나의 신부를 찾으러 왔다. 여기 혼인잔치가 벌어지고 있구나. 내가 다시 신부를 찾으러 올 그날은 얼마나 영광스러운 날인가! 역사상 가장 영광스러운 그날! 그러나 신부를 찾으러 이 땅으로 온 나는 나의

몸과 나의 피로 신부의 값을 치러야 한다. 나의 신부들의 신랑인 나의 이름은 '어린 양'이다. 어린 양의 혼인기약이 아직은 이르지 않았지만 그날을 위하여 나는 나의 신부의 값을 죽음으로 치러야 할 때가 다가오고 있다. 나는 이 혼인잔치의 포도주 사건을 시작으로 유월절엔 어린 양으로 번제물이 되어야 한다.

그 여인은 이러한 고뇌에 찬 아들인 나의 마음을 읽기라도 한 듯 나에게 포도주가 없다고 전한다. 그녀는 내 맘에 반향을 일으키고는 내가 어떤 지시도 하지 않았는데도 그녀는 종들에게 지시를 한다.

"무엇을 명령하든지 그대로 하라."

포도주 = 예수님의 피

혼인잔치에 포도주가 없으면 잔치를 할 수 없지.

여자여! 내 때가 아직 이르지 아니하였나이다(어린 양의 혼인기약 그때는 아직 이르지 않았지만). 나의 심령은 요동치고 있었지. 인류의 죄의 무게는 실로 엄청났지.

이 여인은 나의 마음을 읽어 주는 친구요, 동역자가 되어 주었다.

나는 이 땅의 이러한 여인들을 향한 관심이 남다르다.

그들은 나의 신부이기 때문이다.

예수님의 고뇌 2

또 다른 한 여인이 있었다. 내가 이 땅에서 마지막 유월절을 이틀 앞둔 날, 시몬의 집에 초대되어 식사를 하고 있을 때이다.

이 여인은 고난을 앞둔 나의 짓눌린 마음에 위로자가 되어 주었다.

그녀는 나의 발 앞에서 청종하던 여인이었다.

나는 그날이 가까웠기에 나는 마셔야 할 잔의 무게로 인하여, 나의 신부의 값을 치러야 하는 것으로 고뇌하고 있었다.

그녀가 구원의 감격에 못 이겨 그녀의 결혼을 위해 준비했던 매우 비싼 향유를 깨뜨려 나의 발에 부어 주었다. 나의 죽음, 나의 장례를 위하여!

나는 그를 그 누구보다도 칭찬하였다.

"이 여인이 한 일을 복음이 전해지는 곳마다 기억하게 될 것이다."

그 여인은 이 땅에 있는 나의 신부, 나의 교회의 모습이지.

많이 사함 받은 자가 감격도 더 크다.

그 여인은 용감했다. 유월절 이틀 전에 내가 시몬의 집에 식사 초대를 받았을 때, 사람들의 비난을 받았던 죄인이라는 신분 딱지가 달려 있는 데도 용감하게 그 자리를 박차고 들어와서 나의 장례를 예비해 주었다.

남성들의 비난을 두려워하지 않고 향유를 부었었다.

그곳에 초대 받은 사람들은 향유의 가치를 돈으로 환산하고 가난한 자를 운운하며 죄인인 이 여인을 비난하고 있었지만 그녀는 죄 용서의 감격으로 눈물로 나의 발에 입 맞추고, 그 구원의 감격을 눈물로, 머리털로 발을 씻기는 하늘과 땅의 입맞춤! 긍휼과 진리의 입맞춤으로 구원의 감격을 노래했지. 그 여인은 자기 평생의 사랑 전부를 나를 위해 부었었다. 사함을 받은 그 여인에게 있어서 가치는 죄 용서와 사랑이었지.

나는 이 여인의 모습에서 이 땅의 나의 신부인 교회를 보았고 위로를 얻었단다. 나의 흘릴 피는 그녀를 이미 정결한 신부로 씻어 흠과 티가 없는 거룩한 교회로, 거듭난 모습으로 회복시켰다.

여인들은 진정 나를 사랑했었다. 나의 순결한 신부가 되었다. 그들은 십자가 곁에서 끝까지 함께 했었고 부활한 그날도 향유를 가지고 무덤에 찾아왔었지.

여성의 역할이 이토록 심오할 것을 기대했기에.

나는 특히 여성을 창조할 때 모든 창조물 중에서 가장 심혈을 기울여 창조하였고 나의 영 곧, 성령으로 그녀를 특별 제작하였지.

딸아, 너는 너무나 존귀하단다.

내가 너로 인하여 기쁨을 이기지 못하노라.

너를 잠잠히 사랑하노라.

자! 너의 존재가 어떠한지 자세히 보아라.

초대교회의 구심체가 된 여인

오래 전에 『1세기 교회 예배 이야기』*라는 책을 읽은 적이 있습니다. 로마인의 일기로 이루어져 있는데 로마인 푸불리우스가 그의 오랜 친구 글레멘드와 그의 아내 유오디아와 함께 브리스길라 가정을 방문하여 브리스길라의 부부를 중심으로 가정 교회의 형태로 예배드리는 과정을 함께 지켜보면서 불신자로서 느낌을 적어 놓은 일기가 한 부분 있었습니다. 이 내용을 간단히 살펴보면서 브리스길라가 어떻게 초대교회의 구심체였는지 보겠습니다.

그 로마인에게 아주 인상적이었던 것은 브리스길라가 풍성하고 우아한 식탁을 준비해서 가정 교회에 오는 분들을 정성껏 대접하는 모습이었습니다. 식탁 위에는 꽃이 놓여져 있고 종이나 귀족이나 구분 없이 자리에 앉아서 교제합니다. 그들은 빵을 그리스도의 몸이라고 하면서 떼어 먹고 포도주를 그분의 피라고 하면서 마십니다. 그리고 그동안 지내면서 어려웠던 문제를 서로 나누며 바울의 편지에서 무엇이라고 하는지를 찾아서 읽기도 합니다.

그들은 어떤 의식, 절차가 아무 것도 없는데도 뭔가 아름다운 하나 됨의 만남과 교제에서 그 로마인에게 특별한 무엇인가를 주고 있었다는 그런 내용입니다. 아마 그래서 그 당시 기독교를 종교라고 하지 않았다고 하는데 이유가 여기 있었던 것 같습니다. "기독교가 종교라는 틀을 벗어나 본질로 돌아가야 한다."고 이 시대에 말씀하시는 중요한 하나님의 음성인 것 같습니다.

브리스길라의 집에 방문했던 로마인의 일기를 읽으며 브리스길라의 역할이

---

* 『1세기 교회 예배 이야기』, 로버트 뱅크스, 신현기 역, IVP: 2017.

그 예배 가운데 얼마나 크게 스며 있는지를 볼 수 있었습니다. 그 예배는 격식이 있는 예배가 아니라 식사와 교제 가운데 빵과 포도주를 나누는 가운데 브리스길라의 역할이 모든 사람의 만남에 스며들어 있었기 때문입니다.

로마인 푸블리우스가 글레멘드에게 예배를 언제부터 하느냐는 질문에 글레멘드는 "우리가 이 집에 들어오는 순간부터 예배는 시작되었어."라고 답합니다. 이 한마디가 지금 우리에게 시사하는 바가 큽니다. 성가대의 송영으로 시작하여 성가대의 송영으로 끝나는 규격화된 예배가 아니라 삶 전체가 예배라는 것을 엿볼 수 있습니다.

인사, 소개, 문안 인사, 식탁 교제, 대화, 삶의 토론, 대화 속의 노래 등 자연스런 만남 속에서 예배는 이루어지고 있었습니다. 모든 시간 속에서 브리스길라 역할은 공기처럼 스며 있는 것을 봅니다. 보이지 않는 것 같지만 이 가정 교회를 아름다운 교회되도록 아굴라의 역할을 역할되게 받쳐 주는 브리스길라의 역할은 앞에서 나누었던 '에제르', 보이는 성령의 역할을 하고 있음을 봅니다.

식사를 시작하기 전 아굴라는 아내가 만들어 식탁 앞에 가져다 놓은 둥근 빵 덩이를 들더니 축사를 하겠다고 합니다. 로마 사람들은 가족이 먹는 음식을 남겨 신들에게 바쳤는데 아굴라는 빵의 일부를 떼어 신에게 바치는 것이 아니라 하나님의 독생자가 그들을 살리기 위해 죽으셨다고 말합니다. 식사 중에 "그분은 빵을 나누어 주시며 이것은 자신을 나타내는 것이라고. 육체가 살기 위해서 빵이 필요하듯이 우리가 참 생명을 경험하기 위해서 더욱 그분이 필요하다고 이를 기억하기 위해 이 일을 행하며 그분은 살아서 함께 계시며 이 빵을 먹으며 함께 식사를 하며 사귈 때, 우리는 그분을 경험합니다."라고 말합니다.

헤어질 때가 되었을 무렵, 브리스길라가 준비한 포도주를 잔에 채우며 "우리가 마신 포도주는 식사의 일부분이며, 우리의 사귐에 큰 도움을 줍니다. 그러나 이 포도주는 그보다 더 큰 의미가 있습니다. 이 포도주는 우리가 맺는 교제의 끈이 그분의 죽음에서 창조되었음을 상기시키며, 장차 주님의 상에서 그분과 얼굴을 맞대고 함께 먹을 것이란 약속을 상기시켜 줍니다."*라고 말합니다.

에드 실보소는 말합니다.

> 초대교회 역사에 있어 기독교가 빠른 속도로 확장해 나갈 수 있었던 중요한 원인
> 중에 하나는 복음이 **여자의 지위와 내적 가치를 회복시켜 주었기 때문입니다.**
> 그 당시 로마에서의 여자는 열등한 존재로 간주했고 남자들은 여성들을 성적인
> 대상으로만 여길 만큼 여자를 아주 무시하였습니다. 유대 랍비들은 회당에서 여
> 자들에게 조용히 할 것을 명하였고 이방 종교에서는 여자를 신전 창기로까지 이
> 용하였습니다. 그러나 초대교회에서는 '예수님 안에서 남자나 여자나 하나이니라
> (갈 3:28).'라고 가르친 대로 그 당시 여자를 존경받는 지도자로 세웠습니다.
> 브리스길라는 에베소 교회를 세운 사람 중 한 명입니다. 이곳은 사도행전에 기록
> 된 영적 전쟁의 가장 치열한 지역이었습니다. 그녀는 아르데미스 신전을 훼파하
> 고 에베소에서 행해진 이방 종교의 사회적·경제적 구조를 타파하는 데 중추적 역
> 할을 하였습니다. 바울은 디모데가 신실한 믿음을 갖도록 한 두 여인 유니게와 로
> 이스의 공로를 밝히고 있으며 그의 서신에서는 9명의 여자들의 신앙과 용기를 칭
> 찬하고 있습니다(롬 16:2-16).**

브리스길라와 아굴라는 평범한 설교자가 아닌 아볼로와 함께 사역한 사람이

---

* 초대교회의 가정 교회는 신분의 차별이 없었습니다. 가정 교회는 말씀 선포가 1부, 만찬이 2부였습니다.
  회당에는 남성 중심(유대인 중심)이었고 여성, 종, 이방인은 아예 근접을 불허한 폐쇄적이고 권위적인
  모임이었습니다. 이런 가정 교회와 회당의 차이점은 2부 만찬에 있습니다. 그 당시 가정에서 모였던
  교회와 회당교회의 차이를 통해 가정 교회가 훨씬 본질적인 형태임을 알 수 있습니다. 여성들이 복음을
  받으므로 가정 교회가 만들어지게 되고 집에 있는 교회에게 서로 문안하며 건물 없이도 가정 교회는
  2세기 이상을 존속됩니다. 이러한 가정 교회의 형태는 교회의 놀라운 생명력을 폭발시키는 산실 역할을
  하였습니다(침례신학대학교 안희열 교수 글 인용).
** 『여성, 특별한 하나님의 계획』, 에드 실보소, 예수전도단: 2003, 38-39.

었습니다. 하나님의 도를 더 정확하게 풀어 가르친 사람이었습니다(행 18:24-25). 성경에서 이들 부부의 이름이 나올 때면 항상 브리스길라가 먼저 등장합니다. 그녀는 가정을 교회로 만든 귀한 여인입니다. 여성이 성령으로 충만하여 역할을 하게 되므로 이와 같은 놀라운 초대교회의 구심점이 되었습니다.

그 외에도 여성의 역할과 가정을 교회로 만든 여인들을 기록하고 있습니다. 마가 요한의 어머니 집(행 12:12), 루디아의 집(행 16:15), 뵈뵈(롬 16:1-2), 에배네도(롬 16:5), 스데바나의 집(고전 1:16), 눔바와 그 여자의 집(골 4:15) 등입니다.

현재 교회가 코로나19로 인하여 마음껏 예배할 수 없는 이때에 초대교회 가운데 담겨 있었던 교회의 본질을 회복하고 신부된 교회를 향한 애틋한 신랑되신 예수님 마음에 반응할 수 있기를 소망해 봅니다.

나눔을 위한 정리

여성! 당신은 하나님이 만드신 최후의 걸작품입니다. 하나님은 여성을 흙으로 짓지 않으시고 창조된 존재인 아담의 뼈를 가지고 재창조 하셔서 "보시기에 심히 좋았더라."고 감탄하십니다. 하나님께서 하신 이 감탄은 여자 한 사람만을 향하신 것이기보다는 여자가 이 세상에 옴으로 인하여 그 모든 것이 심히 놀랍게 되었다는 것입니다. 하지만 이 에덴의 여왕이 범죄함으로 인해 온 인류는 죄 가운데 살게 되었고 살아 있는 영이라 불렸던 사람은 육체가 되었습니다.

그러나 하나님께서는 포기하지 않으시고 그들을 위한 놀라운 사랑의 계획으로 그분의 역사에 동참시키셔서 예수님의 동역자, 격려자로 쓰십니다. 예수의 어머니 마리아, 예수님께 향유를 부어 그분의 장례를 예비한 나사로의 누이 마리아, 초대교회를 세우는데 구심점이 된 브리스길라. 성경에는 성령으로 충만한 귀한 여인들의 기록이 많습니다. 하나님의 특별한 계획 안에 있는 여러분이 그리스도의 정결한 신부로 준비되기를 바랍니다.

생각 나눔

1. 예수님의 어머니 마리아처럼 마음에 두고 새기는 하나님의 말씀이 있습니까?

2. 하나님의 나라 교회인 우리 가정에서 여성인 나의 역할은 무엇이라고 생각합니까?

3. 예수님의 어머니 마리아와 향유를 부은 마리아에 대하여 본 장에서 말하는 내용을 각자가 이해한 대로 나누어 봅시다.

4부

부부 연합의 원리

"이는 내 사랑하는 자요!"
존재, 구석구석까지
이 목소리를 듣고 있는가?

4-1
떠남으로 시작되는 결혼

그러므로 사람이 부모를 떠나 그의 아내와 합하여 그 둘이 한 육체가 될지니 이 비밀이 크도다 나는 그리스도와 교회에 대하여 말하노라(엡 5:31-32).

부모를 떠나

인간은 누구나 친밀한 관계에 대한 갈망이 있습니다. 부부의 온전한 연합 안에는 친밀함이 담겨져 있습니다. 그 놀라운 신비! 부부 연합의 전제 조건은 떠남입니다. 이 놀라운 부부 연합의 신비를 위해서 **떠남**이란 다리를 꼭 건너야 합니다.

이러므로 남자가 부모를 떠나 그의 아내와 합하여 둘이 한몸을 이룰지로다 (창 2:24).

하나님께서 부모가 없는 아담에게도 결혼의 중요한 원리로 부모를 떠나라고 말씀하십니다. 예수님께서도 부모를 떠나 아내와 연합하라는 말씀을 인용하십니다.

말씀하시기를 그러므로 사람이 그 부모를 떠나서 아내에게 합하여 그 둘이 한 몸이 될지니라 하신 것을 읽지 못하였느냐(마 19:5).

바울 사도 역시 동일한 말씀을 인용하면서 더하여 부부의 이야기는 예수 그리스도와 교회의 이야기라고 합니다(엡 5:31). 이 말씀은 창세기(창 2:24)에서도, 마태복음(마 19:5)에서도, 바울의 에베소서(엡 5:31)에서도 동일하게 언급됩니다. 아담과 하와의 결혼에서도 부모가 없음에도 아담에게 '부모를 떠나'라고 말씀하는 이유는 무엇일까요?

가정이 탄생되는 조건은 떠남입니다. 하나님은 에덴에 가정이라는 제도를 만드시고 가정이 탄생되는 조건으로 부모가 없는 아담에게 부모를 떠나야 한다고 말씀하십니다. 떠남의 원형은 에덴 최초의 부부로부터 시작됩니다. 하나님께서 아브라함에게 "너는 본토 친척 아비의 집을 떠나 내가 지시할 땅으로 가라."고 하십니다. 하나님의 백성이 되는 시작은 떠남이었습니다. 하나님의 아내가 되기 위한 떠남이었습니다. 애굽에서 바로의 노예가 되었던 야곱 자손들도 애굽을 떠나야만 했습니다.

시편 45편은 결혼하는 왕의 축하시입니다. 여기에서도 신부에게 네 백성과 아비 집을 잊어버리라고 합니다.

> 딸이여 듣고 보고 귀를 기울일지어다 네 백성과 네 아버지의 집을 잊어버릴지어다 그리하면 왕이 네 아름다움을 사모하실지라 그는 네 주인이시니 너는 그를 경배할지어다(시 45:10-11).

아들을 버리다(엘리 엘리 라마 사박다니)

하나님은 아담과 하와의 결혼으로 부부 공동체를 만드시고 삼위 하나님의 존재 방식으로 확장된 부부 공동체를 통한 복음의 본질을 표현하고 있습니다. 예수 그리스도께서 신부인 교회와 연합하시기 위해서 아버지를 떠나 땅으로 오셨습니다.

"나의 하나님, 나의 하나님 어찌하여 나를 버리셨나이까!"

하나님께서 아들을 세상에 보내시는 과정은 떠나는 정도가 아니라 버리셨습니다. 그리스도께서 아버지 품을 떠나지 않으시고는 교회인 우리와 연합할 다른 길은 없으셨습니다. 3년간 제자들과 고락을 함께하셨던 예수님이 아버지께로 돌아가실 것이라는 말씀을 들은 제자들은 마음에 근심이 가득하였습니다.

> …내가 떠나가는 것이 너희에게 유익이라 내가 떠나가지 아니하면 보혜사가 너희에게로 오시지 아니할 것이요 가면 내가 그를 너희에게로 보내리니(요 16:7).

더 온전한 연합을 위해서 떠나는 것이 필요했습니다. 예수님이 떠나가시므로 우리와 함께 계실 보혜사 성령님을 보내겠다고 하십니다. 떠나는 것은 쉽지 않습니다. 예수님은 우리와 연합하기 위해 아버지 품을 떠나셨습니다. 예수 그리스도를 대신한 예수의 영, 하나님의 영이신 성령이 **임마누엘** 되신 것입니다.

남자가 아내와 합하여 한몸을 이루는 것이 도대체 어떠한 것이기에 '큰 비밀'이라고 하셨을까요? 그 신비는 도대체 무엇일까요? 그 신비 안에는 떠남의 과정도 필수입니다. 아브라함도 하나님의 백성의 조상이 되기 위하여 본토 친척 아비 집을 떠나야만 했습니다.

어떻게 떠나야 합니까?

인간의 성장은 떠남을 반복합니다. 아기가 엄마의 자궁 속에 있을 때는 엄마의 모든 것을 다 받아먹도록 탯줄로 연결되어 있습니다. 아이는 엄마의 영향력 아래 함께 존재합니다. 아기가 태어날 때, 탯줄을 자르면서 1차 분리(떠남)가 시작됩니다. 엄마의 젖을 먹고 아장아장 걸을 때까지도 아기는 엄마에게 긴밀하게 연결되어 있습니다. 아이의 먹다가 뱉은 것도 얼른 엄마 입에다 넣을 만큼 말이죠. 유치원에 갈 나이가 되면 2차 분리(떠남)가 시작됩니다. 처음에는 분리에 대한 불안이 있지만 건강한 아이는 곧 엄마를 떠나서 잘 놉니다.

유년기를 거치면서 아이는 더 긴 분리를 준비합니다. 엄마는 아이에게 있는 자율성을 충족시켜 주는 지혜가 필요합니다. 청소년기가 되면 또래 친구들이 더 좋고 그만큼 부모는 더 멀어집니다. "엄마 팔아 친구 산다."는 속담이 있을 만큼 이때는 친구가 중요합니다. 또래 집단에 소속하면서 사회성이 자라게 됩니다. 사춘기는 자율성의 욕구가 더 뚜렷해집니다.

성장 과정을 통해 아이는 자율성의 욕구가 자라도록 떠나는 연습을 해야 합니다. 그러므로 진정 자식을 사랑하는 부모는 캥거루처럼 치마폭에 싸고 있으면 안됩니다. 캥거루 맘(조종하며 싸고 도는 엄마), 헬리콥터 맘(과잉 간섭, 과잉 보호하는 엄마), 제설차 맘(사고를 뒷수습하는 엄마) 이러한 신조어가 생길 만큼 엄마는 자녀에게 지극합니다. 심하게 아이를 보호하고, 간섭하므로 모든 것을 대신해 주는 엄마는 아이의 성장 세포를 묶는 것과 같습니다. 자궁 밖을 나온 아이가 여전히 탯줄에 묶여 있다면 더 크게 성장할 수 없습니다. 분리는 성장을 위한 필수 과정입니다. 보냄은 유아기-유년기-사춘기-청년기를 거치며 독립된 어른이 될 수 있도록 묶인 발목을 놓아 주는 배려와 축복입니다.

떠나보내지 못하는 이유

30여 년 이상 사역하면서 이혼 위기를 겪는 많은 가정을 만났습니다. 가정 불화의 원인 50%가 떠나보내지 못하는 것이었습니다. 어머니가 아들을 쉽게 떠나보내지 못하는 이유는 자신의 부부관계가 좋지 않은 경우가 대부분입니다. 남편에게 사랑받지 못하는 아내는 아들에게 다시 탯줄을 연결하여 사랑이라는 명목으로 관심을 퍼붓습니다. 분명 어머니 입장에서는 사랑이지만, 이것은 경계선 위반입니다. 인간은 누군가를 사랑하고 사랑받고 싶은 심리적 욕구가 있습니다. 부부관계가 불안정할 때, 이러한 사랑의 결핍을 채우는 가장 쉬운 대상은 자녀가 됩니다.

누가 1순위인가?

자녀나 부모를 잘 떠나보냈는지 한 번 진단해 봅시다. 진단할 수 있는 유일한 잣대는 나에게 '누가 1순위인가?'를 보면 됩니다. 자녀나 부모의 순위가 배우자보다 앞에 있다면 떠나보내지 못한 것입니다. 나중에 자녀가 결혼할 때가 되면 분명히 나타납니다. 아들이 자신에게 심리적인 대리 배우자인 셈이지요. 본인은 전혀 감지하지 못합니다. 단지 사랑(애착)하는 관계로만 생각할 뿐입니다. 이러니 아들이나 딸의 부부관계 사이에 시어머니나 장모가 떡하니 끼어들어 심술을 부리는 것입니다. "내가 어떻게 키운 자식인데…." 이러면서 말입니다.

아들을 며느리에게 완전히 위임해 주십시오. 더 이상 당신 아들이 아니라 며느리의 남편입니다. 아! 이 말도 빠뜨리지 말고 해야겠습니다. 당신의 딸도 더 이상 당신의 딸이 아니라 사위의 아내입니다. 아들과 딸의 행복을 원한다면 과감히 떠나보내야 합니다.

야곱도 산전수전 다 겪고 떠나보냅니다. 라헬을 그토록 사랑했던 야곱은 라헬을 잃고, 라헬의 소생인 요셉과 베냐민에게 특별한 애착을 갖고 있었습니다. 형들이 요셉을 죽이고 싶어할 만큼 야곱은 요셉을 사랑했습니다. 그 사랑의 표시는 바로 요셉에게만 입힌 채색 옷이었습니다.

부부 연합의 장애물

성장 과정에서의 받은 상처를 치유하지 않으면 **과거**에 묶여 살 수밖에 없습니다. 두 사람의 결혼은 두 가문의 만남입니다. 부모와 얽힌 상처의 구체적인 치유가 필요합니다. 부모뿐만 아니라 형제 사이에도 묶여 있는 고리가 끊어지지 않으면 연합의 장애물이 됩니다. 어머니와 아들, 어머니와 딸 혹은 아버지와 딸, 누나, 언니 심지어는 형과 묶여 있는 사람도 있습니다.

일에서도 떠나야 합니다. 일을 포기하라는 뜻이 아닙니다. 일 중심에서 관계 지향적인 삶을 향한 초점을 잃지 않아야 한다는 것입니다. 남자들은 대부분 목표 지향적입니다. 데이트할 때는 그 대상이 1번 목표이지요. 목숨까지 다 줄듯 적극적으로 다가옵니다. 여자는 '이 사람에게 나밖에 없구나.' 하고 감동하여 결혼합니다. 남자는 결혼이라는 목표가 이루어졌으니 처자식을 위해서 열심히 돈 버는 일에 매진합니다. 아내는 처음과 같은 모습으로 사랑해 줄 것으로 알았던 남편에게 실망합니다. 친밀감을 어떻게 표현해야 할지를 모르는 남편에게 한없이 사랑을 갈구합니다. 남편 사랑에 굶주린 대부분의 아내는 닦달하다 포기하고, 남편은 뒤로 보내고 자식에게만 올인합니다. 남편들이여! 일보다 아내가 1순위임을 알아야 합니다.

한국의 유교의 효라는 가면을 쓴 채 부부관계가 곪아가는 경우가 많았습니다. 결국 이혼하는 것이 다반사입니다. 때론 시어머니가 심술 부리다 모자라 이혼까지 시키는 경우도 허다했습니다.

친구로부터도 떠나야 합니다. 완전 결별하라는 뜻이 아닙니다. 부부 연합에 방해될 정도로 어울린다면 떠나야 합니다.

어머니들이여! 부모들이여! 자녀들이여! 자신이 진정 자식을, 부모를 떠나보냈는지를 점검해 보십시오. 자식은 내가 낳았지만 내 것이 아닙니다. 자식의 장래까지 부모가 결정해 주는 것은 하나님에 대한 월권입니다. 자녀를 향하신 하나님의 계획을 정중히 물으며 자녀의 자율성을 박탈하지 말아야 합니다. 남편들이여, 아내들이여! 진정 당신의 부모로부터 떠났는지 점검해 보십시오.

떠나라!

떠남은 아프지만 영광스런 연합을 위한 필수조건입니다. 떠남은 섭섭하고 아프지만 아름다운 이별입니다. 예수 그리스도께서 교회인 나와 연합하기 위해서 아버지 품을 떠났듯이, 아브라함이 본토 친척 아비의 집을 떠났듯이, 아브라함이 아들을 하나님께 드렸듯이 하나님께 맡기고 떠나야 합니다. 애굽에 양식을 사러 갔던 아들들 중에서 요셉이 시므온을 볼모로 잡고 "베냐민을 데려오라."는 말에 대한 야곱의 반응을 보면 끊어지지 않은 탯줄 관계입니다.

> …내 아들은 너희와 함께 내려가지 못하리니 그의 형은 죽고 그만 남았음이라 만
> 일 너희 가는 길에서 재난이 그에게 미치면 너희가 내 흰 머리를 슬퍼하며 스올로
> 내려가게 함이 되리라(창 42:38).

야곱은 자기의 아들들 앞에서 베냐민만 유독 자기 아들인 것처럼 내 아들이
라고 말합니다. 떠나보내지 못한 증거입니다. 아들들의 설득에 못 이겨 결단합
니다. "내가 자식을 잃게 되면 잃으리로다.'" 이렇게 하나님을 의뢰하고 떠나보
냅니다(창 43:14). 아들을 잃으면 잃으리라는 각오로 베냐민을 보냅니다. 요셉은
베냐민을 대하는 형들의 태도를 시험하려고 베냐민의 자루에 은잔을 숨기고,
그것을 빌미로 인질로 잡습니다.

> 우리가 내 주께 말씀드리기를 그 아이는 그의 아버지를 떠나지 못할지니 떠나면
> 그의 아버지가 죽겠나이다(창 44:22).

> 아버지의 생명과 아이의 생명이 서로 하나로 묶여 있거늘 이제 내가 주의 종 우리
> 아버지에게 돌아갈 때에 아이가 우리와 함께 가지 아니하면 아버지가 아이의 없
> 음을 보고 죽으리니…(창 44:30-31).

아버지의 생명과 베냐민의 생명이 하나로 묶여 있다고 표현합니다. 이것이
떠나보내지 못하고 묶인 관계입니다. 이렇게 탯줄 관계로 묶여 있는 아들은 성
숙한 어른으로 자라지 못합니다.

떠남이 효도입니다

건강한 부부는 자식과 부모보다 부부가 우선입니다. 떠나보내야 좋은 부모 역할이 가능합니다. 자녀는 엄마 아빠의 사랑하는 모습을 보약처럼 먹고 건강하게 자랍니다. 부모보다 부부가 먼저입니다. 부모를 떠나야 부부가 잘 연합할 수 있고 효도할 수 있습니다. 잘 떠나면 건강한 관계를 유지할 수 있습니다. **떠난다는 것은 팽개쳐 버린다는 것이 아니라 하나님께 그를 위탁해 드린다는 뜻입니다. 즉 위에서 군림하며 조종하던 것을 포기한다는 뜻입니다. 내가 그의 하나님의 자리에서 내려온다는 뜻입니다. 떠나보내는 것은 그를 독립된 인격체로 인정한다는 뜻입니다.**

아내 몰래 어머니에게 용돈을 주는 아들이 진정한 효자라고 할 수 없습니다. 며느리 몰래 아들의 용돈을 받는 쾌감을 자랑하는 시어머니는 며느리 몰래 며느리의 남편을 훔치는 행위입니다. 사랑이라는 거짓 집착에 속아 탯줄을 아들에게 붙여서 진액을 빨아먹고 사는 것은 하나님의 말씀에도 위배되는 행위요, 자식을 자신의 거짓 사랑의 감옥에 가두어 어른이 되지 못하도록 묶어 놓은 행위입니다.

무엇으로부터 떠나야 하는가?

야곱이 마침내 담대히 "잃으면 잃으리라."고 하면서 베냐민을 보냈듯이 떠나보내야 합니다. 떠남은 끝이 아니라 축복의 시작입니다. 우리가 떠나야 할 자리를 되돌아봅시다. "아담아 네가 어디 있느냐?"고 찾으시던 하나님의 음성처럼 우리의 거할 자리는 사람이나 명예, 일이 아니라 주님의 품입니다. 무엇이 당신의 하나님이 되어 있습니까?

하나님의 백성은 하나님의 집을 향하여 떠나야 합니다. 하나님과 온전한 연합을 위해서 있던 자리를 떠나야 합니다. 아브라함이 본토 친척 아비 집을 떠났던 것처럼, 이스라엘이 애굽을 떠나 가나안으로 갔던 것처럼, 예수님이 우리와 연합하시기 위해서 하나님의 품을 떠나셨던 것처럼 떠나야 합니다. 부모를 떠나야 온전한 부부의 하나 됨이 이루어집니다. 자녀를 또한 떠나보내야 하나님의 완전한 품 안에 거하게 됩니다. 나와 하나님의 온전한 연합을 방해하는 것이 무엇입니까? 내가 떠나보내야 하는 바벨론은 무엇입니까?

> …내 백성아, 거기서 나와 그의 죄에 참여하지 말고 그가 받을 재앙들을 받지 말라(계 18:4).

그리스도와 연합한 신부는 그리스도의 것이 아니면 만족할 수 없습니다. 구약에서 우상은 이방신이었지만 신약시대 은혜의 시대를 사는 우리의 우상은 바벨론입니다. 세상입니다. 우리는 언젠가 이 땅을 떠나 신랑되신 주님과 영원한 영광의 나라에서 진정한 안식을 누릴 자들입니다. 바벨론의 풍요를 받기 위해 이 땅을 열심히 살고 있습니까?

> 땅의 상인들이 그를 위하여 울고 애통하는 것은 다시 그들의 상품을 사는 자가 없음이라 그 상품은 금과 은과 보석과 진주와 세마포와 자주 옷감과 비단과 붉은 옷감이요 각종 향목과 각종 상아 그릇이요 값진 나무와 구리와 철과 대리석으로 만든 각종 그릇이요 계피와 향료와 향과 향유와 유향과 포도주와 감람유와 고운 밀가루와 밀이요 소와 양과 말과 수레와 종들과 사람의 **영혼들이라**(계 18:11-13).

> 이르되 화 있도다 화 있도다 큰 성이여 세마포 옷과 자주 옷과 붉은 옷을 입고 금과 보석과 진주로 꾸민 것인데 그러한 부가 한 시간에 망하였도다 모든 선장과 각처를 다니는 선객들과 선원들과 바다에서 일하는 자들이 멀리 서서 그가 불타는 연기를 보고 외쳐 이르되 이 큰 성과 같은 성이 어디 있느냐 하며(계 18:16-18).

이 말씀은 지금, 이 시대를 사는 나를 향하여 말씀하고 있습니다. 정결한 신부는 신랑 외에 좋은 것이 없어야 합니다. 지금 이 시대는 신랑이 오시기 위하여 산고의 첫 진통이 이미 시작되었습니다. 하나님께서는 이 땅의 교회를, 이 땅의 신부를 흔들고 계십니다. 깨어나야 합니다. 떠나야 합니다. 주님께 나아갑시다.

참 좋으신 성령님.

이 시간 우리가 주님 사랑의 품으로 나아갑니다.

성령님께서 이 시간 우리를 안아 주시기를 원하십니다.

우리 모두 주님의 품으로 나아갑시다.

그 사랑의 품에 안겨 보십시오.

나를 얽매이게 하는 모든 것을 주님께 내어 드리십시오.

나를 사랑하시는 주님의 음성에 귀 기울여 보십시오.

네가 하려고 했던 모든 무거운 짐을 내려 놓으라고 하십니다.

성령님.

가족 관계 안에 떠나지 못한 그림들을 보여 주십시오.

내 자녀의 보호자는 하나님이십니다.

주님의 품에 위탁해 드립시다.

내가 근원적인 사랑에 목말라 있음을 보게 하소서.

떠나지 못한 관계가 있다면 보게 하소서.

떠나지 못한 자리가 있다면 떠나게 하소서.

나의 자녀와의 관계에서 경계선을 넘어선 자리를 보게 하소서.

주님께 맡겨 드립니다.

나눔을 위한 정리

가정이 탄생하는 조건은 떠남입니다. 자식을 키운 부모는 건강한 부부 둘만의 영적인 연합을 위해 자식을 떠나보내어야 합니다. 잘 떠나면 좋은 부부가 될 수 있고 건강한 관계를 유지할 수 있습니다. 떠난다는 것은 하나님께 부부의 삶을 의탁한다는 것입니다. 떠난다는 것은 여러 면에서의 떠남을 의미합니다. 성장 과정에서의 상처와 묶인 것에서도 놓여야 합니다. 일 중심적인 삶에서, 친구에게서도 떠나야 합니다. 우리의 거할 자리는 주님의 품입니다. 하나님과의 온전한 연합을 위해 있던 자리를 떠나야 합니다. 우리 모두의 신랑되신 주님과 영원한 영광의 나라에서 안식을 누리기 위해서 부모로부터, 과거로부터, 바벨론적인 세계에서 떠나 부부간의 온전한 영적 연합을 이루어야 합니다.

생각 나눔

1. 당신은 부모 혹은 자녀로부터 완전히 떠났습니까?

2. 성장 과정에서의 상처가 결혼생활에 영향을 미치고 있다고 생각한 적이 있습니까? 있다면 어떤 것입니까?

3. 나의 우선순위는 누구입니까?

4. 결혼 이후에 가장 우선순위가 되어야 하는 대상은 누구입니까?

4-2

부부의 연합

연합의 신비를 찾아서

이 비밀의 신비는 무엇입니까? 남편과 아내 관계를 그리스도와 교회와의 관계로 말하고 있음을 어떻게 실제적 이해와 적용이 가능할까요? 복음은 나의 삶에 실제여야 하지 않습니까? 나의 결혼은 예수님과의 결혼입니다. 앞에서 떠남을 이해하셨다면 여기서는 떠나지 못한 부분을 살펴보며, 연합의 실제적인 발걸음을 내디뎌 봅시다.

부부는 각자 다른 환경에서 성장하였고 성격도, 기질도, 기호도 너무 다릅니다. 서로가 가지고 있는 경험과 약점이 어떻게 조화를 이루어가야 할까요? 남편과 아내는 참으로 서로를 하나로 맞춰 가기가 쉽지 않습니다. 정신적으로 하나 된다는 것도, 몸이 하나 된다는 것도 쉽지 않다는 것을 우리는 알고 있습니다.

영적 연합을 위하여

온전한 연합은 떠남이 전제되어야 합니다. 그리스도께서 교회인 우리와 연합하시기 위해서 아버지의 품을 떠나셨습니다. 그리스도께서 3년간 함께했던 제자들을 떠나시므로 성령님(예수의 영)을 대신 보내셔서 우리와 연합하게 하셨습니다. 아브라함은 본토 친척 아비 집을 떠나 하나님과 연합한 이스라엘의 믿음의 조상이 되었습니다.

결혼은 부모를 떠나야만 가능합니다. 결혼을 통하여 하나님께로부터 오는 정체성을 부여받기 위해서 이전의 삶의 방식, 이전의 관계, 심리적·정서적·경제적으로 떠나는 것이 부부 연합의 필수조건입니다. 떠났다 할지라도 부부 연합은 쉬운 일이 아닙니다. 성장 환경, 교육 환경, 기질, 남녀의 차이, 가치관, 영적 성숙 정도 등 다른 점이 워낙 많기 때문에 한 목표를 같이 보조를 맞추어 걸어간다는 것은 결코 녹록하지 않습니다.

부부는 결코 1대 1의 관계로만 존재하지 않습니다. 이미 말씀에서 나누었던 것처럼 보이는 현실이기도 합니다. 수많은 갈등과 다름과 위기 가운데서 행복한 결혼생활을 꾸려가기란 불가능해 보입니다. 부부가 행복하게 사는 비결에 대한 온갖 지식과 정보는 홍수와 같이 많이 쏟아져 나오고 있지만 죄인인 인간은 한계에 부딪힐 수밖에 없습니다. 아직도 알 수 없는 길인 것 같지만 그렇기에 이 놀라운 연합의 신비를 만져 보고 싶은 갈망을 누를 수가 없습니다.

에바르트 아놀드가 "공동체는 사람과 사람이 함께 사는 것이 아니라 신과 사람이 함께 사는 것이다."라고 말한 것처럼 부부 공동체는 더욱 신과 사람이 함께 사는 공동체라고 할 수 있습니다. 우리나라는 이혼 선진국이라는 오명을 갖고 있습니다. 법적으로 결혼 관계 안에서 살지만 정서적 이혼 상황에서 살아가는 부부도 많습니다. 이러한 상황도 연합의 길이 있다는 말입니까?

결혼의 현실

부부는 서로에게 이미 기대하고 있습니다. 두 사람이 만나서 결혼했지만 이미 각자의 속에 있는 내면아이는 사랑받고 싶고, 인정받고 싶고, 존경받고 싶어 합니다. 겉으로 어른인 남편과 아내 그 속에 사랑받고 싶어 하는 내면아이까지 넷이서 온 집안을 뛰어다니며 사랑해 달라고 아우성을 하지요 .

모성애적 사랑이 필요하다

남자는 이미 여성을 떠나서는 존재할 수가 없습니다. 낳아 주고 키워 준 엄마는 결코 온전할 수는 없어서(어떤 엄마는 지나치게 엄격하고 어떤 엄마는 과잉보호로 치마폭에 넣기도 하고) 이래저래 엄마 사랑에 대한 보상을 아내한테 채우려는 무의식적인 욕구가 있습니다. 한마디로 하면 모성애적인 사랑이라고 말할 수 있지요. 이렇게 보면 아내는 엄마의 역할 같은 심리적인 품(모성애는 버금 하나님의 사랑이라고도 표현하지요.)이 있습니다. 그렇지만 이 역할은 엄청 애매모호하여 어떤 때는 애인 혹은 친구이기를 원하고 어떤 때는 엄마이기를 원하죠. 그런데 이 엄마는 가르치거나 훈계하는 엄마가 아닌 어떤 잘못을 하더라도 무조건적으로 수용하고 품어 주기 원하는 엄마 말이죠. 아내의 역할은 만만치 않습니다.

아내 역시 성장환경에서의 결핍을 남편을 통하여 채우고자 하는 욕구가 있지요. 폭력적이거나 무능한 아버지 밑에서 자랐다면 남성에 대한 무시하는 마음이나 혹 두려운 마음이 남편과의 관계에서 영향을 미칩니다. 그 저변에 있는 마음은 부드럽고 자상한 아버지 같은 남편으로 자신의 모든 정서적 필요에 대한 채움을 갈망하게 되지요.

그러므로 사랑에 갈증을 느끼는 두 사람이 서로 향하여 "사랑 달라! 달라!" 아우성쳐도 서로에게 상처만 주고받게 되는 경우가 대부분이죠. 이와 같이 남자와 여자가 서로 전쟁하게 되며 사탄은 서로의 약점을 부추기고 불을 붙입니다. 사람과 사람끼리는 해결이 어렵습니다. 그래서 영적 연합이 필요합니다.

영적 연합

인간의 근원적인 필요인 안정감과 중요감으로 채움 받기 위해서는 배우자가 아니라 먼저 주님을 의뢰하라는 것이 영적 연합의 시작입니다.[*]

배우자가 채워야 하는 필요를 하나님이 채울 수 있을까요? 인간의 근원적 공

---

[*] 『결혼 건축가』, 래리 크랩, 윤종석 역, 두란노: 2010, 142.

허, 외로움에 대한 처방은 결혼이기도 하지만 더 근원적인 처방은 하나님입니다. 하나님만이 채울 수 있는 필요(공허)의 공간이지요. 영적 연합이란 바로 그 말입니다. 그러면 이것을 더 구체적인 이해를 돕기 위해서 '혼수품'이란 것으로 설명해 보겠습니다.

혼수품

결혼하게 되면 신랑과 신부는 서로가 혼수품을 준비합니다. 지금 풍습은 대체로 신랑은 집을 준비하고 신부는 그 집에 채울 것을 준비합니다. 각자 혼수품이 무엇이든, 결혼하고 나면 두 사람의 것이 됩니다. 남편이 집을 마련했다고 해서 아내가 남편의 집이라고 말하지 않고, 아내가 이불이나 가전제품을 준비했다고 해서 남편이 당신 이불, 당신 냉장고라고 말하지 않는 것처럼 일단 결혼하게 되면 각자의 것이 아닌 부부 공동의 것이 됩니다.

집과 냉장고뿐만 아니라 누가 빚을 졌든, 빚도 두 사람의 것이 되고 내 것이 됩니다. 마찬가지로 **상대의 단점도, 허물도, 아픔도 내 것이 됩니다.** 이 사실은 부인할 수 없는 현실입니다. 에베소서 5장을 보면 아내 역할, 남편 역할에 대해 열심히 말하다가 **"내가 그리스도와 교회에 대하여 말하노라."**라고 결론짓습니다. 그러므로 결혼은 나와 예수님과의 결혼이 되는 것입니다. 남편과 아내의 결혼이 나와 그리스도와의 결혼이라면, 영적 연합은 부부 연합의 기초가 되는 그리스도와 나의 연합입니다.

내가 주님께 드릴 혼수품

내 안에 있는 것 중에서 주께 드릴 혼수품이 무엇입니까? 봉사, 헌신, 충성입니까? 아닙니다. 우리의 죄입니다. 죄로 인하여 생겨진 모든 것, 곧 죄의 결과물입니다. 두려움, 갈등, 질고, 원망, 열등감, 분노, 고통, 걱정, 근심, 무거운 짐, 죄책감 등입니다.

우리가 주님께 드릴 수 있는 것은 없습니다. 본질상 우리에게는 선함이 없기 때문입니다. 십자가는 주님이 내게 주시는 혼수품과 내가 주님께 드릴 혼수품을 교환하는 장소입니다. 십자가는 하나님의 100% 공의와 하나님의 100% 사랑이 포개진 장소입니다. 즉 100%의 하나님의 사랑과 100%의 하나님의 공의를 만족시킨 자리가 십자가라는 뜻입니다. 십자가는 하늘과 땅의 만남이요 긍휼과 진리의 입맞춤입니다. 빛과 어두움이 만나 빛이 승리한 자리입니다.

생명과 죽음이 만나 생명이 승리한 자리입니다. 그러므로 우리는 십자가에서 하나님을 만나 연합을 이룹니다. 무거운 짐, 모든 가난함을 예수님이 십자가에 다 가져 가셨습니다. 그러므로 나의 모든 혼수품이 주님의 것이 되었습니다. 십자가는 이미 나의 죄와 두려움, 갈등, 질고, 원망, 열등감, 분노, 고통, 걱정, 근심, 죄책감, 무거운 죄의 짐을 다 가져가셨습니다.

혹시 그 모든 무거운 짐을 지고 있지는 않습니까? 내 삶의 구체적인 문제와 고통을 주님의 십자가에 드려 봅시다. 수고하고 짐 진 인생에 대하여 피로 값을 치르시고 "내게로 오라. 쉬게 하리라."고 초대하시는 하나님의 안식으로의 초대! 두 팔을 벌리시고 기다리시는 주님의 품으로 달려가 그 품에 안겨 봅시다. 이것이 복음의 실제입니다. 지금 나의 문제와 예수님의 십자가 사건과의 관계가 실제라는 것이지요. 나의 염려, 나의 구체적인 고통을 실제로 주님께 하나씩 내어 드려 볼까요?

주님께 드릴 나의 혼수 목록

혼수품: _____, _____, _____, _____, _____, _____, _____,
_____ 을 주님의 십자가에 내어 드립니다.
※ 주님께 드린 것 되가져오지 말기

십자가에서 예수님께서 상하셨으므로 나의 상함이 주님의 것이 되었습니다.

이제는 주님이 내게 십자가 사건을 통하여 가져오신 혼수품을 받아 누릴 차례입니다.

주님이 내게 주신 혼수품

주님이 내게 주신 혼수품은 무엇입니까? 죄악된 자신의 혼수품을 드린 자만이 주님의 것을 누릴 수 있습니다. 주님이 내게 주신 혼수품은 사랑, 용서, 평강, 안식, 기쁨, 부요함입니다. 이것은 다 내 것이 되었습니다. 이제 주님이 내게 주신 혼수품을 살펴볼까요?

부요함

부요하신 자가 나를 위하여 가난하게 되셨습니다. 왕이신 그분이 비천한 마구간에 오심으로 우리 신분을 왕 같은 신분으로 격상시키셨습니다.

> 우리 주 예수 그리스도의 은혜를 너희가 알거니와 부요하신 자로서 너희를 위하여 가난하게 되심은 그의 가난함을 인하여 너희를 부요케 하려 하심이라(고후 8:9).

주님의 모든 부요하심이 내 것이 되었습니다. 하나님의 그 영광의 충만함, 능력의 광대하심, 생명의 충만함. 그 모든 것이 나의 것이 되었습니다.

기쁨

주님의 기쁨이 내 것이 되었습니다.

> 내가 이것을 너희에게 이름은 내 기쁨이 너희 안에 있어 너희 기쁨을 충만하게 하려 함이라(요 15:11).

주님의 기쁨이 내 안에 있으므로 기쁨으로 충만하게 되었습니다. 주님과 연합한 자의 복입니다. 주님과 결혼한 자의 기쁨입니다.

새 이름

> 다시는 너를 버림받은 자라 부르지 아니하며 다시는 네 땅을 황무지라 부르지 아니하고 오직 너를 헵시바라 하며 네 땅을 쁄라라 하리니 이는 여호와께서 너를 기뻐하실 것이며 네 땅이 결혼한 것처럼 될 것임이라 마치 청년이 처녀와 결혼함 같이 네 아들들이 너를 취하겠고 신랑이 신부를 기뻐함 같이 네 하나님이 너를 기뻐하시리라(사 62:4-5).

헵시바는 '나의 기쁨이 그녀 안에 있다', 쁄라는 '결혼한 여성'이라는 뜻입니다. 하나님과 이스라엘은 이것을 언약관계, 곧 결혼으로 묘사하고 있습니다. 하나님께서 나를 신부 삼으시고 '나의 기쁨이 너다. 너는 나의 신부야.'라고 하십니다. 헵시바! 쁄라! 하나님이 아내된 교회에 주시는 애칭입니다. 헵시바! 하나님 손의 아름다운 면류관, 하나님 손의 아름다운 왕관입니다.

> …너는 여호와의 입으로 정하실 새 이름으로 일컬음이 될 것이며 너는 또 여호와의 손의 아름다운 관, 네 하나님의 손의 왕관이 될 것이다(사 62:2-3).

여호와의 입으로 정하신 새 이름, 헵시바! 쁄라! 이러한 관계가 완성될 때까지 헵시바와 쁄라로 주와 함께 살게 하소서! 여호와로 기억하게 하시도록 파수꾼이 쉬지 않게 하소서! 여호와여 예루살렘을 세워 세상에서 찬송을 받을 때까지 쉬지 말고 우리를 향하소서!

주님의 평안이 내 것이 되었습니다. 예수님의 평안이 내 것이 되었습니다.

> 평안을 너희에게 끼치노니 곧 나의 평안을 너희에게 주노라 내가 너희에게 주는
> 것은 세상이 주는 것과 같지 아니하니라 너희는 마음에 근심하지도 말고 두려워
> 하지도 말라(요 14:27).

평안은 기쁨과 마찬가지로 그리스도인이 기본적으로 누리는 하나님 나라의
요소입니다. 누구도 빼앗을 수 없습니다. 세상이 주는 것과 다른 이 평안이 주
님과 연합한 자가 받을 혼수품입니다.

> …하나님의 사랑이 우리 마음에 부은바 됨이니(롬 5:5).

아직 우리가 죄인 되었을 때에 그리스도께서 우리를 위하여 죽으심으로 우
리를 향하신 하나님의 사랑을 확증하셨습니다. 이미 우리에게 부어진 사랑입니
다. 만지고 누려야 합니다. 그 사랑을 그대로 누린다면 자연스럽게 사랑의 생명
은 흘러가게 됩니다.

주와 연합한 자는 용서 또한 나의 것이 되었습니다. 용서는 치유와 회복의 첩
경이요, 천국을 여는 열쇠입니다(『회복』 참조).

> 서로 친절하게 하며 불쌍히 여기며 서로 용서하기를 하나님이 그리스도 안에서

너희를 용서하심과 같이 하라(엡 4:32).

용서받은 감격이 있습니까? 용서의 감격을 누리는 것은 곧 그분의 사랑을 누리는 것입니다. 자신을 용서하고 자신을 사랑하는 것도 용서받은 자의 첫 번째 몫입니다. 사랑받은 자이기에 사랑할 수 있듯이 용서받은 자는 용서할 수 있습니다. 주님께서는 우리에게 주시지 않고는 하라고 하지 않으셨습니다. 용서와 사랑을 받은 자이기에 우리도 용서할 수 있고 사랑할 수 있습니다.

생명

…나는 생명의 떡이니 내게 오는 자는 결코 주리지 아니할 터이요 나를 믿는 자는 영원히 목마르지 아니하리라(요 6:35).

주님께 혼수품을 다 드린 자는 주께서 교회인 나에게 주신 혼수품이 내 것입니다. 주께서 주신 이 모든 혼수품은 우리가 배우자에게 받기를 원하던 것의 근원입니다. 그 생명을 먹고 마시므로 이 땅에서도 영원한 생명을 누려야 합니다. 주님 주신 혼수품으로 놀라운 연합을 누려 봅시다.

우리가 즐거워하고 크게 기뻐하며 그에게 영광을 돌리세 어린 양의 혼인기약이 이르렀고 그의 아내가 자신을 준비하였으므로(계 19:7).

또 내가 새 하늘과 새 땅을 보니 처음 하늘과 처음 땅이 없어졌고 바다도 다시 있지 않더라(계 21:1).

영광스러운 혼인날! 왕과 왕후의 대관식을 기다리는 어린 양의 신부입니다.

그날이 멀지 않았는데 더욱 신랑을 사모하는 신부로서 이 연합의 부요를 이 땅에서도 누려야 합니다. 결혼에는 위기가 있을 수 있습니다. 교회는 패역하고 불순종하고 감사치 아니하는 아내이기도 합니다. 불순종하는 아내(교회)를 위하여 예수님은 자신의 몸을 죽는 데까지 내어 주셨습니다.

"둘이 한 육체가 될 지니라."

그리스도께서 나와 한몸이 되셨습니다. 우리의 것은 무엇이든지 그리스도의 것이 되었습니다. 그리스도의 것은 무엇이든지 내 것이 되었습니다. 주님의 평강, 사랑, 생명, 부요함, 기쁨. 부요한 신자로서 우리를 위해 가난하게 되셨기에 그리스도의 부요가 내 것이 되었습니다. 주님의 용서가, 주님의 평안이 내 것이 되었습니다.

혼수품을 주님께

부요한 자로서 나를 위하여 가난하게 되시므로
나의 가난함을 부요케 하시는 주님을 찬양합니다.
두려움, 분노, 죄책감, 원망, 후회, 미움, 불안함, 염려를
다 십자가에 내어 드립니다.

이제 주님의 용서, 사랑, 기쁨, 생명, 평강, 부요함을
내 것으로 받아들입니다.
십자가에서 100%의 하나님의 공의와 100%의 하나님의 사랑이 포개져서
온전한 사랑과 공의를 이루셨듯이
이제 혼수품을 주님께 드리고 주님의 것을 받으므로
주님과 연합한 축복의 삶이되었음에 감사합니다.
주님과의 온전한 연합 가운데 그 놀라운 하나님의 나라를 누리게 하소서.

나눔을 위한 정리

결혼을 통해 부부간의 온전한 연합을 이루려는 하나님의 일을 방해하는 사탄은, 각자의 심리 속에 감춰져 있는 내면아이로 인해 서로 상처를 주고받게 하며 서로 갈등하게 합니다. 이럴 때 결혼의 본질이 무엇인지 생각해 보아야 합니다. 우리 결혼은 예수님과의 결혼입니다. 내가 신랑되신 주님께 드릴 혼수품은 죄로 인해 생긴 모든 것(두려움, 갈등, 원망, 분노, 고통, 죄책감)입니다. 삶의 구체적인 문제와 고통을 주님의 십자가에 내어 드림을 주님은 기뻐하십니다. 그렇게 하면 주님이 주시는 귀한 것을 받을 수 있습니다. 사랑, 용서, 평강, 안식, 기쁨, 부요함! 이런 것은 세상이 주는 것과는 다르며 주님과 연합한 자만이 누리는 것입니다. 주와 연합한 자는 이미 사랑받았고 용서받았기에 우리도 사랑하고 용서할 수 있는 자가 되었습니다.

생각 나눔

1. 인간이 가지고 있는 근원적인 공허함을 느낀 적이 있습니까? 느낀 적이 있다면 그 공허를 채우기 위해 어떤 노력을 했습니까?

2. 주님이 주신 혼수품과 내가 드릴 혼수품을 나누어 봅시다.

3. 주님과 연합한 자가 누리는 복은 무엇입니까?

4-3
한몸이 되기까지(육체적 연합)

○○

> 하나님이 자기 형상 곧 하나님의 형상대로 사람을 창조하시되 남자와 여자를 창
> 조하시고(창 1:27).

게리 토마스는 하나님의 형상대로 남자와 여자를 창조하신 것을 이렇게 표현했습니다.

> 밤마다 잠을 잘 때면 하나님의 거울이 내 옆에 누워 있다.*

얼마나 실제적인 표현입니까? 사람은 하나님의 형상으로 지음을 받았습니다. 하나님의 DNA를 넣으셔서 사람을 지으셨습니다. 하나님의 DNA가 무엇입니까? 하나님의 생명, 하나님의 성품, 하나님의 숨, 곧 하나님의 호흡입니다. 이 모든 것을 함축적으로 하나님의 영광, 하나님의 형상이라고 표현하는 것이지요. 우리는 하나님의 숨이 가득한 존재입니다.

노부부가 손을 잡고 걸어가는 모습을 보면 "님아, 그 강을 건너지 마오"라는 영화의 한 장면이 생각납니다. 한 쌍의 젊은 부부에게서 풍겨오는 느낌도 아름답지만 노부부가 손을 잡고 거니는 모습은 더 사랑스럽고 아름다워 보입니다. 인간이 타락했을지라도 하나님의 형상으로 지음 받았기에 그 형상이 상실되었

---

* 『사랑과 행복 그 이상의 결혼 이야기』, 게리 토마스, 서하나 역, 좋은씨앗: 2003, 312.

다고 할지라도 혼자보다 부부의 나란한 모습은 아름답습니다.

　남자는 하나님의 영광이요 여자는 그 남자의 영광(고후 11:7)이라는 말씀은 하나님과 남자와 여자는 존재 자체부터 유기적인 관계인 것을 보여 줍니다. 그 말은 신인 공동체, 곧 하나님과 한몸이라는 것입니다. 삼위 하나님이 공동체로 존재하시듯 남편과 아내 역시 부부 공동체로 존재한다는 것입니다. 하나님과 인간은 끊고 싶어도 끊을 수 없는 유기적 관계입니다.

> 오직 너희를 부르신 거룩한 이처럼 너희도 모든 행실에 거룩한 자가 되라 기록되었으되 내가 거룩하니 너희도 거룩할지어다 하셨느니라(벧전 1:15-16).

　그러므로 결혼은 거룩에의 동참입니다. 그러므로 결혼의 본질은 거룩이요 하나 됨이며 한몸입니다. 궁극적으로 그리스도와 연합입니다. 결혼은 불순물, 이물질이 있으면 연합이 불가능합니다. 그래서 앞에서 떠남을 먼저 다루었습니다. 인간이 어찌 이러한 연합에 이르도록 거룩할 수 있겠습니까? 불가능하기 때문에 그리스도께서 죽으셨습니다. 우리를 하나 되게 하시려고 피 흘리심으로 거룩하게 씻기셨습니다. 결혼생활의 모든 갈등은 우리를 그리스도의 피로 씻기셔서 정화되도록 하는 동기를 부여합니다.

> …떠나라, 연합하라, 한 육체가 되리라(엡 5:31).

　결혼은 '한 육체'가 되는 것까지 다 포함합니다. 이것이 비밀입니다. 바울이 결론 부분에서 말하는 "내가 그리스도와 교회에 대하여 말하노라."는 육체의 하나 됨을 포함하는 것입니다. "부모를 떠나 아내와 합하여 한 육체가 될지니라."는 이 비밀이 크도다의 전제요. 그리스도와 교회의 관계를 말씀하는 것입니다. 육체의 연합(아름다운 성, 거룩한 성)은 그리스도와 교회에 대한 이야기의 결론입니다. 성(性)은 참으로 거룩한 주제입니다.

이 말씀을 근거로 성에 대하여 함께 나누기를 원합니다. 현재 그리스도인의 성에 대한 이해는 어떻습니까? 성을 성경이 말씀하는 대로 이해하고 있습니까? 성적인 욕구는 동물적이어서 하나님께 미안한 일로 생각하십니까? 지금은 개방된 시대이니 고리타분한 구습을 너머 자유화(프리 섹스) 물결을 수긍하십니까? 중세의 기독교처럼 약간의 죄로 생각하십니까? 하나님이 주신 성에 대한 지식을 바로 알고 누리고 있습니까?

중세시대 성의 이해

> 저명한 교부 어거스틴(354-430)은 기독교 사상의 틀을 형성했던 몇 되지 않는 인물로 성적인 결합을 원죄라고 가르쳤다. 그래서 그가 의도한 바는 아니겠지만 유감스럽게도 사람들을 몇 세기 동안 죄와 성 행위를 한데 묶어 버렸다. 그 결과 교회는 성결함과 성적으로 적극적인 삶을 연합시키는 데 어려움을 겪었다.
> 부부 사이라도 자녀 출산을 위한 성적 결합 외에는 변명의 여지가 없었다. 용서받을 수는 있지만 빨간 줄이 그어지는 죄로 생각되는 경향이 남아 있었다.[*]

어거스틴은 성적인 충동도 악한 것이며 결혼 관계에서도 자녀 출산 이외의 성관계는 선한 것이 아니라고 하고 독신생활이 가장 경건한 삶의 형태라고 했습니다. 루터는 성이 필요악(Small sin)이라고까지 말했습니다.

존 칼빈(John calvin)도 독신을 찬양하였으며 그 시대의 성윤리는 인간 존재의 악한 면이며 성은 하나님이 아닌 사탄에 의해 창조된 것으로 성은 결혼을 위해서는 필요하지만 즐겨서는 안된다고 했습니다.[**] 퀘이커 교도는 독신 생활을 주

---

[*] 『사랑과 행복 그 이상의 결혼 이야기』, 게리 토마스, 서하나 역, 좋은씨앗: 2003.
[**] 『사랑과 행복 그 이상의 결혼 이야기』, 게리 토마스, 서하나 역, 좋은씨앗: 2003.

장하며, 육체는 악의 근원으로 이해하고 부부관계는 죄스러운 것으로 결혼생활에서 성을 회피하는 것은 하나님을 기쁘게 하는 것이라고 보았습니다.

라틴어 원전으로부터 가톨릭 성경을 번역한 제롬은 부부관계, 즉 금수의 행동 후에는 몇 주 동안 성찬식에도 참여하지 못하게 하였습니다. 나아가 자신의 아내를 과도히 원하면 간부(姦夫)라고 주장하며 성을 삼가는 것이 아내를 영화롭게 하는 것이기에 부부가 서로 순결을 지키기로 엄숙히 맹세했습니다. 이와 같이 중세기 기독교도들은 성관계를 가지면 성령이 떠날 것이라고까지 했습니다.[***] 중세시대의 훌륭한 교부들도 성에 대한 견해가 전혀 성경적이지 않습니다. 중세시대 성에 대한 이해는 영지주의[****]의 영향을 그대로 받았습니다. 이러한 영지주의적 견해는 오늘날 한국 교회의 교회론에 잘못된 영향을 미친 것이 아닌가 생각합니다. 하나님의 깊은 영적인 세계를 지식적으로 보이는 물질적 수준으로 해석하고 이해하려고만 한다면 복음을 유치하게 만들 수밖에 없습니다.

성경에 대한 이해도 자신의 폭력적 성 경험이나 심리적인 영향을 많이 받을 수 있습니다. 생각하건데 어거스틴 같은 경우 물론 그 당시 시대 상황이 금욕적인 영향도 있었지만 자신의 방탕한 과거가 성에 대하여 영향을 미치지 않았나 싶습니다.

다른 예로 열등감이나 잘못된 죄책감 혹은 완벽주의적인 사람도 "하나님은 사랑이시다"라고 말은 하면서도 그의 내면은 '아니야. 그래도 사랑받을 짓을 해야 사랑해. 나 같은 것을 무조건적으로 사랑한다는 것은 결코 믿을 수 없는 일이야.'라고 내면에서 소리치고 있기 때문에 하나님의 사랑을 누리지 못합니다. 이런 사람은 성에 대하여도 동일한 생각을 할 수 있습니다.

그리스도인의 성에 대한 잘못된 이해는 삶의 구체적인 현장까지 영향을 미치

[***] 『사랑과 행복 그 이상의 결혼 이야기』, 게리 토마스, 서하나 역, 좋은씨앗: 2003.
[****] 영지주의란 영혼은 절대로 선하다. 그러므로 예수님이 거룩하신 하나님이라면 육체를 입고 오신 것은 이해할 수 없는 일이므로 삼위일체를 부인하고 육체는 악하기 때문에 가혹하게 다루어야 한다.

고 있습니다. 인간은 누구나 성적인 존재입니다. 성은 부인할 수 없습니다. 이혼하는 부부들이 성격 차이라고 일반적으로 말하지만 성에 대한 문제가 숨겨져 있는 경우가 다반사입니다. 그리스도인이 말씀 안에서 성을 배울 기회가 흔하지 않으므로 세상 속에서 성을 배우게 됩니다. 그러다 보니 적당한 전통과 관습으로만 생각하여 얼마나 잘못된 부부의 삶을 살고 있는지 모릅니다. 죄의식을 가지고 있으면서 원만한 부부관계를 가지지 못하므로, 저변에 깔린 불만이나 쓴 뿌리와 함께 건강한 부부생활을 어렵게 만듭니다. 반대로 성장과정에서 결핍이나 상처로 인하여 죄의식도 없는 무질서함으로 성을 이해하고 사용하는 경우도 허다합니다.

여러분의 성에 대한 견해는 성경적입니까? 하나님은 성에 대하여 무엇이라 말씀하시는지를 보겠습니다.

성경은 성을 어떻게 보는가?

떠남–연합–한 육체(떠나라 그리고 연합하라, 한몸이 되리라)를 다시 떠올려 봅시다. 부부가 한 육체가 되는 것은 하나님이 말씀하시는 중요한 결혼의 원리입니다(창 2:24; 마 19:4-6; 엡 5:31).

한몸 됨

연합 안에는 한몸 됨이 다 전제되어 있습니다. 결혼으로 연합한다는 것은 한몸 됨의 복을 누리는 것까지 다 포함합니다. 마태복음 19장에서 바리새인들은 예수님께 '이혼'에 대해 질문합니다. 이혼하려면 모세가 이혼 증서를 주라고 되어 있는데 예수님은 본래 그렇지 않다며 하나님의 창조하실 때의 결혼의 원리는 이혼이라는 말이 불가능하다고 할 만큼 한몸 됨의 실제를 말씀하십니다. 그러면 모세는 왜 이혼증서를 주라고 했느냐는 질문에 대하여 예수님의 대답은 "너희의 마음의 완악함 때문에 아내 버림을 허락했지만 본래는 그렇지 아니하니"라고 말씀하십니다.

> …사람을 지으신 이가 **본래** 그들을 남자와 여자로 지으시고 말씀하시기를 그러
> 므로 사람이 그 부모를 떠나서 아내와 합하여 그 둘이 한몸이 될지니라 하신 것을
> 읽지 못하였느냐 그런즉 이제 둘이 아니요 한몸이니 그러므로 하나님이 짝지어
> 주신 것을 사람이 나누지 못할지니라 하시니(마 19:4-7).

사람을 지으신 이가 본래 남자와 여자를 지으셨다는 말씀에 주목합시다. 결혼으로 연합한 부부를 향하여 둘이 아닌 하나라고 말씀하십니다. 하나님이 짝지어 주셨으니 사람이 나누지 못한다고 하십니다. 예수님의 말씀에서 이렇게 할만큼 한몸 됨의 비중은 요지부동입니다. 남자와 여자의 만남은 하나님이 짝지어 주신 것이며 육체적인 연합까지를 찬성하십니다. 그렇다면 하나님께서는 성을 어떻게 보실까요?

> 이러므로 남자가 부모를 떠나 그의 아내와 합하여 둘이 한 몸을 이룰지로다
> (창 2:24)

이 말씀은 영적인 연합과 육적인 연합을 모두 포함합니다. 1+1=1인 거지요. 하나님은 남성에게는 여성이 필요하도록, 여성에게는 남성이 필요하도록 만드셨습니다. 남자의 기질과 여자의 기질은 너무나 다릅니다. 뇌 구조부터 성적인 반응까지 다릅니다. 다른 두 개체가 연합하므로 하나님의 온전한 영광을 드러내도록 설계되어 있습니다. 몸의 구조도 하나님이 그렇게 만드셨습니다. 성을 만드신 이는 하나님이십니다. 하나님의 손으로 직접 만드셨습니다. 그래서 성은 정말 거룩하고 신비로운 것입니다. 거룩하신 하나님의 손으로 깊이 터치되어 지음 받은 사람은 거룩합니다. 사람의 온몸이 거룩합니다. 나아가 부부의 성

관계도 거룩합니다. 그러므로 성은 아름다운 성, 거룩한 성이라고 말하기에 주저함이 없습니다. 남자는 남자인 그대로 영광스럽고 여자는 여자인 그대로 심히 아름답고 영광스럽습니다.

자신의 한계를 인정하라

그렇기에 자신의 몸에 대해 내가 바꿀 수 없는 부분에 대한 한계를 받아들이는 것이 중요합니다. '나는 남자가 되고 싶은데, 여자가 되었다?' 이것은 내가 바꿀 수 없는 것입니다. 궁극적으로는 모든 것은 하나님으로부터 말미암는 것이니, 내가 '여성'이라는 자체가, 내가 '남성'이라는 자체가 하나님께서 허락하신 고유한 창조의 목적임을 인식해야 합니다. 더 나아가 나에게 주어진 모든 것에 대하여 감사해야 합니다. 이것은 나를 향하신 하나님의 뜻이기 때문입니다. '내가 가진 정체성이나 한계성을 받아들이는가?'라는 질문에 성별, 나이, 건강 상태, 경제 상태, 결혼생활, 독신 등에 대한 수용을 배울 수 있어야 합니다.

내가 가진 여성성을 받아들이는 것. 여성으로서 정체성, 여성 됨을 기뻐하고 받아들여야 하는 것입니다. 내가 가진 남성성을 받아들이고 기뻐하는 것도 마찬가지입니다.

하나님의 극찬을 받는 한몸 됨

"부모를 떠나 아내와 연합하여 한 육체가 될지니라."고 하신 말씀에서 부부의 육체적 연합이 하나 됨의 마지막 단계임을 보여 줍니다. 하나님은 하나님이 지으신 창조의 결과를 보시고 보시기에 심히 좋았더라고 말씀하십니다. 앞에서 말씀드린 것처럼 여자의 창조를 통하여 온 세상이 하나님 보시기에 심히 좋으셨는데 "보시기에 심히 좋았더라."는 말씀 안에는 아담과 하와의 한몸 됨에 대한 하나님의 극찬이 포함되어 있습니다.

최초의 결혼 주례를 하셨던 하나님께서 아담과 하와의 성관계를 축복하며 기뼈하셨습니다. 하나님께서 아담과 그 아내의 몸을 창조하셨고 그들의 몸의 각 지체를 성적인 연합에 적합하도록 만드셨기에 하나님은 그들의 최초의 연합을 매우 기뻐하셨습니다. 하나님의 결혼에 대한 관심은 특별합니다. 궁극적으로 요한계시록에서 신부를 왕후로 맞이할 것이기 때문입니다.

> 하나님의 신부=어린 양의 신부=나
> 진정 깊은 성적인 만남=하나님과 만나는 신비한 경험
> 부부의 결혼=거룩한 것

하나님의 개입

> 아담이 그의 아내 하와와 동침하매 하와가 임신하여 가인을 낳고 이르되 내가 여호와로 말미암아 득남하였다 하니라(창 4:1).

아담이 여호와로 말미암아 득남하였다는 것은 부부의 성 행위에 하나님이 개입하셨음을 보여 줍니다. 하나님이 생명을 주시고, 그것을 칭찬하시고, 기뻐하신다는 것입니다. 부부의 성적인 연합을 하나님께서 찬성하십니다.

> 주께서 내 내장을 지으시며 나의 **모태에서 나를 만드셨나이다**…내가 **은밀한 데서 지음을 받고** 땅의 깊은 곳에서 기이하게 지음을 받은 때에 나의 형체가 주의 앞에 숨겨지지 못하였나이다(시 139:13, 15).

위의 강조된 말씀 역시 우리의 앉고 일어섬을 아시는 하나님께서 개입하셨음을 보여 줍니다. 부부의 성 행위를 통한 생명 사역에도 개입하심을 볼 수 있습니다.

거룩한 침실

> 모든 사람은 결혼을 귀히 여기고 침소를 더럽히지 않게 하라 음행하는 자들과 간
> 음하는 자들을 하나님이 심판하시리라(히 13:4).

성은 거룩한 것이라고 말할 수 있는 것은 하나님께서 만드셨고 허락하셨기 때문입니다. 13세기 나흐마니데스가 쓴 고대 유대교 문서인 "거룩한 서신"에서 성관계를 가리켜 하나님과 만나는 신비로운 경험이라고 했으며, 나흐마니데스는 중세 기독교가 금기시했지만 안식일에도 규칙적으로 성관계를 가졌다고 기록되어 있습니다.* 부부의 성관계는 성부와 성자께서 항상 함께 존재하신 것처럼 하나 됨의 깊이와 헌신의 정도를 반영하는 관계입니다.

> 삼위 하나님의 존재 방식=교회 공동체의 존재 방식=부부의 존재 방식
> 삼위 하나님과 교회와 부부의 존재 방식은 셋 다 공동체로 존재합니다.

> 비밀(신비) = 예수 그리스도와 교회의 연합 = 남자와 아내가 합하여 한몸
> 우리의 결혼 이야기 = 예수 그리스도와 교회의 결혼 이야기

> 주방에서 감자를 깎는 것이나 거룩한 제단 앞에서 무릎을 꿇고 기도하는 것이나
> 똑같이 하나님의 임재를 느낄 수 있는 것이다.

로렌스 수사가 말했듯이 부부의 성생활을 통해서도 이와 같은 하나님의 임재를 누릴 수 있습니다. 부부 대화의 가장 깊은 단계가 성관계입니다. 그래서 부

---

* 『사랑과 행복 그 이상의 결혼 이야기』, 게리 토마스, 서하나 역, 좋은씨앗: 2003, 269.

부가 성관계를 가진다는 것은 자기자신을 표현하는 것일 뿐만 아니라 가장 수준 높은 비언어 커뮤니케이션입니다. 부부의 성관계 안에 삼위 하나님이 함께 임재해 계십니다(시 139:13). 하나님의 영광을 그곳에서 체험할 수 있습니다.

하나님이 우리에게 주신 풍요로움과 자유가 어떤 것인지 알아야 합니다. 진정 경건하게 살아야 할 부분에서는 세상과 타협하고, 자유를 누려야 할 부분에서는 회피하는 것이 부부의 성이라고 생각됩니다. 우리 몸은 하나님께서 지으신 거룩한 성전입니다.

> 너희는 너희가 하나님의 성전인 것과 하나님의 성령이 너희 안에 계시는 것을 알지 못하느냐 누구든지 하나님의 성전을 더럽히면 하나님이 그 사람을 멸하시리라 하나님의 성전은 거룩하니 너희도 그러하니라(고전 3:16-17).

잭 하일스는 구약성경의 성전과 여자의 몸 사이에 공통점을 말합니다.

> …지성소는 오직 한 사람 외에는 아무도 들여다 볼 수 없었던 것처럼 여자의 몸도 오직 한 사람을 위해 마련된 것입니다. 결혼하는 젊은 처녀를 위해 하나님은 그녀를 보고 사랑할 수 있는 권리를 가진 오직 한 사람을 미리 택해 주셨다는 것.
> 그러므로 지혜로운 처녀는 하나님이 대제사장으로 택하신 그 한 사람을 기다려야 하고 몸이 노출되는 옷으로 남자들의 감각적 본능을 자극하는 일에 조심하며 지성소를 귀히 여기듯 자신의 몸을 감싸고 하나님이 자신을 위해 택해 놓으신 그 한 사람을 기다릴 것.
> 여자의 신성한 몸은 한 사람의 눈을 위해 예비되었을 뿐 아니라 한 사람만 들어가도록 예비되었고 또 한 사람만 손 대도록 되어 있음.
> 지성소의 감추어진 물건에 손 대는 것은 오직 한 사람에게만 허락되었으므로 자

신의 배우자 외에 손대지 말 것(Hand off)*

특별히 여성의 몸은 성전이며 지성소입니다. 지성소 안에는 대제사장만이 들어갑니다. 이처럼 여성의 지성소 안으로는 결혼한 남편만이 들어갈 수 있는 거룩한 곳입니다. **마찬가지로 남자 역시 자신의 몸은 자신의 아내에 대한 지성소와 동일하므로 눈과 손과 마음을 지켜야 할 것입니다.**

내 누이 내 신부는 잠근 동산이요 덮은 우물이요 봉한 샘이로구나(아 4:12).

부부의 성은 비밀의 동산입니다. 순결함이 잘 보존되고 보호되어야 할 '덮은 우물'입니다. 부부 둘만의 울타리로 누구도 침범할 수 없는 봉한 샘이며 비밀 영역이어야 합니다. 구약의 지성소는 허락된 그 해의 대제사장만이 그곳에 들어갈 수 있는 것처럼 부부의 성은 이토록 거룩하고 신비한 밀실입니다.

부부의 성관계는 거룩한 예배입니다. 거룩한 감동입니다. 하나님이 기뻐하시고 찬성하시는, 하나님의 축복입니다. 하나님이 인간의 자녀 생산을 위해서도 주셨고, 하나 됨을 위해서도 주셨고, 육체적인 감각의 희락을 위해서도 주신, 하나님의 놀라운 축복입니다. 우리는 하나님의 살아 계신 성전입니다. 물론 이 이야기가 여성에게만 적용된다고 생각하지 않습니다. 남성 또한 자신의 몸이 지성소인 것을 기억해야 합니다. 그에게는 그의 아내만 들어갈 수 있습니다.

부부의 성관계는 거룩한 교제입니다. 영에 대한 것이며, 무한대이고 영원한 세계를 제 입과 제한된 말로 표현한다는 것은 한계가 있기에 무한한 영원에 대한 상상력을 동원할 필요가 있습니다. 이것은 수학 공식이나 논리로 표현되는 것이 아니라 영의 언어입니다. 우리는 그리스도와 한몸된 거룩한 자들입니다.

---

* 『성령님을 만나세요』, 잭 하일스, 박희원 역, 두란노서원: 1996, 202.

그렇기에 사도 바울의 말은 더 강력하게 다가옵니다.

창녀와 합하는 자는 그와 한몸인 줄을 알지 못하느냐 일렀으되 둘이 한 육체가 된다 하셨나니 주와 합하는 자는 한 영이니라 음행을 피하라 사람이 범하는 죄마다 몸 밖에 있거니와 음행하는 자는 자기 몸에 죄를 범하느니라 너희 몸은 너희가 하나님께로부터 받은바 너희 가운데 계신 성령의 전인 줄을 알지 못하느냐 너희는 너희 자신의 것이 아니라 값으로 산 것이 되었으니 그런즉 너희 몸으로 하나님께 영광을 돌리라(고전 6:16-20).

주님과 연합하여 주님과 한 영이 된 자는 몸도 거룩한 병기입니다. 그러므로 창기의 지체를 만들지 말아야 합니다. 사람이 범하는 죄는 몸 밖에 있는데 음행하는 자는 자기 몸에 죄를 범하는 것이라고 합니다. 우리의 몸은 성령이 계시는 전이기 때문입니다. 몸으로 하나님께 영광을 돌리는 것은 여러 가지가 있겠지만 여기서는 오직 자신의 배우자와만 성관계를 가진다는 것이며, 이것이 몸으로 하나님께 영광을 돌리는 것이 아닐까요? 나의 몸은 내 것이 아닙니다. 하나님의 것입니다. 우리의 몸이 거룩하므로 창기와 합하지 말라고 하셨습니다. 왜냐하면 우리 몸이 거룩하기 때문입니다. 남자도 여자도 자신의 몸이 거룩한 성전입니다.

하나 됨 = 영적인 연합
그리스도인 부부가 한몸이 될 때, 하나님의 현현이라는 영광의 문을 두드리는 것이고, 하나님의 성전으로 들어가는 것입니다. 배우자는 하나님의 영광입니다. 보이는 예수이고 또한 보이는 성령입니다.

오토 파이퍼는 "더 깊은 영적 실체가 육체적으로 나타난 것이 부부의 성관계"라고 말합니다. 성관계가 진정한 영성을 가질 수 있다면, 성 중독도 치료될 수 있고, 마음의 열등감과 이런 것도 충분히 치료할 수가 있다고 말합니다.*

성은 인격적인 영적 연합에서 앎의 관계이다

히브리어 '야다'는 하나님을 안다는 뜻입니다. '야다'는 부부의 깊은 관계 안에서 안다는 것을 말합니다. 히브인에게 '안다'는 것은 남녀가 결혼하여 성관계를 같이 하는 정도로 속속들이 아는 것을 의미합니다. 마리아가 "나는 남자를 알지 못하니."이 말은 동침한 일이 없다는 표현입니다. 하나님과 이스라엘 백성은 부부관계였고, 우리 역시 신부입니다. 성은 인격적이고, 영적인 연합에서의 만남입니다. 성경은 계속해서 결혼 이야기로 시작하여 결혼으로 설명되고, 결혼으로 마무리됩니다. 이 모든 내용은 부부관계를 통하여 깊이있게 진리를 표현하고 있다는 것입니다. 성은 인격적이고, 영적인 연합의 만남입니다.

> **남편은 그 아내에 대한 의무를 다하고 아내도 그 남편에게 그렇게 할지라** 아내는 자기 몸을 주장하지 못하고 오직 그 남편이 하며 남편도 그와 같이 자기 몸을 주장하지 못하고 오직 그 아내가 하나니(고전 7:3-4).

성은 어떻게 존재해야 할까요? 위의 강조된 말씀을 보면 부부는 상대의 성에 대한 요구에 대하여 거절할 수 없는 책임감이 있다고 합니다. 서로에 대하여 의무를 다한다는 것은 한몸이기 때문입니다. 부부는 서로의 것입니다. 서로를 위하여 존재합니다. 그러므로 남자는 여성에 대한 이해가 필요하고 여자는 남성에 대한 이해가 필요합니다. 성은 부부 사이의 의무입니다.

여자와 남자는 성에 대한 반응이 다릅니다. 기질도 다르고 차이가 많이 납니다. 남자는 지푸라기 같습니다. 금방 타오르고 금방 꺼집니다. 여자는 목탄불과

---

* 『사랑과 행복 그 이상의 결혼 이야기』, 게리 토마스, 서하나 역, 좋은씨앗: 2003, 274.

같습니다. 목탄불은 천천히 타오르고 천천히 식습니다. 남자와 여자의 성 반응이 이렇게 다른데 특히 남자는 자기만 만족시키고 자기중심적으로만 해서는 안 된다는 것입니다. 그래서 남자들은 지식이 필요하다는 것입니다. 남자는 여자가 어떤 존재인지 알아야 할 필요가 있습니다. 물론 여자도 마찬가지입니다.

> 남편들아 이와 같이 지식을 따라 너희 아내와 동거하고 그를 더 연약한 그릇이요 또 생명의 은혜를 함께 이어받을 자로 알아 귀히 여기라 이는 너희 기도가 막히지 아니하게 하려 함이라(벧전 3:7).

남자들은 여자들보다 더 아내에 대하여 잘 모르는 경향이 있습니다. 여성의 성에 대한 반응은 육체적이지만은 않습니다. 마음 깊은 곳에 사랑하는 마음이 느껴질 때에 성적인 반응 단계에 이릅니다. 남자는 충동적입니다. 시각적입니다. 부부 안에 여성은 사랑한다는 말을 듣는 것, 만져 주는 것에 반응합니다. 그러므로 여성의 성에 대한 반응이 목탄불과 같다는 것을 남편은 이해해야 합니다. 성관계 이전에 여성을 만져 줌(전희)의 단계를 통하여 서서히 하나 됨에 이른다는 것을 남편은 알아야 합니다.

서로의 요구에 부부는 응하여야 할 의무가 있습니다. 성이 무기가 되면 안됩니다. 그렇지만 여러 가지 이유가 있을 수 있습니다. 몸이 너무 피곤하다든지, 생리 중일 때, 귀찮고 싫을 때, 화가 날 때 등은 어떻게 해야 될까요? 남자는 아내의 거절에 자기 존재가 작아짐을 느낍니다. 그 불똥은 결국 다시 아내에게 돌아오는 경우가 많습니다. 거절할 때도 상대가 거부감을 느끼거나 불쾌함을 느끼지 않도록 설명하고, 돌아눕지 말라는 것입니다. 마주 보고 자면서 손을 잡아 줄 수 있고, 피곤할지라도 최소한 상대의 요구에 대해 존중한다는 의미로 거절해야 합니다. 성적 요구에 대하여도 서로를 섬기고 헌신해야 합니다. 남편은 아내의 것이고, 아내는 남편의 것입니다. 드림의 관계 안에서 서로를 위해서 존재하고 있습니다. 성의 책임은 결혼 관계 안에 하나님이 주신 유일한 축복입니다.

결혼은 고난의 길이고, 좁은 길이기도 하지만 누려야 할 하나님의 복도 많습니다. 때론 창조하고, 개척하고, 일구어 가야 합니다. 자동으로 이루어지지 않습니다. 수많은 갈등! 이것은 두 가문의 만남입니다. 어떻게 문제가 없겠습니까? 그렇지만 하나님은 결혼 가운데 놀라운 섭리와 주권을 갖고 계십니다.

분방하지 말라(성과 기도생활)

> 서로 분방하지 말라 다만 기도할 틈을 얻기 위하여 **합의상 얼마 동안은 하되** 다시 합하라 이는 너희가 절제 못함으로 말미암아 사탄이 너희를 시험하지 못하게 하려 함이라(고전 7:5).

위의 말씀은 기도가 중요하지만 부부가 서로의 성적인 요구에 대하여 중요하게 여기시는 말씀의 관점입니다. 많은 시간 기도하는 분에게 지혜가 필요합니다. 강조된 부분은 서로의 성적인 요구에 대하여 일방적으로 무시하지 말라는 말씀입니다. 남성보다 여성이 대체로 기도에 열심인 경우가 많습니다. 아내는 남편의 요구에 대하여 기도한다는 일방적인 명목으로 남편을 홀아비로 만들지 말라는 말씀입니다. 절제 못함으로 인하여 사탄에게 기회를 주지 말라는 말씀이지요. 성경은 이토록 부부의 성을 보호하기를 원하십니다.

> 그런즉 이제 둘이 아니요 한몸이니(마 19:6a).

부부관계 안에서 성적인 연합은 영적인 하나 됨입니다. 하나님의 영광이 나타나는 것이고, 하나님의 현현을 경험하는 것입니다. 하나님은 부부의 성에 개입하고 계십니다. 부부의 성에 대한 성경적인 본질은 이렇게 하나님의 영광을 드러내며 부부의 연합을 통해 생명이 창조되고 영속되어지는 거룩입니다.

> 그에게는 영이 충만하였으나 오직 하나를 만들지 아니하셨느냐 어찌하여 하나만 만드셨느냐 이는 경건한 자손을 얻고자 하심이라 그러므로 네 심령을 삼가 지켜 어려서 맞이한 아내에게 거짓을 행하지 말지니라(말 2:15).

이 말씀에 앞서 말라기 2장 10절부터는 언약을 욕되게 한 유다를 책망하십니다. 한 하나님께서 지으신 한 아버지 아래 있는 부부 언약에 대한 중요성을 말씀하십니다. 남편이 아내에게 행한 거짓에 대하여 아내의 눈물과 탄식으로 여호와의 제단을 가리는 봉헌물을 받지 않으시겠다고 하십니다. 이혼하는 것과 학대하는 것을 강하게 책망하십니다. 강조점은 **하나님은 영이 충만하실지라도 오직 한 부부를 통하여 경건한 자손을 얻기를 원하신다는 말씀입니다.** 성경이 말씀하는 것도 히브리인의 생각하는 결혼의 핵심도 언약입니다. **하나님은 결혼의 증인**(말 2:14)**입니다.**

이렇게 성은 거룩한 것이기에 사탄은 집요하게도 성을 문란케 하고 인간의 육적인 쾌락을 위해서 함부로 죽여도 상관이 없다고 떠들고 있습니다. 결혼을 안하려는 세대, 쾌락만 추구하는 세대, 결혼이 동반하는 거추장스러운 불편을 거부하는 세대 가운데 하나님의 백성은 결혼을 늦추지 말고 경건한 자녀를 낳으며, 시대는 변해도 하나님의 말씀은 불변함을 깨닫는 거룩한 청년들이 깨어나기를 바랍니다. 하지만 세상은 성을 타락시키고 있습니다. 이러한 현실에 교회는 본질을 제대로 알지 못하고, 적당히 개방을 하면서 적당한 선에서 타협하고자 합니다. 이것이 얼마나 모순입니까? 성은 또한 자녀를 생산하는 것 이상의 의미가 있습니다.

> 네 샘으로 복되게 하라 네가 젊어서 취한 아내를 즐거워하라 그는 사랑스러운 암

사슴 같고 아름다운 암노루 같으니 너는 그의 품을 항상 족하게 여기며 그의 사랑을 항상 연모하라(잠 5:18).

그 품을 족하게 여기며

남자와 여자를 지으신 하나님은 부부의 육체적 하나 됨의 모든 행위를 하나님께서 허락하여 주신 것이고 육체적인 감각을 통하여 서로를 교감할 수 있게 하셨습니다.

이삭이 거기 오래 거주하였더니 이삭이 그 아내 리브가를 껴안은 것을 블레셋 왕 아비멜렉이 창으로 내다본지라(창 26:8).

내게 입맞추기를 원하니 네 사랑이 포도주보다 나음이로구나(아 1:2).

그가 왼팔로 내 머리를 고이고 오른팔로 나를 안는구나(아 2:6).

남녀는 다르게 창조되었습니다. 남자는 후각적이고, 시각적입니다. 그래서 후각을 자극하는 향수가 발전하고, 남자의 눈을 끌기 위해서 이 세상의 문화는 점점 더 타락하고 있습니다. 여성의 몸매가 성적으로 드러나도록 만든 패션이 얼마나 많이 있습니까? 우리는 판단할 수 있습니다. 세상이 말하는 미(美)는 퇴폐적인 것입니다. 이것은 아름다움의 하위 개념입니다. 그럼에도 그것에 돈과 정열을 쏟아 붓습니다. 진정한 아름다움은 영적인 깊이와 하나님의 영광에 스며듦과 하나님의 현현이 있는 삶입니다.

남성은 성을 생물학적으로만 생각하기 참 쉽습니다. 그런데 여성은 그렇지 않습니다. 배우자를 사랑하는 마음을 느끼고, 헌신하고 싶은 마음이 느끼고, 인격적인 것, 정서적인 것이 바탕이 되어 있지 않은 상태에서는 여성은 당했다고 느낄 수 있습니다. 예를 들어 남편은 다툰 뒤 화해의 뜻으로 성관계를 갖기 원하지만 여성은 마음이 풀리지 않은 상태에서는 다른 감정을 경험합니다. 여성이라는 존재가 그렇습니다. 그렇기 때문에 서로에 대한 성의 바른 지식이 있어야 합니다. 실제로 이 부분에 대해서 서로가 이야기할 수 있어야 합니다.

> 내 헛된 평생의 모든 날 곧 하나님이 해 아래에서 네게 주신 모든 헛된 날에 네가 사랑하는 아내와 함께 즐겁게 살지어다 그것이 네가 평생에 해 아래에서 수고하고 얻은 네 몫이니라(전 9:9).

> …오직 너를 헵시바라 하며 네 땅을 뿔라라 하리니…(사 62:4).

인간은 인격적인 관계를 가질 수 있는 영·혼·육을 함께 가지고 있습니다. 글이 말로 선포되고, 표현될 때에 생명이 입혀지는 것과 마찬가지로 인간은 영만 있는 것이 아니고, 혼이 있고, 육체도 있습니다. 사역의 현장에서 서로 안아 주는 것만으로도 치유가 임하는 것을 경험합니다. 서로를 안아 주는 것 자체만으로 커뮤니케이션이 되고 치유가 임하는 것처럼, 부부의 성생활은 하나님이 주신 엄청난 복입니다. 우리는 육체와 정신의 필요도 있고 또 영적인 필요도 있습니다. 이 영적인 필요를 설명할 때에 **혼수품**으로 설명을 드렸습니다.

부부의 **연합**은 하나님과의 관계없이 부부는 절대 설명이 될 수 있는 관계가 아니라는 것입니다. 그래서 이 육체적인 관계도 마찬가지입니다. 육체적인 연합은 주님으로부터 채움을 받은 사람들이 이제는 상대의 필요를 채워 주기 위하여 자신의 몸을 서로에게 헌신하는 것입니다. 이제 우리가 성을 어떻게 수용하고, 이해해야 할지 느껴집니까? 때로는 성에 대한 상처, 억압 이런 것이 치료받아야 될 필요가 있습니다. 서로에 대한 분노와 적개심은 우리에게 두려움과 긴장이 되기도 하고, 염려와 걱정이 될 수도 있습니다. 단순한 관계 문제에서 그치는 것이 아니라 부부관계와 성 문제로 이어질 수 있습니다.

결혼 준비의 중요한 조건 중의 하나가 성에 대한 치유입니다. 잘못된 성 지식과 잘못된 성 경험(성폭행, 강간, 성추행 등)에 대한 치유가 없다면, 결혼해서도 건강한 성 생활을 방해할 수 있습니다.

성의 치유

어떤 심리학자는 "행복한 결혼생활의 10%를 성이 차지한다. 불행한 결혼생활의 90%를 성이 차지한다."라고 말했습니다. 하나님이 성을 주신 목적은 자녀를 주시기 위함이기도 하고, 안식하기 위함이기도 하고 또한 친밀한 연합(부부연합)을 통하여 하나님과의 깊은 영적 연합을 경험하기 위해서입니다. 성은 하나님의 선물입니다. 성은 하나님의 아이디어입니다. 성은 거룩입니다. 이는 남자와 여자 관계에서 우리가 알아야 할 아주 중요한 부분입니다.

성은 남성과 여성이라는 하나님의 형상대로 지음을 받은 것입니다. 여성은 남자의 영광입니다. 남자는 하나님의 영광입니다. 그런 의미에서 성은 하나님의 선물입니다. 하나님으로부터 출발된 것입니다. 하나님의 영광을 서로 공유하고 전달할 수 있는 가능성을 인간 안에는 이미 가지고 있습니다. 생명과 인격과 진리와 지혜와 사랑과 거룩은 하나님의 형상입니다. 그래서 남녀의 성은 하나님 앞에서 평등합니다. 성은 하나님의 유일한 자녀 생산의 길입니다. 성은 부부의 풍성한 삶을 위해서 주신 하나님의 선물입니다. 부부의 성관계는 거룩한 예배입니다. 성은 지성소로 들어가는 삶입니다.

성은 구원받은 인간이 예수 그리스도와 하나 되는 경험의 그림자입니다. 그래서 성은 청지기의 삶을 요구합니다. 거룩함을 지켜야 합니다. 생각의 거룩함, 눈의 거룩함도 지켜야 합니다. 성경은 여자를 보고 음욕을 품기만 해도 간음이라고 정의합니다. 그러므로 하나님의 백성은 그냥 성윤리 정도를 지키는 것이 아닙니다. 놀라운 하나님과 연합의 영성입니다. 그래서 성은 지혜가 필요합니다. 결혼은 거룩입니다. 사탄의 집요한 목적은 이 진리의 본질을 더럽히는 것입니다. 언급하지 않더라도 현실을 통하여 어떻게 거룩한 성이 사탄으로부터 집요하게 공격 받고 있는지는 압니다.

아가서에는 성에 대하여 아주 노골적인 표현이 많이 나옵니다.

> 나의 사랑하는 자야 너는 어여쁘고 화창하다 우리의 침상은 푸르고 우리 집은 백향목 들보, 잣나무 서까래로구나(아 1:16-17).

> 네 키는 종려나무 같고 네 유방은 그 열매송이 같구나(아 7:7).

> 그가 왼팔로 내 머리를 고이고 오른팔로 나를 안는구나(아 2:6).

이 모든 것을 볼 때 부부의 연합에 있어서, 에로스적인 전희의 단계를 포함한다는 것입니다

> 사람이 새로이 아내를 맞이하였으면 그를 군대로 내보내지 말 것이요 아무 직무도 그에게 맡기지 말 것이며 그는 일 년 동안 한가하게 집에 있으면서 그가 맞이한 아내를 즐겁게 할지니라(신 24:5).

이것이 하나님께서 신혼부부에게 주신 축복입니다. 신혼부부는 1년간 병역 의무 면제입니다. 이 정도로 하나님은 신혼부부에게 합법적인 혜택을 주십니다. 1년간 한가하게 아내와 함께 거하면서 충분한 신혼의 에로스적인 사랑을 즐기라고 하십니다. 남자와 여자는 하나님의 형상으로 지음을 받았습니다. 하나님의 형상, 하나님의 속성이 인간 안에 흘러가고 전달 가능하도록 하나님의 형상은 생명과 인격과 진리와 지혜와 사랑과 거룩으로 이미 사람에게 하나님이 주신 것입니다. 그래서 남녀의 성은 하나님 앞에서 평등하고, 하나님이 유일하게 자녀 생산을 위해서 주신 방법이고, 부부의 풍성한 하나 됨의 삶을 경험하기 위해서 주신 하나님의 선물입니다.

> 짧은 인생 살아가는 동안 사랑하는 아내와 함께 하루하루를 즐겁게 살아라 네 아내는 이 땅에서 수고하는 모든 일에 대한 최상의 보상이다(전 9:9, 현대어성경).

나눔을 위한 정리

성은 거룩한 예배입니다. 경건한 예배입니다. 성은 삶입니다. 부부가 한 공간에 거하고 있다는 것 자체가 거룩한 삶이라는 것입니다. 침실에서만 부부가 아니라 그냥 일상적인 삶 속에서도 거룩한 삶이 지속되는 것입니다. 그래서 성은 지성소로 들어가는 삶입니다. 깊은 하나 됨의 만남입니다. 성은 경건한 삶 자체입니다. 그냥 한순간 HOLY Time 정도가 아닌, HOLY Life라는 것입니다.

유대 랍비들은 아가서를 지성소의 책이라고 했습니다. 성은 거룩하고 영광스러운 예배의 삶입니다. 성은 삶과 삶의 만남입니다. 생명과 생명의 만남입니다. 남자와 여자가 연합할 때에 성은 완전성을 갖습니다.

생각 나눔

1. 당신의 성에 대한 견해는 어떠합니까?

2. 성이 거룩하다는 것과 삶의 거룩과 어떻게 연관지어 생각해 볼 수 있습니까?

3. 당신의 부부관계 안에서 새롭게 회복되어야 할 부분을 나누어 봅시다.

※ 자신에게 불쾌했던 성적인 경험은 치료되어야 합니다. 『회복』을 참고하십시오.

4-4
애정 어린 접촉(육체적 연합: 실천편)

만짐의 기적

> 야곱의 집이여 이스라엘 집에 남은 모든 자여 내게 들을지어다 배에서 태어남으로부터 **내게 안겼고** 태에서 남으로부터 **내게 업힌 너희여** 너희가 노년에 이르기까지 내가 그리하겠고 백발이 되기까지 내가 너희를 품을 것이라 내가 지었은즉 내가 업을 것이요 내가 품고 구하여 내리라(사 46:3-4).

하나님께서 이스라엘을, 나를 안으셨다고 합니다. 하나님께서 나를 업으셨다고 합니다. 노년에 이르기까지 그리 하실 것이라고 합니다. 당신은 하나님께 안긴 경험이 있습니까?

인간은 창조 때부터 하나님의 거룩한 손에 의하여 만진 바(터치)된 존재입니다. 하나님의 손으로 주물러 지음 받은 인간은 만짐을 갈망합니다. 하나님의 형상으로 지음 받은 인간이 손으로 서로를 만져 줄 때 말로 표현하는 이상의 깊은 언어가 전달됩니다. 갑자기 가족을 잃은 슬픈 충격을 가진 이들에 대해서는 어떤 말로 위로할 수 있겠습니까? 그냥 말없이 조용히 껴안고 함께 눈물지어 주는 것이 가장 큰 위로가 될 것입니다.

고든 인켈스는 미국 전역을 다니며 대학에서 마사지를 가르쳤는데 전신 마사지를 받는 사람은 종종 평범한 얼굴에서도 성자와 같은 표정이 나타나는 것을 볼 수 있었다고 합니다.* 인간은 팔, 다리를 잃어도 시력이나 청각을 잃어도 살수 있지만 피부가 수행하는 감각을 잃으면 살지 못합니다. 미국의 인류학자 애슐리 본터규는 신체 접촉의 영향력을 탐구한 『터칭』이라는 책에서 사람을 50만개가 넘는 감각 섬유가 피부로부터 흘러나와 척수를 통하여 두뇌로 이어지기때문에 인간은 피부가 수행하는 감각을 잃으면 살 수가 없다고 합니다.

만짐을 갈망하는 인간

「뉴욕 타임스」에 근무했던 한 기자가 마릴린 먼로와 인터뷰했습니다. 그는 어린 시절 마릴린이 입양되어 여기저기 떠돌아다닌 사실을 알고 있었습니다.

"당신이 입양아가 되어 함께 살았던 가족 중 누군가에게 사랑받고 있다고 생각해 본 적이 있나요?"

"딱 한 번 7, 8세 쯤 되었을 거라고 생각해요. 함께 살던 아주머니가 화장을하고 있었는데 그날은 기분이 상당히 좋았나봐요. 나는 신기한 눈빛으로 화장하는 모습을 지켜보고 있었지요. 그러자 아주머니는 내 양쪽 뺨을 두드리면서 파우더와 립스틱을 발라 주었어요. 나는 사랑받고 있다는 생각이 들었어요."

마릴린 먼로는 어린시절을 기억하면서 눈물을 흘렸습니다. 이토록 인간은 사랑을 갈망합니다. 그 사랑은 만짐을 통하여 흐릅니다. 그 애정에 굶주린 소녀는 사랑이 담긴 행위가 아닌 우연찮은 작은 접촉에도 사랑을 느꼈다는 것이지요.

저희 센터의 한 자매가 심신이 많이 지쳐서 누워 쉬고 있었습니다. 곁에 있는 집사님이 곁으로 다가와 자기의 머리카락을 살살 만져 주었는데도 찡한 사랑을느꼈다고 합니다.

회복 세미나를 할 때면 저희는 서로를 자주 포옹합니다. 종강 때는 각자의 회복의 은혜를 나누며 한 분씩 포옹합니다. 그러면 대부분 흐느낍니다. 한 학기

---

* 『사랑과 우정의 비결』, 알랜 로이 맥기니스, 지상우 역, CH북스:1989, 83.

동안에 주께서 행하신 일에 대한 감격이 특히 포용할 때 더욱 절절해집니다. 좀 더 오래 안겨 있으려고 하지요. 심장과 심장이 10초 정도만 맞대고 있어도 서로를 향한 축복이 가슴으로 전달됩니다.

가슴의 응어리도 녹게 하는 포옹!

어느 지역 교회에서 했던 세미나에 참석했던 자매가 제게 했던 이야기가 생각납니다. 세미나 후 몇 년이 지나서 들었기에 기억이 잘 나지 않지만, 그 교회에서 강의했을 때 참석했다고 합니다. 강의를 마친 후 제가 그를 안아 주었더랍니다. 그때 21년간의 부부관계 안에서 맺힌 덩어리가 녹는 것 같았다고 합니다.

사람은 사랑을 받아야 진정한 사람이 됩니다. 사랑한다는 말을 들어야 하고 격려 받고 인정받아야 합니다. 이 모든 축복이 인간에게는 절대적으로 필요합니다. 이 축복의 방법 중 '만짐'을 통한 축복의 영향력은 아주 큽니다. 게리 스몰리와 존 트랜트는『축복의 언어』에서 그가 말하고 있는 축복의 다섯 가지 요소 중에서 첫 번째를 '애정 어린 접촉'이라고 말합니다.

제가 존경하는 한 목사님의 사모님이 젊은 시절 뇌종양 수술을 받으셨는데 목사님이 날마다 아내에게 한 시간씩 마사지를 해 주신다고 합니다. 수십 년이 지난 지금까지 사모님이 고통 가운데서 버틸 수 있었던 것도 그런 사랑의 만짐 덕분이 아닌가 생각합니다. 많은 사람이 돈을 들여서라도 전문 마사지사를 찾아갑니다. 인간은 누구나 본능적으로 만짐에 대한 갈망이 있기 때문이죠. 가족끼리 조금만 신경 써서 서로에게 애정 어린 만짐을 해 보십시오. 애정 어린 만짐은 지친 몸도, 마음도 풀어 줍니다. 애정 어린 만짐은 관계 안에서의 묶임도 풀어 줍니다. 애정 어린 만짐은 가슴 속에 돌 같은 응어리도 녹여 줍니다

신체 접촉이 절대적으로 필요한 태아

태아가 출생을 할 때에 엄마의 질을 통과하면서 생애 가장 행복한 쾌감을 느

낀다고 합니다. 태아도 사랑받아야 합니다. 사랑한다고 말해 주어야 하고 쓰다듬어 주어야 합니다. 아기가 출산하면 바로 엄마의 배 위에 얹어서 엄마의 품에서 배 속에서 듣던 심장소리를 듣게 해 주고 엄마의 향취를 맡게 해 주어야 합니다. 엄마의 젖꼭지를 물려서 아직 빈 젖이라고 빨게 해야 합니다. 이렇게 하는 것은 아기의 구강욕구를 채워 주고 산모의 상태의 회복을 촉진하는 효과가 있게 합니다. 만짐이 충족된 만큼 자존감이 건강합니다. 만짐을 통하여 사랑을 먹기 때문입니다

말이 통하지 않을 때, 애정 어린 접촉의 효과

태아라도 만짐이 필요합니다. 노인이라도 결코 예외일 수 없습니다. 치매 증세가 있는 노인이라면 만짐이 더 필요합니다.

제가 얼마 전부터 친정어머니를 모시게 되었습니다. 치매 증세가 약간 나타난다고 생각했는데, 생각보다 심했습니다. 하루는 오후부터 섬망 증상*이 심하게 나타났습니다. 불안한 눈빛으로 온 집안을 두리번거리며 무언가를 찾고 있었습니다. 생각의 전환을 위해 동생과 통화하게 하고 함께 찬양 부르기, 외웠던 말씀 암송하기, 맛있는 음식 권해 드리기 등, 온갖 노력에도 그 순간뿐이었습니다. 불편한 다리로 화장실을 떠나지 않고 두리번거리며 뭔가를 계속 찾고 있었습니다. 몽유병 환자처럼 그대로 두면 밤을 새겠다는 생각이 들었습니다. 방에 모셔다 놓으면 어느새 화장실로 가서 계속 두리번거렸습니다. '아! 만져 드려야겠구나!' 하는 생각이 번쩍 들었습니다. 억지로 침대로 모시고 가서 눕게 하고는 조용히 찬송을 부르며 먼저 불안정한 눈빛이 안정되도록 미간을 부드럽게 만지는 것을 시작으로 온몸을 만지기 시작했습니다. 딸은 엄마가 되고 엄마는 아기

---

* 외계(外界)에 대한 의식이 흐리고 착각과 망상을 일으키며 헛소리나 잠꼬대, 또는 알아들을 수 없는 말을 하며, 몹시 흥분했다가 불안해하기도 하고 비애(悲哀)나 고민에 빠지기도 하면서 마침내 마비를 일으키는 의식 장애(편집자 주).

가 되었습니다. 쭉쭉이도 하고, 발을 쓰다듬고 다리를 부드럽게 주무르고, 팔, 등, 목 뒤, 얼굴, 마지막에는 머리카락을 살살 빗듯이 쓸어 드렸습니다. 10분이 채 되지 않아 편안한 얼굴로 안정되기 시작했습니다. 아주 순한 양같이 잠이 들었습니다.

그 후, 저는 밤마다 어머니가 잠자리에 들어갈 시간이 되면 어김없이 굿나잇 만짐을 해 드렸습니다. 어머니는 하루하루 안정되어 갔습니다. 날이 갈수록 평온해졌습니다. 곁에서 섬겨 주는 자매들에게 말씀을 풀어 들려주며 은혜로운 찬양을 같이 부르기도 했습니다. 함께한 자매들도 말씀이 은혜롭다고 경청하고, 치매 노인을 섬기면서 자신이 회복을 경험한다면서 행복해 합니다. 저 역시 어머니를 모시며 새로운 은혜를 경험합니다.

애정 어린 만짐은 큰 축복입니다. 피부를 통하여 말이 흐릅니다. 소통이 어려울 때 세계 공용어인 만짐을 사용합시다. 평소 사춘기를 심하게 겪는 자녀의 부모를 상담할 때, 첫 번째 처방으로 애정 어린 접촉을 꼭 권합니다. 말이 잘 통하지 않을 때 애정 어린 접촉이 사랑을 느끼게 하는데 아주 효과가 있습니다.

생명을 살린 포옹

2010년, 포옹으로 아기를 살린 감동적인 부부의 쌍둥이 조산아 이야기를 소개합니다.

케이트는 아기를 갖기 위해서 수년간 노력 끝에 기적적으로 쌍둥이를 임신했습니다. 그런데 겨우 6개월 만에 미숙아인 채로 출산하게 되었고, 몇 분이 지나자 한 아이가 호흡 곤란이 심해졌습니다. 20분이 넘도록 아기의 심장박동을 높이려고 노력했지만 아무 소용이 없었습니다. 결국 아기는 사망했다고 통보받았습니다. 케이트는 울먹이며 방 안의 모든 사람에게 잠시만 나가 달라고 부탁했습니다. 부부는 침대에 누워서 아기를 부부 사이에 꼭 껴안았습니다. 놀라운 순간은 그 다

음부터였습니다. 갑자기 아기의 몸이 움직이기 시작했습니다. 하지만 안타깝게도 의사는 아기가 살아날 가능성이 없다고 말하였습니다.

결국 아기를 체념했지만 최대한 마지막 순간을 의미 있게 보내고 싶었습니다. 아기에게 만나고 싶었고, 만지고 싶었고, 얼마나 사랑하는지 말했습니다. 부부는 임신하기 위해서 얼마나 애썼는지 알려 주었고 부모 품에서 편히 떠날 수 있도록 더욱 꼬옥 껴안아 주었습니다. 그렇게 1-2시간을 함께 보냈는데, 아기가 눈을 떴습니다. 잠깐일 줄 알았던 아기의 눈은 계속 떠 있었고 서서히 작은 손을 뻗어 아빠의 손가락을 잡았습니다. 포옹이 아기의 체온을 소생시키고 호흡을 건강하게 만들었던 것입니다. 살아난다 해도 뇌성마비가 우려되는 상황이었지만 지금은 아무 문제없이 잘 자라고 있습니다.[*]

이렇게 포옹은 기적을 낳습니다. 자녀들에게 애정 어린 포옹을 해 주십시오. 애정 어린 만짐을 받지 않으면 인정과 칭찬에 굶주리게 되고, 참을성 없고 난폭해집니다. 만짐을 받지 못하면 잘못된 신체 접촉에 쉽게 유혹될 수 있습니다. 이토록 인간은 친밀한 접촉이 필요합니다.

사랑의 축사

15여 년 전, 회복 세미나에 엄마를 따라온 초등학교 4학년 아이가 갑자기 분노를 폭발하면서 눈빛이 달라지고 발악하기 시작했습니다. 상황을 맞닥뜨리고 어찌해야 할지 주님께 물으며 기도하고 있었습니다. 아이는 몸집도 크고, 힘도 세서 곁에 있는 사람들을 할퀴고 물어서 감당할 수가 없었습니다. 아이가 어렸을 적 버림 받은 경험이 있음을 알고 있던 한 간사님께 지혜를 주셨습니다. 난폭한 아이를 안고, 얼굴을 비비며 온몸을 만지면서 그의 엄마를 대신해 용서를

---

[*] EBS 뉴스, 2014.9.22.

구했습니다.

"미안해, 엄마가 너를 버리고 떠나서 미안해, 엄마 손길이 가장 많이 필요할 때 너를 돌봐주지 못해서 미안하다."

시간이 10분 정도 지났을까? 아이는 통곡하더니 엄마에게 섭섭했던 마음을 표현했습니다. 곧 이 아이는 부드러워졌습니다. 두려움의 현장에서 만져 줌으로 평온케 되었습니다. 아빠에게도, 엄마에게도 버림받아 사랑에 목마른 아이가 순한 양처럼 되었습니다.

생명을 살리는 포옹

1978년 콜롬비아 보고타에 위치한 모자병원은 인력뿐만 아니라 인큐베이터를 설치할 공간이 부족해서 애를 먹고 있었다. 그러나 가장 큰 문제는 환자 사망률이 70%에 육박한다는 사실이다. 결국 에드거 레이 사나브리아(Edgar Rey sanabria) 박사는 극단적 대책을 시도해 보기로 하고, 엄마가 가슴에 아이의 피부가 닿도록 조산아를 꼭 안고 있게 했다. 온기를 주는 동시에 인큐베이터를 대체할 수 있는 효과적인 방법이었다. 또 모유 수유를 촉진하기 위한 방법이었다. 그러자 사망률이 단 시간에 10%까지 떨어지는 예상치도 못한 결과가 나타났다. 아기와 엄마의 피부 접촉이 놀라운 치유 효과를 발휘했다는 사실이 뚜렷하게 확인되었다. 캥거루 케어로 알려진 이 방식은 이후 수십 년간 전 세계적으로 인기를 얻었고 수많은 연구를 통해 엄마나 양육자의 피부가 큰 영향을 발휘한다는 사실이 밝혀졌다. 또 다른 연구에서는 생후 첫 일주일 동안 캥거루 케어를 실시하면 생후 한 달 내에 숨질 확률이 51% 감소하는 것으로 나타났다.[*]

---

[*] 『피부는 인생이다』(*The Remarkable Life of the Skin: An Intimate Journey Across Our Surface*), 몬티 라이먼, 제효영 역, 브론스테인:2020, 220-222.

만지시는 예수님

인간은 아이든 어른이든 신체 접촉의 필요와 갈망을 갖고 있습니다. 예수님도 아이들을 만지시며 축복하셨습니다(막 10:13-14, 16). 한센병을 고칠 때도 손을 대고 고치셨습니다. 모두가 곁에도 가기 싫어 돌 던질 만큼의 거리를 유지하려는 한센병 환자, 천지를 말씀으로 지으신 하나님께서 말씀만으로도 하실 수 있을 것인데 민망히 여기시며 손을 대고 치유하셨습니다. 모두가 혐오하고 도망가던 그 환자가 자신의 더러운 몸에 손을 대시니 얼마나 사랑을 느꼈을까요?

안수 효과

뉴욕대학교 유아교육학과 교수 크리그(Krieger) 박사는 안수 효과에 관해 수많은 연구를 했습니다. 안수할 때는 안수하는 자와 안수 받는 자가 심리적인 혜택을 받는다는 것을 알아냈습니다. 크리그 박사는 안수하는 동안에 안수하는 자와 안수 받는 자, 두 사람 몸 안에 헤모글로빈 수치가 증가하고 왕성해지면서 신체조직은 더 많은 산소를 받아들여 에너지가 발생하여 병이 있는 사람이라도 재생과정에 유익을 주게 된다는 것입니다.[**] 이렇게 인간의 손은 하나님의 축복의 매체입니다. 말로 다 표현할 수 없는 사랑이 손을 통하여 흐릅니다. 손을 얹어 보십시오. 엄마 손은 약손입니다. 왜 엄마 손이 약손이냐고요, 아픈 자녀를 사랑하는 애정 어린 사랑이 누구보다 남다르기 때문입니다. 엄마 손이 되어 만져 줍시다.

어린시절에 부모로부터 받은 사랑은 세포에 오래오래 기억되어 어른이 된 후에도 삶에 지대한 영향을 미칩니다. 부모는 하나님을 만나는 첫 번째 채광창이기 때문입니다. 서로 애정 어린 만짐의 사랑을 나눕시다(그러나 이성에게는 금물). 부부끼리 그 찐한 사랑 손으로 표현해 봅시다. 우리의 삶이 부드러워집니다. 우

[**] 『축복의 언어』, 존 트렌드 · 게리 스몰리, 최예자 역, 프리셉트:2008, 64-65.

리의 마음이 부드러워집니다.

부부의 만짐

남편과 아내들이여, 수시로 서로의 몸을 터치하고 만져 주는 일을 잊지 마십시오. 최소한 하루 한 번 이상 포옹해 주세요. 생존을 위해서라도 필요합니다. 잠자리에서 서로 진정한 사람의 표현을 하십시오.

태아도, 자라는 자녀들도, 사춘기 아이들도, 공동체 가족도 애정 어린 만짐이 필요합니다. 하물며 만짐으로 이어지는 관계인 부부 사이에는 필수불가결한 요소가 아니겠습니까?

부부의 침실

이제 중요 주제인 부부의 침실로 돌아가 볼까요? 마스터즈와 존슨이 개발한 이 훈련을 소개하기 위하여 앞에서 여러 가지를 말씀드렸습니다. 많은 부부 가운데 표현하지 않은 문제의 원인이 성입니다. 부부 갈등에 있어서 성격 차이라고 표현하지만 대부분 문제는 성입니다. 부부의 침실에서 만족을 누리는 분들이 흔하지 않습니다.

···벌거벗었으나 부끄러워하지 아니하리라(창 2:25).

많은 부부가 배우자의 몸에 대해서 잘 모르고 있습니다. 솔직한 대화를 회피합니다. 성에 대한 서로의 불만을 다른 불만으로 위장하여 표출합니다. 부부가 서로 만져 주지 않는 데 있습니다. 부부의 일반적인 문제는 성적인 불감증, 오르가즘을 느끼지 못하는 문제, 발기불능의 문제 등입니다. 알랜 로이 맥기니스는 이러한 부부는 상대방을 만져 주지 않는 부부라고 말합니다. 모든 성적인 고민의 해결책은 근본적으로 한 가지라는 것이지요. 그가 강조하는 것은 '만지라'

는 것입니다. 이 훈련을 제대로 해 보면 성의 문제 뿐만 아니라 부부의 대부분 문제가 해결이 됩니다. 성 전문의를 찾아갈 필요가 없습니다. 부부가 간단한 놀이처럼 해 볼 수 있습니다. 성 생활에 문제 없는 부부일지라도 정기적으로 이 감각을 되찾는 훈련을 하면 두 사람은 더욱 행복한 관계로 세워질 것입니다.

부부의 감각적인 만짐

그 훈련은 다음과 같다. 아무에게도 방해받지 않는 시간을 택해 침실 문을 잠그라. 그러나 당신 두 사람 다 지쳐 있는 늦은 밤은 피하라. 이제 둘 다 벌거벗고 침대에 나란히 눕는다. 처음 20분 동안 한 사람은 애무하는 자가 되고 나머지 한 사람은 애무 받는 자가 된다. 애무 받는 자의 임무는 그저 조용히 누워서 상대방이 자기 몸을 애무하도록 맡기는 일이다. 애무에 대한 반응으로 애무하는 상대방에게 애무를 되돌려 주지 말라. 어떻게 해 주니까 느낌이 좋은지, 어디는 조금 가볍게, 어디는 좀 더 강하게 만져 주면 좋은지 하는 것 외에는 아무 말도 하지 말라. 당신의 파트너가 당신 몸에 로션을 바를 때 당신 피부가 빨아들이고 있는 다양한 감각을 놓치지 말고 느껴라. 이것은 성교로 들어가기 전에 하는 전희가 아니다. 우리는 이 훈련을 할 때 얼마동안은 당신들의 젖가슴이나 성기를 만지지 말 것을 권한다. 애무가 끝난 후에 성교를 갖지 말라! 왜? 그것은 뒤에 있을 성교에 대한 기대나 두려움 없이 당신의 피부를 통해서 느껴져 오는 감각에 당신의 주의를 100% 집중시킬 수 있도록 하기 위해서다. 20분이 지나면 두 사람의 역할을 바꾸라.*

부부 세미나에서 이 훈련을 꼭 권합니다. 실천해 보신 분은 천진난만한 아기의 얼굴처럼 행복하고 흐뭇한 얼굴을 합니다. 서로에게 불만이던 부부도 대부

---

* 『사랑과 우정의 비결』, 알랜 로이 맥기니스, 지상우 역, CH북스:1989, 85-87.

분 녹아 내립니다. 알랜 로이 맥기니스는 사랑하는 사람들과의 관계에서 친밀감을 계발시키기 위한 첫 번째는 "당신의 몸을 사용하여 따뜻함을 나타내라."고 말합니다.

> 이 우주에 한 성전이 있으니 그것은 인간의 육체, 우리가 인간의 육체를 만질 때에 하늘을 만지는 것.
> ─토마스 칼라일(Thomas carlyle)

나눔을 위한 정리

사람은 사랑받아야 진정한 사람이 됩니다. 사랑한다는 말을 듣고, 격려받고, 인정받아야 합니다. 이 모든 축복이 인간에게 절대적으로 필요합니다. '만짐'은 이 모든 축복이 흘러가게 하는 능력입니다. 말 이상의 깊은 언어입니다. 이 작은 만짐이 부부관계를 바꿀 것입니다. 그리고 자녀를 회복하게 할 것입니다.

생각 나눔

1. 만짐 받은 경험을 나누어 봅시다.

2. 이 장에서 만짐에 대한 자신의 감동을 나누어 봅시다.

3. 당신 자신은 만짐이 필요하다고 생각하십니까? 가족 중 특히 만짐이 필요하다고 생각되는 사람은 누구입니까?

4. 자녀와 배우자에 대한 만짐, 어떻게 실천할 수 있는지 나누어 봅시다.

4-5
결혼생활도 예배다

◯◯

결혼의 삶을 예배가 되게 하는 에제르

결혼, 그 아름다운 예배. 하나님의 영광과 형상인 남자! 하나님의 영광과 형상인 여자! 남자와 여자 모두 하나님이 표현된 존재입니다. 부부가 함께 생활한다는 것은 날마다 자신의 눈앞에 있는 하나님의 영광과 형상을 대면하는 일입니다. 우리 기도가 깊어질수록 지성소에 가까이 갈 수 있습니다. 지성소는 하나님의 영광이 가득 머무르는 곳입니다. 가정은 하나님의 영광의 집합체인 남편, 아내, 자녀가 함께 머무는 곳입니다. 지성소의 기도에 이르렀을 때 하나님의 영광을 보듯이 하나님의 영광의 현현을 가정에서 볼 수 있는 복을 받았습니다. 하나님의 영광인 부부가 하나님의 영광이 가리워진 모습으로 우리에게 보내졌습니다. 하나님께서 계속 말씀하십니다.

"나의 아들을 좀 덮어 주지 않겠니? 나의 딸을 좀 안아 줄 수 있겠니? 그는 나 닮았어. 그런데 지금은 나를 닮은 나의 형상이 잘 보이지 않더라도 네가 사랑하고 덮어 준다면 그가 흠과 티가 없이 거룩한 나의 형상으로 드러나게 될 거야. 가족 안에서 부부 안에서 날마다 주님을 보며 주를 대하듯 대하고 덮어 주면 아름답고 거룩한 교회의 모습이 될 거야."

자아의 죽음을 통한 산 제사

배우자를 보면서 내 안에 견딜 수 없는 분노와 자아를 보면서 그리스도와 함께 죽는 것, 자아를 십자가에 못 박는 것! 이것이 참으로 산 제사입니다. 이러한

178 이 비밀이 크도다

결혼생활이 예배입니다.

> 너희 몸을 하나님이 기뻐하시는 거룩한 산 제물로 드리라 이는 너희의 드릴 영적 예배니라(롬 12:1b).

우리는 마지막 때를 살고 있습니다. 순교의 두려움을 갖고 있는 사람들도 봅니다. 주께서 혹자를 향하여 옛 자아를 죽이므로 순교의 특권을 주신다면 어떨 것 같습니까? 가정은 우리의 벌거벗은 모습이 가장 잘 드러나는 곳입니다. 혹은 **"부부 안에서 순교할래? 끌려가서 순교할래?"** 선택권을 주신다면 어떻게 하겠습니까? 피차 순교하는 마음으로 살면 "벌거벗었으나 부끄러워하지 아니하니라."는 말씀처럼 살 수 있지 않을까요.

부부의 성생활 또한 거룩한 예배다

> 모든 사람은 결혼을 귀히 여기고 침소를 더럽히지 않게 하라(히 13:4a).

거룩은 결혼의 목적을 위한 필수 요소입니다. 부부의 성관계는 가장 수준 높은 커뮤니케이션입니다. 부부의 침실은 거룩한 만남입니다(구체적인 것은 '4-3 육체적 연합' 참고). 부부 성관계는 거룩한 예배입니다. 지성소에 들어가는 삶입니다. 성은 교회와 그리스도와 하나 됨의 그림자입니다.

살리는 영 하와

아담은 범죄한 후 에덴에서 쫓겨납니다. 얼마나 절망스러운 순간입니까? 아담은 에덴에서 수많은 동물의 이름을 지어 주었습니다. 아담은 여자에게 하와라고 이름 짓습니다. 그 뜻은 생명, 살리는 자, 산 자의 어미 아닙니까? 아담은 아내에게 생명이라 이름하여 하나님이 여자를 만드신 섭리를 생각한 것 같습니다. 후에 비록 죄로 인해 죽음에 이르렀지만 죽음과 반대되는 '생명'이라는 이름으로 인해 '회복'에 대한 소망을 가졌을 것입니다.

> 아담이 그의 아내의 이름을 하와라 불렀으니 그는 모든 산 자의 어머니가 됨이더라(창 3:20).

하나님께서는 범죄한 그들을 위하여 가죽옷을 손수 지어 입히십니다. 하나님의 어린 양은 그들의 수치를 가려 주기 위해 죽임 당합니다. 사망 가운데 처한 아담과 하와를 위하여, 그들의 생명을 위하여 하나님의 어린 양이 죽임을 당합니다. 이 땅의 최초의 부부! 그들을 위해서 양이 피를 흘렸기에 생명을 상실한 그들, 특히 하와에게 생명이 부여되므로 하와라 이름 지어진 '에제르'는 그 이름의 뜻 그대로 '살리는 자로의 회복'을 이미 입었던 것입니다.

하와! 그는 살리는 자가 되었습니다. 하나님의 아들이 이 땅에 오셔서 생명의 피를 흘려주셨기에 그 피를 수혈 받은 하와는 살리는 자가 확실합니다. 그 여인 안에 그리스도의 피, 살리는 피가 들어갔기에 여인이 하나님의 생명을 먹고 누리는 만큼 곁에 있는 가족은 살아납니다. 아내의 품에 심긴 남편이 살아나고, 자녀가 살아납니다. 그녀의 손으로 만든, 사랑 가득 담은 음식을 먹는 가족은 생명을 얻습니다. 사람들은 집밥 같은 음식을 먹고 싶어 먼 곳도 마다 않고 찾아갑니다. 성령 충만한 여인의 손으로 만드는 음식은 축복의 양식이 됩니다. 성령 충만한 자는 삶의 현장에서 하나님을 향한 사랑을 고백하며 삽니다.

그녀가 거하는 집은 성전입니다. 몸이 곧 기도하는 집이기 때문입니다. 그녀 주변에 둘러 앉은 가족은 곧 교회입니다. 아름다운 사랑의 공동체입니다. 그녀가 만나는 모든 사람과의 교제는 내주하고 계신 성령님으로 인하여 교회 공동체의 본질을 드러냅니다. 그 삶 자체가 예배입니다.

삼위 하나님의 존재 방식 = 가정의 존재 방식

예배 가운데 하나님의 임재가 있습니다. 성령님은 예배가 예배되도록 교통하십니다. 그리스도인은 예수의 영, 곧 성령이 내주하고 계시는 사람입니다. 이러한 여인은 공식적인 예배 현장이 아니더라도 삶 자체가 예배가 됩니다. 에제르! 그는 보이는 성령입니다. 우리는 예배 때마다 이 말씀으로 서로를 축복합니다.

> 주 예수 그리스도의 은혜와 하나님의 사랑과 성령의 교통하심이 너희 무리와 함께 있을지어다(고후 13:13).

성령님은 하나님의 사랑이 그리스도를 통하여 나타나도록 합니다. 성령님은 예수 그리스도의 놀라운 죽으심의 은혜가 성도들에게 은혜되도록 합니다. 삼위 하나님은 권위와 능력이 동등하시지만 성령님은 자신을 드러내지 않으십니다. 성부 하나님만 높여 드립니다. 성자 그리스도 역시 권위, 능력이 동등하시지만 성부 하나님만 높이고 순종하십니다. 가정의 성령, 여인도 역시 남편, 아내 똑같이 하나님의 형상입니다. 똑같이 존귀한 존재임에도 가정의 대표자인 남편에게 순종하므로 남편의 정체감을 새롭게 하고 그 안에 있는 결핍을 순종이라는 사랑의 행위로 채웁니다. 아이들에게도 헌신하며 자신을 드러내지 않고 모두에게 생명을 주며 모두에게 생명의 빛을 비춥니다. **하와**, 그는 '**살리는 영**'입니다. 그녀는 삶의 현장에서 진정한 예배자입니다.

나눔을 위한 정리

부부가 함께 생활한다는 것은 하나님의 형상을 대면하는 일입니다. 우리 가정은 하나님의 영광인 남편과 아내, 자녀가 함께 머무는 곳입니다. 그러므로 일상이 예배하는 삶입니다.

생각 나눔

1. 하나님의 영광이 가리워진 가족을 품어 주려면 어떻게 해야 합니까?

2. 하나님은 어떻게 최초의 가정을 세웁니까?

3. 일상이 '예배의 현장'이라는 의미는 무엇입니까?

4. 무엇이 예배의 삶을 가능하게 합니까?

5. 여성의 경우, 돕는 배필의 역할은 어떤 것입니까?

5부

연합의 비밀

"이는 내 사랑하는 자요!"
존재, 구석구석까지
이 목소리를 듣고 있는가?

5-1
연합의 열쇠

부부 연합의 열쇠

연합의 첫 번째는 떠남입니다. 연합의 또 하나의 열쇠는 사랑과 순종입니다. 연합의 중요한 열쇠를 한 가지로 표현하면 사랑입니다. 이 사랑을 아내가 남편에게 할 때는 복종이라 하고 남편이 아내에게 할 때는 사랑이라고 합니다.

사랑하는 여성 여러분, 에제르 여러분! 복종을 어떻게 생각합니까? 이 주제는 대부분 여성에게 유쾌한 주제가 아닙니다. 하나님의 말씀이니까 할 수 없이 아멘하지만, 말씀을 대체로 한 줄만 따서 생각하기 때문에 충분히 이해하지도 못할 뿐더러 순종의 구체적인 실천에 관심갖지 않고 사는 것 같습니다. 남편도 마찬가지입니다. "남편들아 아내 사랑하기를 그리스도께서 교회를 사랑하시고 자신을 주심같이 하라." 하셨는데 남편은 별로 관심 갖지 않는 것 같습니다.

아내들이여 자기 남편에게 복종하기를 주께 하듯 하라(엡 5:22).

남편들아 아내 사랑하기를 그리스도께서 교회를 사랑하시고 그 교회를 위하여 자신을 주심 같이 하라(엡 5:22-24).

두 사람이 한 길을 갈 때 의견 충돌이 있을 수밖에 없습니다. 성숙한 부부는 하나님의 뜻이 구하며 갑니다. 서로의 의견이 상충될 때 누군가 자신의 의견을 포기해야 갈등을 넘어 한 길로 갈 수 있습니다. 부부가 자기의 의견만 주장한다면 대립할 수밖에 없습니다. 이러한 때를 위하여 "연합의 열쇠"가 필요합니다.

복종은 싫어요?

복종이라는 이 주제는 많은 여성에게 저항을 일으킵니다. 이 말씀은 시대에 따라 다르게 해석되어야 한다고 보는 사람도 있습니다. 사랑하는 에제르들이여 이 말씀을 우리가 제대로 이해하는 데 시간을 드려 봅시다. 여기에 신비가 들어 있습니다. 신약성경은 탁월한 심리 교과서이기도 합니다. 사랑하는 여성 여러분, 인내를 가지고 말씀을 주목해 봅시다. 에베소서의 교회론은 곧 결혼 이야기로 결론지어집니다. '교회론'을 상세히 표현하면 '부부론'입니다. 에베소서는 바울 신학의 클라이막스요, 서신서의 왕관이라고 표현합니다. 에베소서 5장의 마지막 부분이 성경 전체를 표현하는 비밀이며, 교회론의 절정입니다. 창세기에서 결혼으로 시작된 인간의 역사가 요한계시록 21장 결혼으로 완성되는 과정에서 에베소서는 이 놀라운 비밀을 외치고 있습니다.

"이 비밀이 크도다 내가 그리스도와 교회에 대하여 말하노라."

이 탄성은 아내가 부부 하나 됨에 미치는 영향과 부부의 하나 됨이 어린 양의 혼인잔치와 어떻게 이어지는 신비를 보여 주고 있습니다.

앞에서 이 에제르의 어원을 살펴보면서 여러분의 정체감이 새로워졌을 것입니다. 에제르! 당신은 존재론적으로 탁월합니다. 창조론적으로 심오한 계획으로 특별 제작된 최후의 걸작품입니다. 에제르 안에는 사람을 살리는 생명의 항체(하와—산 자의 어미)가 들어 있습니다. 에제르 당신은 이 땅에 없어서는 안 될 소중한 존재입니다. 이제 말씀을 살펴봅시다. '복종'이라는 단어만 떼어서 이해하지 마시고 전후 문맥을, 모든 것을 찬찬히 살펴봅시다.

시간을 구원받아라

세월을 아끼라 때가 악하니라(엡 5:16).

Redeeming the time, because the days are evil(KJV).

이 말씀은 '하나님이 주신 때, 즉 시간을 구원받아라. 그 이유는 날들이 악하기 때문이다.'는 뜻입니다. 시간을 구원받지 않으면 악한 시간이 될 수밖에 없습니다. 이 땅에 있는 날과 시간은 하나님의 구원을 받지 않으면 어둠의 권세에게 **빼앗겨** 악한 시간, 악한 날이 되므로 악한 삶이 될 수밖에 없습니다.

부부에게 있어 가장 1차적인 부르심은 남편으로의 부르심, 아내로의 부르심입니다. 어떤 사역으로 부르신 것에 앞서 남편과 아내로 부르심이 가장 기본입니다. 부부관계에서도 말씀의 진리 안에 구체적으로 거하지 않는 시간은 악한 시간이 될 수 있다는 것입니다. 곧 성령의 통치 아래 있지 않는 시간은 악한 시간이 된다는 것이지요.

성령 충만한 자만이 복종이 가능하다

진정한 지혜의 삶은 성령 충만으로만 가능하다고 말씀합니다. 에베소서 5장 18절에서 성령 충만을 받으라고 말씀합니다. 19-20절은 성령 충만의 결과를 말하고 있습니다.

① 서로 화답하며 찬양하는 삶

② 범사에 감사하는 삶

③ 피차 복종하는 삶

찬양, 감사, 복종은 성령 충만한 자의 삶의 인격입니다. 그리고 성령 충만한 아내와 남편의 역할을 설명합니다. 이것으로 부부는 한 길을 갈 수 있고, 주의 뜻이 그 안에 이루어지고, 하나 된 삶을 살 수 있습니다. **복종에 있어서 성령 충**

만은 기본 전제입니다.

혼자 살 때는 내가 하고 싶은 대로 결정하면 됩니다. 그러나 결혼은 둘이 한 길을 가야 합니다. 두 사람 의견은 항상 같지 않습니다. 결혼을 늦게 하는 요즘 시대는 30년 이상 혼자서 자유롭게 살다가, 두 사람이 함께 산다는 것은 불편하고 부자연스러운 일이기도 합니다. 잠자는 시간, 식습관, 방 온도 등 각자의 취향과 더불어 생활양식이 너무나 다릅니다. 두 가지 결정권을 하나로 만든다는 것은 쉽지 않습니다. 하나님은 아내의 '복종'으로 두 결정권을 하나로 묶어 가도록 하십니다.

왜 하필 복종인가?

복종은 사랑의 또 다른 이름입니다. 복종해야 할 이유는 남편이 아내의 머리이기 때문입니다. 그리스도인 부부는 여기에서 끝나지 않습니다. 그리스도께서 남편의 머리이기 때문입니다. 남편이 아내의 머리 됨 = 그리스도께서 교회의 머리 됨과 같습니다. 부부는 결코 둘만 따로 설명할 수 없습니다. 신인 공동체 그림(188쪽)을 주목해 보십시오. 머리 됨 역시 우열이나 상하 개념이 아닙니다. 한몸의 개념입니다. 여기에서 복종은 종의 개념이 아닙니다. 열등한 자가 우월한 자에게 해야 하는 개념은 더더욱 아닙니다.

한몸 공동체

남편과 아내는 이렇게 그리스도께 연결되어 있는 한몸입니다. **복종의 중요한 이유는 한몸이기 때문입니다.** 부부는 남·여 각각이 아니라 그리스도와 한몸으로 연결된 관계이기 때문입니다. 오직 머리는 하나이지요. 부부의 한몸은 결코 우열을 가리거나 종속적이지 않습니다. 오직 한몸 됨의 신비입니다. **더 중요한 연결점은 그리스도와도 한몸이라는 것입니다.**

하나님의 결혼 계획은 이것이었습니다. 예수님의 유월절 기도에서도 "아버지와 내가 하나인 것 같이 저희도 우리와 하나가 되게 하소서."라고 하셨습니다. 이 기도의 성취를 위해 그리스도께서 죽으셨습니다. 부부의 하나 됨을 위하여 복종과 사랑은 중요한 원리입니다.

> 아내들이여 자기 **남편에게 복종하기를 주께 하듯 하라** 이는 남편이 아내의 머리 됨이 그리스도께서 교회의 머리 됨과 같음이니 그가 바로 몸의 구주시니라 그러 므로 교회가 그리스도에게 하듯 아내들도 범사에 자기 남편에게 복종할지니라 (엡 5:22-24).

복종! 참으로 심한 명령처럼 보입니다. 교회가 주께 하듯 하라니요. 그리스도 를 닮은 구석이 하나라도 있으면 몰라도 어찌 이런 남편에게 복종할 수 있단 말 입니까? 그러나 이 엉터리 같아 보이는 명령 안에는 '심오한 비밀'이 들어 있습 니다. 성경에서 아내는 교회, 남편은 그리스도로 비유합니다. 바울은 비밀의 결 론으로 그리스도와 교회라고 말합니다. 결국은 아내는 주께 하듯 남편에게 복 종하며, 남편은 그리스도께서 교회를 위하여 자신을 주심 같이 아내를 사랑하 라고 하십니다. 아내의 복종보다 남편이 아내에게 생명을 주는 것은 더욱 어렵 지 않습니까? 이 말씀에서는 아내를 향한 명령에 우선 집중해 봅시다.

삼위 공동체   교회 공동체   부부 공동체

신인 공동체

신인 공동체 그림에서 삼위 하나님이 하나이듯 예수 그리스도와 교회도 한몸, 남편과 아내도 한몸입니다. 하나님과 사람은 신인 공동체로 존재하는 원리입니다.

복종은 하나님의 보호를 받습니다

아래 그림은 보호의 우산입니다. 하나님의 창조는 뒤로 갈수록 중요도가 높아집니다. 만물을 다 창조하시고 하나님의 형상인 아담을 창조하십니다. "하나님이 보시기에 심히 좋았더라."고 격찬하며 마지막 주인공 여자를 지으십니다. 이 우산은 한몸된 아내를 보호하기 위한 보호의 우산입니다. 아내가 남편의 우산 아래 있을 때는 하나님의 보호를 받을 수 있습니다. 그러나 남편 우산을 이탈하면 하나님의 보호로부터도 이탈됩니다.

아내가 남편보다 유능하고 지식적으로 탁월하더라도 남편을 무시하고 자기 방식대로 남편의 우산을 이탈하면 하나님의 보호를 받지 못합니다.

거룩한 질서 한몸 공동체

남편이 아내의 머리 됨은 그리스도께서 교회의 머리 됨과 같기 때문입니다. 그가 바로 몸을 구원하시는 주님이시기 때문입니다(23절). 그 말씀은 하나님께서 남편의 머리이며 최종 결정자라는 것이지요. 중간 결정자인 남편의 결정이 어떠하든 아내가 보호의 우산 아래서 하나님과의 중심축, 즉 남편의 우산 아래 잘 위치하게 되면 하나님의 뜻이 이루어진다는 말씀입니다. 그러므로 교회가 그리스도에게 하듯 아내들도 범사에 자기 남편에게 복종하라고 하신 것입니다.

복종은 거룩한 질서다

보호의 우산은 거룩한 질서라는 원칙 아래 있습니다. 질서는 우열이나 상하 개념이 아니라 이것 역시 보호를 위한 것입니다. 교통질서는 보호를 위하여 존재합니다. 차 안에 탄 자가 어떠한 사람이든지 교통신호의 규칙을 준수해야 보호를 받는 것과 마찬가지이지요. 그리고 한몸 됨의 각기 다른 기능입니다. 성부 성자 성령님은 역할이 다르지만 하나이듯이 부부 역시 남편과 아내의 역할이 다를 뿐 한몸이라는 것입니다. 이 우산 그림에서 아내의 위치가 아래라고 낮은 개념이 결코 아닙니다.

복종은 하나님의 길로 인도한다

한몸은 한 길을 가게 되어 있습니다. 머리와 가슴이 분쟁하여 따로따로 자기 길을 가지 않습니다. 한몸은 어찌하든 한 길을 갑니다. 머리가 한 길을 결정하여 가고 있을 때, 가슴이나 발이 갈등하며 싫다고 거역하지 않습니다. 한몸 안에는 분쟁이 없습니다. 작은 새끼손가락 하나라도 다치면 온몸은 그 아픈 손을 주목하고 보호합니다.

복종은 하나 됨을 더 견고히 한다

부부는 한몸입니다. "그러므로 둘이 아니요 하나라 하나님이 짝지어 주신 것은 사람이 나눌 수 없다."라고 예수님은 말씀하십니다(마 19:6-8). 마음이 잘 맞지 않고 거리감이 있다 할지라도 둘이 아니요 하나입니다. 하나님은 아내의 이러한 순종을 통하여 남편에게 구원을 선물하기를 원하십니다. 남편의 변화입니다. 남편의 의견이 아내가 보기에는 어리석고 못마땅하다 할지라도, 아내 의견이 수렴되지 않을 때 남편에게 순종함으로 그 어리석은 결정에 대하여 남편의 머리되시는 하나님의 구원을 보라고 하십니다. 남편 위에 최종 결정권자인 하나님이 있기 때문입니다. 남편은 아내와 하나님 사이에 있는 중간 결정자일 뿐입니다.

복종은 하나님의 왕 되심을 인정하는 행위다

제가 하나님을 배우고 이만큼이라도 자라게 됨은 남편과의 관계 안에서 일하시는 하나님을 경험했기 때문입니다. 남자와 여자는 너무 다릅니다. 서로 다르기 때문에 의견이 항상 일치하기는 쉽지 않습니다. 부부 문제는 서로 다른 것이 문제가 아니라 **'얼마나 하나님을 신뢰하고 따르느냐'**가 관건입니다. 남편보다 많은 기도로 계획된 아내의 일을 남편이 잘 알지 못하면서 자신만의 의견을 주장할 때 아내는 어떻게 해야 할까요? 남편이 반대되는 의견을 주장할지라도 아내가 먼저 그 일을 하나님께 위탁함으로 순종한다면 남편의 머리이신 하나님이 자신의 뜻대로 일을 이루신다는 것이지요. 그러니 두려움 없이 평안 가운데 하나님을 신뢰하고 걸을 수 있습니다.

복종은 자아의 죽음을 확인한다

제 남편이 부부 세미나 강의 때 가끔 "모든 일을 내 마음대로 했다. 그런데 결과는 아내가 원했던 대로 다 되어 가고 있더라."고 합니다. 부부 중 누가 가정의 주도권을 잡느냐에 따라 그의 행복이 결정되는 것이 아니라 한몸된 부부의 머리되신 **그리스도께 주(主) 되심을 맡겨 드리느냐**의 문제입니다. 그러므로 아내의 순종은 그리스도께 순종한 것이요, 그리스도의 길을 따르기 원하는 자만이 가능한 행위입니다. 자아의 순교는 가정 안에서 이루어져야 합니다. 자아가 완전히 죽지 않은 자는 내 뜻대로 하지 않으면 못 견딥니다. 진정 죽은 자는 순종할 수 있습니다. 이러한 순종을 통하여 더 깊이 하나님의 성품을 닮아 가게 하십니다.

복종은 결국 하나님께 복종한 것이다

남편은 중간 결정자입니다. 그 위에 최종 결정자는 그리스도께서 계시기에 두려움 없이 순종할 수 있습니다. 나는 나의 옳음을 관철하지 못하여서 안달이 나는데도 옳고 그름은 주님의 편에서 별로 중요하지 않다는 것이지요. 그리스도인의 삶을 통하여 주님의 뜻이 나타나면 되는 것 아닙니까? 우리는 주님의 뜻이 이루어지기를 소원하며 사는 자들 아닙니까?

복종은 남자의 자존감을 높인다

남자에게는 존경이라는 배려가 필요합니다. 순종은 남자의 정체감을 새롭게 합니다. 인간에게 가장 필요한 것은 사랑입니다. 인간은 사랑 때문에 살고 사랑 때문에 죽습니다. 부부도 마찬가지입니다. 부부 안에는 사랑의 탱크(공간)가 있습니다. 남자 안에 채워야 할 사랑의 탱크는 존경으로만 채워질 수 있습니다. 이것을 존경 콤플렉스라고 하지요. 아주 많이 사랑하는 대상을 위해서는 못할 것이 없습니다. 그러나 남자도 하나님 안에서 여성과 동일한 교회입니다.

복종은 생명을 드리는 사랑이다

사랑하는 사람을 위해서라면 목숨까지도 줄 수 있는 것이 사랑입니다. 아내가 남편을 향한 사랑의 표현으로 목숨은 내줄 수 없어도 복종은 할 수 있지 않을까요? 남편을 향한 주님의 명령도 그리스도께서 교회를 위하여 목숨을 주신 것처럼 사랑하라 했으니 목숨을 주는 것보다 덜 힘든 일이 아닐까요? **아내에게 자아를 죽이라라는 명령이라면 남편은 목숨까지 내어놓으라는 명령입니다.** 형태는 다르지만 본질은 같습니다. **부부는 서로를 위하여 죽으라**는 것입니다.

존경의 탱크

남자는 여자를 떠나서 존재할 수 없습니다. 태아도 10개월 동안 태속에서 어머니의 목소리를 들으며, 어머니의 모든 감정과 상태까지 공유합니다. 태어나서 여성의 젖을 먹으며 여성에 손에서 가르침을 받고 양육됩니다. 유치원, 초·중·고에서도 많은 여 선생님에 의해서 교육 과정을 보냅니다. 다 자라서 결혼을 하면 또 여성과 삶을 함께합니다. 이렇게 남자는 여자를 떠나서는 존재가 불가능합니다. 그러므로 어머니와 아들과의 관계는 아버지와 아들 관계보다 훨씬 친밀합니다. 남자는 결혼 전부터 이미 여자와 영적으로 연결되어 있기 때문에 아내로부터 받는 사랑과 존중은 절대적으로 영향을 미칩니다.

존경은 남자에게 산소만큼 중요하다

에드 실보소는 남자에게 존경은 공기 중의 산소만큼이나 중요하다고 말합니다. **성경이 아내에게 복종하라고 하는 것은 아내가 종이나 열등함의 개념이 아닌 하나님 편에서 아내를 보호하기 위한 거룩한 질서요, 남성의 결핍을 보완하기 위한 고도의 심리학적인 하나님의 배려입니다.**

남자의 소망은 아내에게 존경받는 것입니다. 존경의 욕구가 채워지지 않으면 여자에게 조언을 구하지 않으며 여자를 무시하게 됩니다. 본래 남성은 인격 세계보다 사물 세계에서 훨씬 편안함을 느낍니다. 남자는 어릴 적부터 대부분 여자의 잔소리를 들어 왔기 때문에 아내의 관심조차도 잔소리로 간주할 때가 많습니다. 그래서 인간관계 안에서의 민감한 감정을 피하고자 하며 인격 관계보다 사물 세계, 즉 운동, 스포츠, 낚시, 등산, 바둑 등을 더 편안해합니다.

남성과 여성은 다릅니다. 남자는 대체로 일 중심적이고 목표 지향적입니다. 자기의 일을 통하여 인정받기를 원합니다. 인정과 존경의 욕구를 채워 주는 것은 복종보다 더 나은 사랑의 보약은 없습니다.

복종은 성숙한 모성애적 사랑이다

남자는 엄마가 둘입니다. 낳아 주고 키워 준 엄마, 결혼해서 얻은 새 엄마(아내). 남자는 아내를 향하여 두 가지 심리적 욕구가 있습니다. 한 가지는 낳고 키워 준 엄마에게서 느꼈던 모성애적 사랑을 원하는 것과 한 가지는 첫째 엄마에게서의 결핍을 새로운 엄마인 아내에게서 받으려는 심리가 있습니다.

모성애라 할 수 있는 무조건적인 사랑의 욕구와 존경의 욕구는 상반되는 욕구이지만 남자는 둘 다 원합니다. 그러므로 아내가 남편에게 모성애적 사랑을 하면 자녀를 가르치듯 할 수 있는 상황이 많이 있는데, 이때 존경의 욕구를 손상시킬 수 있다는 것이지요. 새로운 엄마인 아내는 성령 충만하며 지혜가 필요함을 잊지 않아야 합니다.

에제르 여러분! 여성은 성령의 성품을 부여받아 감각이 뛰어나고, 사려 깊고, 지혜롭습니다. 창조론적으로 성령의 성품을 부여받았습니다. 이 사실을 알고 계신지 모르겠습니다.

여자 앞에만 서면 열등감을 느끼는 남자?

"결코 그렇지 않습니다. 저렇게 큰 소리 잘 치고 폭력적인데, 남편이 제게 열등감을 느낀다고요?"

남자의 큰 소리는 열등감 때문입니다. 이러한 행위는 자신의 가치가 손상당한다고 느낄 때 나타날 수밖에 없는 방어기제입니다. 저도 예전에는 이 사실을 믿기 어려웠습니다. 목회자 대상으로 세미나를 할 때 "여러분, 아내 앞에 서면 열등감을 느낍니까?"라고 질문했더니 모든 분이 잠시의 망설임도 없이 큰 소리로 "네." 하고 대답해서 많이 웃었습니다.

여성 여러분, 우리 잘난 척하지 맙시다. 가정의 성령이여, 돕는 배필 에제르는 강자가 약자를 도울 때 사용했던 단어입니다. 또한 하나님이 자기 백성을 사랑하므로 도울 때 쓰였던 단어입니다. 그러나 그리스도께서 종의 신분으로 낮아지시므로 종의 형체로 죽으시고 섬기셨습니다. '에제르'는 하나님이 자기 백성을 사랑하셔서 도울 때 쓰는 신적 용어입니다.

너희 중에 누구든지 크고자 하는 자는 모든 사람의 종이 되어야 하리라(막 40:44).

탁월하고 존귀하신 에제르 여러분, 복종해도 괜찮으시겠습니까? 자존심 상하지 않겠습니까? 베드로는 아내들을 향하여 불신 남편에게도 순복하라고 합니다. 베드로전서 3장 1절에서 "이와 같이"는 2장에서 나오는 그리스도께서 고난의 본을 끼치고 그리스도의 자취를 따라오게 하신 그 고난을 전제하고 있습니다. 불신 남편을 가진 아내 앞에서는 그리스도의 고난을 말씀하며 죄에 대하여 죽고, 의에 대하여 살게 하려 함이라고 합니다.

상황을 구원하는 순종

베드로 사도는 여성의 진정한 아름다움은 순복하는 여성이라고 표현합니다. 베드로는 여성의 자기 단장에 대하여 **"사라가 아브라함을 주라 칭하여 복종한 것 같이** 너희가 선을 행하고 아무 두려운 일에 놀라지 아니하므로 그의 딸이 되었느니라(벧전 3:5-6)."고 말씀합니다. 아브라함은 자기 목숨 때문에 두 번씩이나 왕 앞에서 거짓말합니다. 그러나 사라가 심각한 위기에 있을 때 하나님이 개입하셔서 아브라함과 사라를 구원하셨습니다. 사라의 경우 자기 목숨을 부지하기 위하여 아내를 누이라 속이는 비겁한 남편 아브라함에게도 주라 칭하여 복종했다고 말씀합니다. 아브라함도 치명적인 잘못을 합니다. 하나님은 오히려 왕을 책망하시고 그 상황을 완전히 구원하십니다. **사라의 순종 때문입니다.**

남편의 주인이 하나님이시므로 아내가 남편에게 복종할 때 분명 위태한 상황이 생깁니다. 이럴 때 아내는 결과에 대한 두려움과 분노에 빠질 수 있습니다. 그러나 베드로는 아무 두려운 일에도 놀라지 말라고 합니다. 사라의 상황처럼 하나님이 구원하실 것이기 때문입니다.

아브라함과 사라는 믿음의 조상이지만 허물도 많았습니다. 아브라함의 후손 사라의 딸들인 우리 역시 허물 많은 아내입니다. 사라의 순종으로 구원을 가져오기도 하고, 사라의 자기주장으로 지금까지 이어지는 중동전쟁의 요인인 이삭과 이스마엘처럼 앙숙 관계를 연출할 수도 있습니다. 남편에게 순복하는 아내는 사라와 같이 하나님의 구원하심을 경험할 수 있습니다.

피차 복종

복종을 강의하면 남편들은 아주 흐뭇해합니다. "내 아내가 말씀을 잘 들어야 할 텐데…." 이때 아내들은 '피차 복종'이라는 단어를 슬그머니 내밉니다. 『킹덤 패밀리』의 저자 애슐리 박의 이야기를 잠깐 소개합니다.

나도 머리가 있는데 왜 남편이 내 머리가 되어야 해? 아무리 생각해도 비합리적이야. 갈등을 겪으며 자신의 우상이었던 학업을 포기하고 철저히 아내로의 부르심에 순종해 간다.

남편이 하는 말을 마치 왕의 입에서 선포되는 법처럼 받아들이고 순종하는 것에도 익숙해지고 있었다. 그 즈음 주님이 직접 통치하실 킹덤에서는 부부관계가 어떻게 변할지 궁금해졌다. 성경을 뒤적이고 있는 중, "그리스도를 경외함으로 피차 복종하라(엡 5:21)." 이 구절을 발견하자 마음이 시원해졌다. 특히 이 구절은 아내가 남편에게 복종하라는 구절의 바로 앞에 나오는 구절이기에 의미심장하게 여겨졌다. 먼저 피차 복종하라고 하지 않는가? 남편과 아내가 서로 복종하는 아름다운 가정의 모습이 그려지기 시작했다. 스스로의 깨달음에 감탄하며….

…중략…

"아내가 남편의 말에 무조건 복종해야 한다는 주장은 아마도 우리가 아직 죄의 영향권 아래에 있기 때문일지도 몰라. 온전한 킹덤에서는 피차 복종해야하는거 아닐까?' 조용히 듣고 있던 남편의 한마디, "당신 이야기가 논리적으로 맞는 것 같은데, 왠지 마음에 감동이 오질 않군." 다음날 내내 그 생각으로 가득했다.

내 생각은 이미 결론이 나 있었다. 단지 이것은 남편에게 어떻게 표현해야 그를 이해시킬 수 있을까 고심 중이었다. 아내가 남편의 말에 일방적으로 복종해야 하는 건 죄악된 세상의 불합리함 때문임을 이해시키고 싶었다. 새벽 기도 내내 내 마음은 성경책을 뒤적이고 있었다. 피차 복종하며 서로 존중해야 하는 근거를 찾아가고 있었다. 기도를 마치고 돌아보며 머릿속에 정리해 둔 성경 구절을 예를 들어 가면서 남편이 잘 이해할 수 있도록 조리 있게 말하려고 노력했다.

남편의 얼굴빛을 살펴 가면서 한참 설명하고 있는데 뒤에서 누군가가 나지막하게 말하는 음성이 들렸다. 처음부터 뒷자석에 앉아서 내 이야기를 다 듣고 있었던 것처럼 말이다.

'네가 지금 선악과를 따 먹고 있구나.' 나는 흠칫 놀라 하던 이야기를 멈추고 백미러를 통해 누가 뒤에 있는지를 살핀다. 보이는 건 새벽녘 동네 풍경 뿐. 한 대 맞은 것처럼 머리가 띵했다. 그때 깨달았다. 내 생각을 변론하기 위해 성경책을 뒤적인 것이 바로 선악과를 따 먹는 것과 같은 죄라는 것을. 나는 남편에게 잘못을 고백하고 진심으로 사과했다. 킹덤 패밀리의 여정을 다시 시작하겠노라고 약속하고 하나님께 회개했다. 최초의 킹덤은 선악과로 인해 무너졌다. 에덴동산에 있었던 선악과는 오늘도 내 앞에 존재한다.*

---

* 『킹덤 패밀리』, 애슐리 박, 두란노:2013, 127-129.

저도 100% 공감하는 이야기입니다. 복종에 있어서 문제는 나의 옳음입니다. 하나님은 누가 옳고 그른가를 중요하게 여기지 않으십니다. 순종입니다. 남편의 머리가 그리스도이기에 그가 친히 몸을 구원하시는 구원의 주시라는 것이죠. 선악과를 따 먹은 하와의 후예는 옳고 그름의 싸움을 끊임없이 반복합니다. 에덴에 있었던 킹덤은 선악과로 인해 무너졌다면, 무너진 킹덤의 회복은 생명나무의 선택으로 인해 가능하다는 것입니다.

내면이 치유된 자는 자아의 죽음이 가능하다

진정 성숙한 사람은 누구에게든 복종할 수 있습니다. 내면이 치유된 사람은 자존심 상하지 않습니다. 멸시받더라도 '멸시빨'이 먹히지 않습니다. 치유된 사람은 자아의 죽음이 가능하고 성숙도 가능합니다. 모든 상황의 구원자, 모든 상황의 왕이 우리 주님이시기 때문이죠. 한 가지 유의할 점은 성경의 모든 말씀은 모두에게 해당되는 말씀입니다. 부부 안에서 서로가 상대에게 사랑과 복종을 강요할 수 없습니다. 남편은 아내에게 성경을 들이대며 복종하라고 강요할 수 없고, 아내는 남편에게 사랑하라고 강요할 수 없다는 것입니다. 각각 자기에게 주어진 역할에만 순종하면 됩니다.

나눔을 위한 정리

떠남을 통해 만난 부부는 사랑과 순종으로 맺어져야 합니다. 이 사랑의 표현을 아내가 남편에게 할 때는 '복종'이라 하고 남편이 아내에게 할 때는 '사랑'이라고 합니다. 여기서 복종이라는 단어에 대한 부담감, 거부감이 느껴질 것입니다. 하지만 에베소서 5장 22-24절에서 복종해야 할 이유는 남편이 아내의 머리이기 때문이고 또 그리스도께서는 남편의 머리이기 때문입니다.

남편과 아내는 이렇게 그리스도께 연결되어 있는 한몸입니다. 여기서 머리 됨은 우열이나 상하개념이 아닙니다. 그러므로 우월한 자에게 해야 하는 복종의 개념이 아닙니다. 복종은 성령 충만이 기본으로 전제되어 있어야 합니다. 예수님의 유월절 기도에서 "아버지와 내가 하나인 것 같이 저희도 우리와 하나되게 하소서."라고 하셨고, 이 기도의 성취를 위해 그리스도께서 죽으셨습니다. 주님의 말씀을 천천히 묵상하며 만만찮은 우리의 삶의 여정인 아내로서의 부르심을 기억합시다.

생각 나눔

1. '복종'은 당신에게 어떤 의미입니까?

2. 부부관계에서 자아의 죽음을 경험한 적이 있다면 나누어 봅시다.

3. 부부관계에서 시간을 구원받으라는 말씀은 어떻게 적용할 수 있겠습니까?

아름다운 여성의 영성

괜찮아 보이려고

"이번에는 미루지 말고 꼭 견적을 내볼 거야."

무슨 소리인가 의아해서 듣자 하니 성형수술 견적이라고 합니다. 눈꺼풀을 올리고 주름을 지우자는 것이었습니다. 그 정도로 성형이 일반화되고 있음에 놀랐습니다. '의란성 쌍둥이', '후천성 쌍둥이'란 신조어가 생길 만큼 우리 사회는 예뻐지는 일에 엄청난 투자를 합니다. 5명 중 1명이 성형을 한다고 합니다.

일본이나 중국으로부터 벌어들이는 성형관광 수입이 적지 않다고 합니다. 추석 명절이 좀 빠를 때면 덜 익은 과일을 익어 보이게 하려고 빛깔나는 약을 친다는 이야기를 들은 적이 있습니다. 멋있어 보이려고 연예인처럼 브랜딩 합니다. 있어 보이려고 명품을 고집하고, 섹시하게 보이려고 노출된 옷을 입습니다.

여성성 안에는 예뻐지고 싶은 욕구와 아름다움에 대한 갈망이 본래 있습니다. 이것은 나쁜 것이 아닙니다. 하나님의 형상으로 지음 받은 자신을 가꾸고 단장해야 하는 것은 아름다운 일입니다. 하나님이 주신 고유의 캐릭터를 마다하고 지나치게 주물러서 짝퉁을 만들려고 하면 고유한 하나님의 형상이 공장 제품으로 전락합니다. 보이려고 하는 세상의 풍조 속에는 진정한 본질을 잊게 하고 거룩을 훼손하려는 사탄의 전략이 들어 있습니다. 교양이 있어 보이려는 것과 교양 있는 것과는 다르지 않습니까?

하나님 나라를 사는 하나님의 백성은 이러한 세상 풍조가 배설물 같은 것임을 압니다. 진정한 그리스도인은 이러한 것이 매력 있게 보일 리가 없습니다.

진정한 가치를 가진 자는 세상의 화려함이 지푸라기임을 압니다. '예쁨'은 '아름다움'의 하위 개념입니다. '마음에 숨은 사람'은 내면의 아름다움을 말합니다.

베드로 사도는 여성의 진정한 아름다움에 대한 이야기를 베드로전서 3장에서 2장과 연결하여 말씀합니다(이 부분은 곧 이어지는 주제에서 다루고 있으니 참고하시기 바랍니다.). 베드로 사도는 전에 하나님께 소망을 두었던 거룩한 여인들도 남편에게 순종하므로 자기를 단장하였다고(벧전 3:5) 말씀합니다. 쉽게 표현하면 '남편에게 순종하는 여인은 아름다운 여인이다. 최고의 미를 가진 자이다'라는 말입니다. 또 순종하는 여인은 가족의 삶을 'amazing, very good' 되게 합니다.

아름다운 여인의 자기 단장

> 오직 마음에 숨은 사람을 온유하고 안정한 심령의 썩지 아니할 것으로 하라 이는 하나님 앞에 값진 것이니라(벧전 3:4).

> 마음에 숨은 사람을 온유하고 고요한 심령의 썩지 않을 것으로 단장하십시오. 이것은 하나님 앞에서 아주 귀한 일입니다(우리말성경).

이 말씀은 속사람의 아름다움을 말합니다. 3절에서 "머리를 땋아 내리거나 금장식을 달거나 옷을 화려하게 입음으로 외모를 단장하지 말고"라고 되어 있는데 이 말씀은 그 당시 여인들이 머리를 땋을 때 금으로 반짝이는 실을 함께 꼬아 머리가 흔들릴 때마다 반짝이며 딸랑딸랑 울리는 소리가 나게 했습니다. 이러한 치장은 아르데미스 제사에 참여한 여인이 성적 매력을 위해 이렇게 치장했다고 합니다.*

---

* 『고고학 성경』, 고고학성경편찬위원회, 아가페출판사:2014, 379.

이것은 순결한 행위와 대조됩니다. "나에게 당신밖에 없어요!" 순결한 신부는 오직 한 사람 남편만을 위합니다. 이 말씀은 여성이 외모를 단장하지 말라는 말이 아닙니다. 남편을 위하여 단정한 옷을 입어야 합니다. 지금 시대로 이야기한다면 음란한 시대적 유행을 따라 살지 말라는 뜻이지요. 심하게 밀착되거나 트인 옷, 노출된 옷은 '세련미'라는 말로 둔갑합니다. 그 속엔 음란함(잠언에서 말하는 흐리는 여인)이 의도되어 있음을 알아야 합니다. 아름다운 여인은 오직 자기 남편만을 위하여 몸 단장합니다. 남편이 아닌 다른 사람들 앞에서 세상적인 세련미를 드러내는 의상은 순결함을 오염시키는 행위요 사탄에게 속고 있는 것입니다. 진정한 아름다움 안에는 반드시 순결이 전제됩니다.

남편을 팽개치는 신앙의 열정

한국 교회의 여성들은 대체로 신앙의 열정이 특별합니다. 철야기도나 교회 봉사 등 여러 활동으로 참여하고 있습니다. 참으로 귀한 모습입니다. 어떤 교회에 믿지 않는 남편이 칼을 들고 밤중에 찾아왔다고 합니다. "내 마누라 내놓으라."는 것이지요. 칼을 들고 찾아온 남편의 생각은 아내를 목사나 예수에게 빼앗겼다는 것입니다. 이런 경우 "저 사람 마귀다."라고 말하기도 합니다. 표면적으로 하나님께 예배하는 것, 기도하는 것을 방해하기 때문이죠. 어떤 권사님의 경우엔 남편에게 바로 "사탄아 물러가라."고 소리치기도 했다고 합니다.

남편은 사탄이 아닙니다. 믿지 않는 경우라도 말이지요. 남편의 약함을 통하여 사탄이 일하도록 허용할 수는 있습니다. 이런 경우 꼭 남편의 믿음이 없기 때문에, 약하기 때문이기도 하지만 더욱 우선적인 것은 아내의 불순종 때문에 사탄이 활동하는 경우도 허다합니다. 여자의 원수가 사탄이기 때문이기도 합니다. 사탄은 특히 여성을 공격할 때 남편과의 관계를 통하여 집중 공격을 하는 경우가 많습니다. 남편은 아내가 진정 자기를 사랑하고 있느냐를 저울질합니다. 우리에게는 당연히 하나님을 사랑하는 것이 1순위입니다.

대체로 우리는 이렇게 말합니다. 하나님이 첫째이고, 남편과 자녀는 그 다음이라고 합니다. 물론 틀린 말은 아닙니다. 아래 말씀을 읽어 봅시다.

> 예수께서 이르시되 네 마음을 다하고 목숨을 다하고 뜻을 다하여 **주 너의 하나님을 사랑하라** 하셨으니 이것이 크고 **첫째 되는 계명이요 둘째도 그와 같으니** 네 이웃을 네 자신 같이 사랑하라 하셨으니(마 22:37-39).

첫째는 하나님 사랑입니다. 곧이어 "둘째도 그와 같으니"라고 말씀합니다. 이 부분에 주목하셔야 합니다. 이 말씀은 '하나님 사랑=이웃 사랑', 즉 '첫째=둘째'라는 뜻이죠. 하나님을 사랑하는 자는 이웃을 사랑합니다. 하나님을 사랑하지 않는 자는 이웃을 사랑할 수 없다는 것입니다. 하나님을 굉장히 사랑한다고 하면서 이웃을 사랑하지 않는 자는 거짓말이라는 것이죠.

> 사랑하지 아니하는 자는 하나님을 알지 못하나니 이는 하나님은 사랑이심이라(요일 4:8).

> …만일 우리가 서로 사랑하면 하나님이 우리 안에 거하시고 그의 사랑이 우리 안에 온전히 이루어지느니라(요일 4:12).

우리는 사랑하지 않아도 될 만한 타당한 이유를 나열합니다. 그렇기 때문에 미워해도 괜찮다고 면제 받을 수는 없습니다. 하나님을 사랑하는 자는 남편도 사랑합니다. 남편은 세상에서 가장 가까운 이웃입니다. 하나님을 사랑하는 증거는 보이는 사람을 얼마나 사랑하느냐를 보면 알 수 있습니다. 이것이 율법과 선지자의 강령입니다. 사랑이 신약과 구약의 골자입니다. 아내를 괴롭히고 상처주고 하나님 섬기는 일을 방해하고 있다면 어떻게 해야 합니까? 이런 질문이 생긴다면 여성의 정체성과 관련된 부분을 먼저 읽기를 권합니다. 그래도 어렵다면 『회복』을 먼저 읽어 보십시오.

혈과 육의 싸움이 아니다

우리의 싸움은 혈과 육에 속한 것이 아닙니다. 악한 영과의 싸움입니다. 영적 전쟁이라는 것이지요. 그렇다고 "사탄아 물러가라."고만 하는 것이 능사는 아닙니다. 이 전쟁의 무기는 '사랑'입니다. 주님을 사랑하듯 남편을 사랑하느냐는 것입니다. 성경은 남편을 향해 목숨을 바쳐 아내를 사랑하라고 말씀합니다. 이 내용을 보면 아내들이 너무 억울해 하지 않아도 되지 않을까요? 남편을 향하여 아내를 사랑하라고 하시고 아내들을 향하여는 남편에게 복종하라고 하십니다. 사랑과 복종,* 두 단어는 다르지만 사랑입니다. '사랑'이라는 단어는 '날개로 덮다, 보호하다, 책임지다, 기다리다, 용서하다'는 뜻으로 성경에서 사용하고 있습니다. 이러한 사랑의 속성은 하나님이 가지신 헤세드의 사랑입니다. 곧 언약적 사랑입니다. 하나님이 아내인 이스라엘을 향한 사랑의 표현입니다

온전한 남성성의 회복

아내의 복종은 하나님이 남자에게 주신 온전한 남성성을 회복하게 합니다. 하나님이 남자에게 주신 사명은 세상을 다스리고 정복하는 것이었는데, 범죄로 인하여 하나님의 형상이 상실되므로 아내 위에 군림하고 지배하고자 하는 것으로 변질되었습니다. 범죄한 아담은 열등감이 생겼으므로 욕구를 충족시켜 주는 존경이라는 이름의 사랑이 필요합니다. 열등감 치유는 사랑밖에 없습니다. 그 사랑의 다른 방법이 '복종'이라는 것이죠.

---

* 복종하다(휘포타쏘, ὑποτάσσω)는 단순히 굴종의 뜻이 아닙니다. 휘포(ὑπό)는 '아래에, 아래로 향하여'라는 뜻을 갖고 있고, 타쏘(τάσσω)는 '정돈, 배열하다, 결정하다'는 뜻입니다. 휘포타쏘 단어 안에 들어 있는 '탁시스(τάξις)'는 '질서'라는 뜻입니다. 사도 바울의 의도는 "아내들이여, 질서를 위해 남편을 머리의 자리에 놓아 두라."는 것입니다. 막무가내의 굴종이나 예속, 종속의 뜻이 아닙니다.

복종은 남성의 다스림에 있어서 잘못된 부분, 즉 아내에게 군림하고 지배하려는 열등감에 대한 처방입니다. 세상을 다스리기보다 아내를 다스리려고 하는 죄성을 치유할 수 있는 하나님의 고도의 심리적 처방입니다. 이것은 에제르만이 가능한 부분입니다.

여성의 영성, 복종

영성은 무엇입니까? 삶의 실제 현장에서 보이지 않는 하나님을 보는 것처럼 보고 살 수 있는 것이 진정한 영성입니다. 단지 아내의 어려움은 남편에게 하나님 닮은 점을 발견하기가 어렵다는 것이지요. 여기에 진정한 비밀이 있습니다. 분명 남편 속에는 하나님의 속성이 남아 있습니다, 아니 그리스도께서 오시므로 이미 에덴으로의 회복이 열렸습니다. 율법의 요구를 죽음으로 치르신 "다 이루었다."라는 말씀 안에 남편의 회복이 들어 있습니다. 지금의 모습은 구겨지고 모자라 보인다 할지라도 말입니다. 남편을 회복된 완성품으로 보아야 합니다. 그리스도로 옷 입혀 보아야 합니다.

'주께 하듯'이라는 말씀에서 하나님이 보호하시는 우산 축은 아내에게까지 연결된 한 축입니다. 남편의 우산 위에 하나님의 우산이 한 축으로 아내에게까지 연결되어 있으니 '주께 하듯'이 가능합니다. 남편만 보면 어렵습니다. 그리스도와 한몸으로의 연결됨을 보아야 합니다.

복종은 영적인 것

복종하라는 말씀에 앞서 에베소서 5장 18절에서 성령의 충만을 받으라는 말씀이 먼저 나옵니다. 복종은 영적인 것입니다. 그러므로 성령 충만할 때 가능합니다. 이성적 논리로 설명하거나 이해하기는 어렵습니다. 우리 모두가 하나님께 속하였다는 것은 영에 속하였다는 말과 동일합니다. 종이 상관을 대할 때 주께 하듯 대하라고 하신 주님은 가장 작은 소자에게 한 것이 곧 예수님께 한 것이라고 하였습니다. 남편에게 주께 하듯 하라는 것은 종과 상전이나 가장 작은 소자의 개념보다 훨씬 더 하나님께 직접적으로 연결된 개념입니다. 하나님의 나라가 부부관계에서 먼저 이루어지는 원리입니다.

주께 하듯 하라

저는 30년 넘게 '복종'에 대해 수없이 강의했습니다. 이 주제는 가정 회복의 중요한 열쇠 중 하나며, 여기에는 하나님과 교회의 한몸 됨의 비밀이 들어 있기 때문입니다. 저는 사역이 바쁘고 힘들지라도 마음의 우선순위는 남편이요, 가정이었습니다. 나의 진정한 사역 1순위는 남편이었습니다. 어느 목사님 말씀처럼 '내 아내를 제대로 사랑하는 것이 진정한 목회'라 하듯이 말입니다.

한번은 기도 중에 하나님께서 저를 책망하셨습니다. 남편에게 진정으로 주께 하듯 복종하지 않고 어느새 조종하고 있다는 것을 알게 하셨습니다. 나름 남편에게 순종하며, 제가 하고 있는 강의 내용처럼 잘 살고 있다고 큰소리치며 자신했는데, 착각했던 것입니다. 남편을 조종하며 내가 원하는 대로 하고 있었던 것입니다. 내가 하고자 하는 것이 옳더라도 남편이 흔쾌히 원하지 않을 때, 마음은 불편해집니다. 그때 하나님께 맡겨 보지만 뭔가가 순조롭지 않을 때 불평과 분노로 인해 남편을 주님의 영광으로 바라보기가 어려워집니다. 언제라도 상황만 되면 내 욕구가 이루어지도록 기회를 찾고 있었던 겁니다. 하나님께서 꾸짖으십니다.

"내가 사랑하는 아들이다. 네가 마음대로 주무르려고 하지 말라. 맡겨라. 네가 교만하구나. **내게는 너의 옳음이 중요하지 않다. 나를 믿는다면 나를 믿고 맡기라.**"

내가 진정 주님 안으로 들어가므로 남편을 주님께 드려야 하는 데 말입니다.

남편에게 순종하는 것 = 하나님께 순종하는 것

창세 이후 범죄 결과로 인간 자신의 옳고 그름을 판단하는 눈이 밝아졌습니다. 내 방식대로 살려고 하다 보니 사탄이 틈을 타고 남자와 여자의 전쟁을 계속 이어가게 합니다. 부부관계에서 순종과 사랑은 내 안에 있는 자아를 다루시는 중요한 과정이요, 하나님을 신뢰하는 첫 걸음이며, 어떠한 상황 가운데에서도 하나님의 구원을 소망하는 믿음이 자라게 합니다.

여성, 에제르의 진정한 아름다움은 성자 예수님이 성부 하나님께 순종하시므로 우리가 상실한 하나님 나라를 이루도록 하신 순종의 영성을 닮음에서 옵니다. 아내의 순종은 아름다운 에제르의 회복이며, 가정 안에서 하나님의 나라를 이루는 성령 충만의 열매입니다. 중심을 보시는 하나님은 자신의 말씀에 순종하는 에제르를 찾으십니다. 그것은 남편에게 순종하는 것과 하나님께 순종하는 것이 같은 것이기 때문입니다.

나눔을 위한 정리]

베드로는 하나님께 소망을 두었던 거룩한 여인들도 남편에게 순종하므로 자기를 단장하였다(벧전 3:5)고 하였습니다. 남편에게 순종하는 여인은 아름다운 여인이라는 말씀입니다. 하나님이 남편에게 주신 사명은 세상을 다스리고 정복하는 하나님을 닮은 속성인데, 이것이 죄로 인해 아내에게 군림하고 지배하려는 열등감으로 변질되어 아내를 다스리려고 합니다. 이러한 남편의 죄성을 치유하고 회복시키는 것은 남편에게 아내의 순종을 통해 가능합니다. 그래서 하나님은 성령을 보내시듯 에제르(성령)를 가정의 성령으로 보내셨습니다. 아내의 순종은 가정 안에서 부부 연합을 이루는 성령 충만의 열매입니다.

생각 나눔

1. 베드로가 말하는 여인들의 자기 단장은 어떤 의미입니까?

2. 남편에 대한 아내의 태도가 여인의 아름다움이라면 나는 어떠합니까?

3. 다스리고 지배하려는 욕망이 어떤 상황에 생겨나겠습니까?

보혈의 안경

사랑하는 에제르 여러분! 곁에 있는 하나님의 또 다른 형상인 남편을 한번 바라보십시오. 남편은 하나님의 표현입니다. 하나님의 영광입니다. 하나님이 보입니까? 하나님의 영광이 보입니까? 첫째 아담인 남편에게서 둘째 아담인 그리스도의 모습을 볼 수 있습니까?

"아니 무슨 말씀을요. 하나님을 1/10도 안 닮았다고요. 그런데 주께 하듯 하라고요? 만약 1%라도 닮았다면 가끔이라도 보일지 모르겠는데 심한 억지입니다. 말이 안 됩니다."

사랑하는 에제르들이여! 남편이 1%도 예수님을 안 닮았다고요? 그럴 수 있습니다. 범죄로 인하여 하나님의 형상! 그 하나님의 영광이 손상되고 깨어졌을 뿐입니다. 또 가리어졌습니다. 자! 이제 보혈의 안경을 한번 써 보시겠습니까? 아직 완전히 회복되지 않았어도 예수님은 십자가에서 다 이루었다고 하셨습니다. 그래서 하나님께서 사람으로 오셨습니다. 보혈의 안경으로 보면 그 속에 숨겨진 하나님의 온전한 형상을 볼 수 있습니다. 그 숨겨져 있는 형상을 바깥으로 끄집어내십시오. 조각가는 큰 돌덩이를 보면서도 자기가 원하는 작품의 본래 모양을 미리 바라보고 조각하지 않습니까? 보혈의 안경으로 내 곁에 보내진 보이는 예수님을 바라보십시오. 그의 얼굴을 바라보십시오. 당신의 곁에 현현하신 예수님 말입니다. 아마 당신은 그의 약점, 그가 준 상처, 그로 인한 분노로 가슴이 딱딱해져 있을 수도 있습니다.

그렇다면 먼저 당신 곁에, 당신 안에 계신 예수님을 바로 만나십시오. 당신을 만져 주시고 치유해 주시는 예수님께 아픔과 고통을 다 드려 보십시오. 예수님의 임재를 먼저 맛보셔야 합니다. 이 모든 과정이 필요합니다. 혹시 이러한 과정이 잘 이루어지지 않고 있었다 할지라도 이제 시작해 보십시오.

보라! 새 것이 되었도다

'새 것이 되었도다'는 과거 완료형입니다. 아직은 허물투성이라 할지라도 새 피조물이 되었다고 선언하고 있습니다. 그리스도의 사랑이 우리를 사로잡고 있습니다. 그리스도께서 죽으셨기에 이제 회복된 삶이 가능합니다. 지금 육신적으로 보이는 모습이 어떠할지라도 새로운 피조물이 되었습니다. "다 이루었다."고 말씀하십니다.

> 그런즉 누구든지 그리스도 안에 있으면 **새로운 피조물**이라 이전 것은 지나갔으니 **보라 새 것이 되었도다**(고후 5:17).

에제르, 당신의 남편은 보이는 예수님입니다. 그가 얼마나 훌륭하고 얼마나 회복되었는지에 대하여 상관하지 마십시오. 에제르 당신이 예수 그리스도를 인생의 주로 고백하고 신뢰하고 있다면 남편은 그 주님과 당신 사이에 존재합니다. 당신이 예수님을 사랑하고 주로 고백하고, 그의 뜻대로 살기를 소원한다면 당신의 남편이 찢어진 우산이라 할지라도 당신이 예수 그리스도의 우산 안에서 이탈하지 아니하고 있다면 오히려 찢어진 우산을 통하여 더 빨리 하나님의 은혜가 임할 것입니다. 당신 바로 위의 우산은 남편이요, 남편의 우산을 덮고 있는 그 위의 우산은 당신의 주, 예수님의 우산이기 때문입니다.

보호의 우산

예수그리스도

남편

아내

한몸 공동체

하나님의 손

오래 전 남편과 나란히 앉아서 예배를 드리고 있을 때 일입니다. 서로를 축복하는 시간이었습니다. 예배 인도자가 곁에 있는 분의 손을 잡으라고 하고, 축복송을 부르기 시작했습니다. 제 손을 남편이 잡았습니다. 자주 그런 느낌을 받았지만 그날따라 제 손을 잡은 남편 손이 신비롭게 느껴졌습니다. 포근하고 따뜻하다는 표현만으로 모자라는 아주 신비한 느낌이었습니다. 예배시간마다 저는 신비한 느낌에 사로잡혔습니다. 남편 손은 얼굴에 비해 통통하기 때문에 그런 느낌이 오는 것일까 싶었습니다. 그 후 남편과 함께 부부 세미나를 인도하고 있을 때, 남편이 말씀을 전하고 있는데 제 영에 강력한 공명이 왔습니다.

'아! 내 손을 잡은 그 손이 하나님의 손이었구나!'

사랑하는 아내들이여! 남편은 보이는 예수님으로 아내의 곁에 보냄 받은 존재입니다. 아내가 인식할 수 없더라도 말입니다. 이제부터 새 피조물로 바라봅시다. 보이는 예수님으로 말입니다.

당신 곁에 있는 남편이 예수님입니다

어떤 집회에 갔었는데 갈망으로 가득한 많은 사람이 모였습니다. 많은 분들이 은혜를 받기 위해 안달이 나 있는 듯 했습니다. 성령 충만한 사역자가 어디를 보는지, 살펴서 어찌하는지, 유명한 사역자의 침이 튀는 곳이나 그의 시선이 가는 곳에 자리를 잡으려고 하는 것을 보았습니다. 만약 우리 예배 가운데 예수님의 발을 씻겨 드리는 시간이 있다고 합시다. 딱 한 사람만 가능하다고 한다면, 서로 손을 들며 "저요! 저요!" 할 것 같습니다. 그러나 멀리 가지 않아도, 만져 보려고 경쟁하지 않아도 됩니다. 곁에 있는 남편은 예수님을 대신하여 보내진 보이는 예수입니다. 그 모습이 어떻다 할지라도 주께 하듯 바라봅시다.

보혈로 씻어

일상에서 마음에 안 드는 모습이 수없이 많을지라도 보혈의 안경으로 깨끗이 씻어 이해해 주고, 그 속에 훼손되기 전의 하나님의 영광을 바라보자는 것입니다. 보혈을 통과한 시력으로 남편을 본다면 새 피조물로 볼 수 있습니다.

> 이는 곧 물로 씻어 말씀으로 깨끗하게 하사 거룩하게 하시고 자기 앞에 영광스러운 교회를 세우사 티나 주름 잡힌 것이나 이런 것들이 없이 거룩하고 흠이 없게 하려 하심이라(엡 5:26-27).

이 말씀은 남편들에게 한 말씀이지만 사랑의 본질은 같은 것이기에 이러한 결과를 가져옵니다.

가장 작은 자에게 한 것이 곧 내게 한 것이라

양과 염소의 비유에서 "지극히 작은 자 하나에게 한 것이 곧 내게 한 것이라."고 하지 않았습니까(마 25:40). 가장 작은 자를 어떻게 대하였는지가 영벌과 영생을 가르고 있습니다. 남편은 한몸입니다.

> 이에 임금이 대답하여 이르시되 내가 진실로 너희에게 이르노니 이 지극히 작은
> 자 하나에게 하지 아니한 것이 곧 내게 하지 아니한 것이니라 하시리니 그들은 영
> 벌에, 의인들은 영생에 들어가리라 하시니라(마 25:45-46).

보십시오. 우리의 이웃과의 삶은 이러한 것이라고 말씀합니다. 하물며 남편은 가장 작은 자가 아니지 않습니까. 분명히 말씀(엡 5:22) 속 명령입니다. 가장 작은 자에게 주께 하듯 하는 것이 진정한 그리스도인의 삶입니다. 하물며 남편에게 주께 하듯 함은 더욱 우선되는 일입니다. 삶의 현장 가운데서 주님으로 충만한 삶! 베드로는 믿지 않는 남편에게도 순복하라고 하고, 그것이 여성의 가장 아름다운 '자기 단장'이라며 사라의 예를 들고 있습니다. 이와 같은 행위는 가정을 남편의 머리되신 예수님 안으로 안내하는 결과를 가져오게 하며 아내인 나 자신이 하나님의 보호 가운데 들어가므로 남편까지 구원하는 복을 가져오게 합니다.

> 주여, 날마다 주님의 임재 가운데 살게 하소서.
> 주님을 사랑하는 마음으로 남편을 대하게 하소서. 주께 하듯.
> 남편 안에 있는 하나님의 형상을 보게 하소서.
> 보이는 예수님으로 보내신 남편에게 주께 하듯 하게 하소서.
> "가장 작은 소자에게 한 것이 곧 내게 한 것이라." 한 것처럼
> 모든 이를 주님 대하듯 하게 하소서.

누군가 풀어 주면 풀린다

> 내가 천국 열쇠를 네게 주리니 네가 땅에서 무엇이든지 매면 하늘에서도 매일 것
> 이요 네가 땅에서 무엇이든지 풀면 하늘에서도 풀리리라 하시고 (마 16:19).

이제 교회는 잃었던 권세를 되찾았습니다. 예수님의 권세를 교회인 우리에게
위임하셨습니다. 우리는 천국 열쇠를 가진 자입니다. 그것을 묶고 푸는 권세가
우리에게 있습니다. 남편의 연약함에 대하여 '아직도 그래. 절대 변하지 않을 거
야. 이런 사람이야.' 이렇게 고정관념(판단)으로 묶어 놓으면 하나님도 묶인 그대
로 두신다는 말씀입니다. '나의 남편은 친절한 사람이야. 예수님을 닮았어.' 이
렇게 풀어 주면 그 속에 감추인 예수님의 형상이 드러납니다. 여호와는 입술의
열매를 창조하십니다.

> 입술의 열매를 창조하는 자 여호와가 말하노라 먼 데 있는 자에게든지 가까운 데
> 있는 자에게든지 평강이 있을지어다 평강이 있을지어다 내가 그를 고치리라 하셨
> 느니라 (사 57:19).

남편에 대하여 묶어 놓은 부분이 무엇입니까?
아내가 풀어 주면 풀립니다.

나눔을 위한 정리

남편에게 하나님의 영광을 볼 수 있습니까? 심한 간극을 느끼겠지만 죄로 인하여 하나님의 형상, 그 하나님의 영광이 손상되고 깨어졌을 뿐입니다. 그런데 보혈의 안경으로 보면 그 속에 숨겨진 하나님의 온전한 형상을 볼 수 있습니다. 보혈의 안경으로 내 곁에 보낸 보이는 예수님을 바라보십시오. 아마 당신은 남편의 약점, 그가 준 상처, 그로 인한 분노로 당신의 가슴이 닫혀 있을 수도 있습니다.

그럼 먼저 당신 안에 계신 예수님을 만나 보십시오. 당신을 만져 주시고 치유해 주시는 예수님께 그동안의 아픔과 고통을 다 토로해 보십시오. 고통의 과정을 통해 이전 것은 지나가고 새 것이 될 것입니다. 나 자신도, 남편도 구원 이전의 세상 관점으로 보지 말라는 말씀입니다. 그가 얼마나 훌륭하고 얼마나 회복되었는지 상관하지 마십시오. 예수 그리스도를 인생의 주로 고백하고 신뢰한다면, 당신의 남편이 찢어진 우산이라 할지라도 당신이 예수 그리스도의 우산 안에서 이탈하지 않는다면 오히려 찢어진 우산을 통하여 더 빨리 하나님의 은혜가 임할 것입니다.

생각 나눔

1. 남편의 최대 큰 약점과 장점이 무엇이며, 고통의 상황에서 구원받은 경험이 있다면 나누어 봅시다.

3. 자신의 내면의 모습에 절망할 때가 어떤 상황이었는지 나누어 봅시다.

4. 현재 나의 가장 작은 자는 누구입니까?

5-4
그리스도를 따라

그리스도를 본받아

> 누가 주의 마음을 알아서 주를 가르치겠느냐 그러나 우리가 그리스도의 마음을
> 가졌느니라(고전 2:16).

하나님의 지혜는 이 세상에서 가장 미련하고 비천한 방법이었습니다. 지혜의
근본이시며 가장 지혜로우신 분이 우리를 사랑하시는 방법은 이 세상에서 가장
미련하고 비천한 방법인 십자가였습니다. 에제르, 여성의 진정한 영성도 이러
한 것입니다. 지금까지 여성의 창조적인 탁월성과 그 깊으신 하나님의 경륜을
나누고 있습니다. 하나님과 하나이신 그리스도께서 하나님과 동등 됨을 취할
것으로 여기지 아니하시고 종으로 낮아지시고 죽기까지 복종하셨습니다.

"아버지여 이 잔을 내가 꼭 마셔야만 합니까? 다른 방법은 없을까요?"

그는 심한 통곡과 눈물을 쏟으셨습니다. 땀이 피가 되어 흘렀습니다. 전능하
신 하나님, 세상을 말씀으로 창조하신 하나님께서 인간을 구원하시는 다른 방
도는 없으셨을까요? 피흘림이 없으면 죄사함이 없으셨기에 그 길을 고집하셨습
니다. **복종!** 예수님의 피흘림입니다. 그렇게 하시므로 구원을 이루셨습니다. 신
부의 복종은 예수 그리스도의 피흘림과 동일합니다.

'이와 같이'의 영성

이를 위하여 너희가 부르심을 받았으니 그리스도도 너희를 위하여 고난을 받으사 너희에게 본을 끼쳐 그 자취를 따라오게 하려 하셨느니라…욕을 당하시되 맞대어 욕하지 아니하시고 고난을 당하시되 위협하지 아니하시고 오직 공의로 심판하시는 이에게 부탁하시며 친히 나무에 달려 그 몸으로 우리 죄를 담당하셨으니 이는 우리로 죄에 대하여 죽고 의에 대하여 살게 하려 하심이라 그가 채찍에 맞음으로 너희는 나음을 얻었나니 (벧전 2:21-24).

베드로전서 3장 1절의 '이와 같이'는 베드로전서 2장 18-25절을 뜻합니다. '이와 같이'는 아름다운 여인의 영성입니다. '이와 같이'는 거룩한 여인의 영성입니다. '이와 같이'는 아브라함을 주라 칭하여 순종한 사라의 영성입니다. 교회인 신부의 영성은 그리스도 고난의 자취를 따르는 영성입니다. 욕 당하되 되갚아 욕하지 않는 자아, 죽음의 영성입니다. 곧 죄에 대하여는 죽고 의에 대하여만 사는 영성입니다. 여성은 특히 피와 관계된 존재입니다. 피 없이는 생명 출산도 불가능하지요. 매달 피(생명)와 관계된 은밀한 전쟁을 치릅니다. 여성이 생명을 잉태하면 매달 흐르는 피가 멈춥니다.

피는 생명 그 자체

아담(אדם)은 '하나님의 피'라는 뜻입니다. 차한 교수의 강의에서 인간은 하나님의 피가 담긴 존재입니다.[*] 인간은 하나님과 같은 과(科)로 지음받았습니다.

> א = 하나님
>
> דם = 피

---

[*] "아담의 유전자와 예수님의 유전자", 차한(2020), 유튜브 강의.

범죄로 놀라운 하나님의 영광, 형상을 상실한 인간! 피 흘림이 없으면 죄사함이 없기에(히 9:22) 예수님은 피 흘림으로 죽으셨습니다. 죽음에 이르는 방법 중 피 흘리지 않고 죽는 경우가 대부분이지 않습니까(자연사, 교수형, 안락사 등). 유독 십자가 사형법은 피를 다 쏟아서 죽는 방법입니다. 예수님이 조용히 사랑하는 사람들이 지켜보는 가운데 내가 너희 죄를 위하여 왔다 하시며 숨을 거두실 수도 있지 않습니까? 왜 유독 십자가일까요? 그것도 벌거벗음의 수치! 수많은 군중 가운데 둘러싸여 조롱과 야유와 비난을 받으며 그토록 철저하게 피흘리셔야만 했을까요? 죄의 문제입니다. 여성의 복종은 인간의 죄 문제와 연관되어 있다는 생각이 듭니다.

> 여자들이…해산하므로 구원을 얻으리라(딤전 2:15).

여성이 에제르(배필)로 보냄을 받았기 때문입니다. 인간이 진정한 성화단계에 이르게 되면, 성령 충만한 순간이면, 누구에게든 피차 복종이 가능합니다. 그러나 아직도 우리 안에는 죄의 본성이 남아 있습니다. 남자 안에도, 여자 안에도 동일합니다. 앞서 여성의 존재론적 탁월성에서 말씀드렸습니다. 여성, 에제르는 창조론적으로 이미 성령의 성품을 부여받았습니다. 그를 위하여 돕는 배필을 지으시겠다고 하신 말씀에는 여성 창조의 목적이 들어 있습니다.

탈무드에서는 하나님은 모든 인간에게 가서 함께 있기를 원하셨는데 직접 갈 수가 없어서 모든 가정에 어머니를 보냈다고 말합니다. 이것은 성경은 아니지만 여성을 창조론적으로 살펴볼 때 한 부분을 설명해 주는 참고 자료가 됩니다.

사람을 사랑하시는 하나님의 방법
'이와 같이', 온 우주 가운데서 가장 높으신 분이 가장 비천하게 낮아지셨습니다. 온 우주 가운데서 가장 영광스러우신 분이 가장 수치스럽게 십자가에 매달

리셨습니다. 온 우주 가운데서 가장 정의로우신 분이 가장 불의한 재판을 받고 처형되셨습니다. 온 우주 가운데서 가장 거룩하고 죄 없으신 분이 인류의 죄를 짊어지셨습니다. 자신이 심판자이심에도 공의로 심판하시는 이에게 부탁하셨습니다. 친히 나무에 달리셨고 몸으로 우리 죄를 짊어지셨(담당)습니다. 그 이유는 우리가 죄에 대하여 죽고 의에 대하여 살게 하려 하심입니다.

여성성, 에제르는 신적인 성품이므로 너무도 아름답고 탁월합니다. 그러나 죄성을 가진 인간이기에 성령의 주관 아래 있지 아니하면 쉽게 교만할 수 있습니다. 하나님의 속성은 하나 됨입니다. 그러나 죄는 언제나 분리를 가져옵니다. 복종은 죄로 인하여 멀어진 관계를 가깝게 만드는 하나 됨의 지름길입니다.

복종은 사랑입니다

낮은 자가 높은 자에게 복종하는 것은 당연합니다. 반대로 왕이 신하에게, 백성에게 복종하는 것은 당연하지 않습니다. 복종의 비밀이 여기에 있습니다. 왜냐하면 복종은 사랑이기 때문입니다. 복종은 사랑하는 방법 중 하나입니다. 복종이 사랑이라는 것을 잊으면, 즉 서로에게 두려움이 생길 수 있습니다. 하나님께서 허락하신 아내의 복종은 남편의 심리적 결핍을 채워 주는 고도의 심리적 배려이며, 사랑의 방법입니다. 결국 복종은 남자(남편)의 정체감을 세워 주는 것으로 하나님의 창조 목적에 합당한 사랑의 방법입니다.

복종은 긍휼과 진리의 입맞춤입니다

죄의 본성, 곧 옛 자아가 처리되는 곳은 십자가입니다. 나와 그리스도가 연합하는 자리는 십자가입니다. 십자가! 이곳은 하늘과 땅의 입맞춤의 자리, 긍휼과 진리가 만나는 자리, 하나님의 100%의 사랑으로 100%의 공의를 만족시키는 자리입니다. 빛과 어둠이 만나 어둠을 구원하는 자리, 이방인과 유대인이 한 새사람을 이루는 자리, 그리스도와 교회가 하나 되는 자리, 남자와 여자가 화해하는 자리, 또 남편과 아내가 십자가에서 만나 서로의 옛 본성을 못박으므로 하나 되어, 한 육체가 되는 자리입니다.

복종은 옛 자아의 죽음입니다

가정은 벌거벗은 모습이 드러나는 곳입니다. 범죄 이전은 벌거벗었으나 부끄러워하지 않았습니다. 그러나 범죄한 인간은 부끄러움을 가리느라고 자기의 죄를 남에게 탓하게 되었습니다.

"저 여자 때문에, 저 뱀이 꼬셔서."

인간의 심리는 자기의 부끄러움을 가리기 위한 쪽으로 잘 발달되어 있습니다. 이것이 교묘한 죄성입니다. 하나님은 이러한 죄성을 부부 안에서 다루기를 원하십니다. 혼자일 때는 잘 모릅니다. 내가 상당히 괜찮은 사람이라 생각할 수 있습니다. 결혼하면 다 들통이 납니다. 감출 수 없습니다. 솔직히 인정한다는 것은 너무 아프고 부끄럽습니다. 그래서 '너 때문이야!'라는 옷으로 자기를 가립니다. 주님의 옷으로 가리면 되는 데 말입니다.

죄성을 복종이라는 명령을 통해 보게 하시고 다루기를 원하십니다. 벌떡거리는 자아의 죽음 말입니다. 바깥에서는 내면의 속사람을 충분히 감추고 살 수 있습니다. 그래서 주의 길을 가기 위해서는 부부관계를 통하여 이 자아를 다루어야 합니다. 그렇지 않으면 주님을 닮을 방도가 없습니다.

복종은 순결한 신부의 영성입니다(그리스도의 자취를 따르는)

죄에 대하여 죽고 의에 대하여 사는 것, 죄에 대하여 반응한다는 말씀은 무슨 말일까요? 서로 안에 있는 죄성은 죄인과 죄인의 만남 안에서 스파크가 일어납니다. 서로 다르기에 의견 차이가 있는 것입니다. 내가 진정 죽었는지를 가장 잘 볼 수 있는 장은 부부관계입니다. 나의 자존심이 건드려지는 장소입니다. 이때에 얼른 자신을 봐야 합니다. 대체로 우리는 상대의 단점을 주목하며 공격할 수 있습니다. 복종이란 주제를 통하여 아내들을 촉구하십니다. 그럼에도 사랑할 수 있느냐고 하시며 '사랑'이라는 주제로 남편들을 촉구하십니다. 자아가 죽을 수 있느냐는 것은 그리스도를 위해서 죽을 수 있느냐와 같은 말입니다.

복종은 순교의 1차적인 장입니다

우리는 이렇게 노래합니다.

> ♫ 내가 그리스도와 함께 십자가에 못박혔나니
> 그런즉 이제는 내가 산 것이 아니라

그럼에도 자아의 죽음을 간과합니다. 그러면서 순교를 운운합니다. 순교의 1차적인 장은 가정입니다. 주님을 사랑한다면 내 곁에 있는 남편을 사랑해야 합니다. 진정 주님께 순종한다면 내 곁에 있는 남편에게 순종하게 됩니다. 죄를 향한 본성이 건드려질 때마다 고통이 오지만 길이 있습니다. 심판하시는 이에게 부탁하는 길입니다. 주권 인정입니다. 아! 내가 옳고 상대가 틀렸는데도 말입니다. 나의 옳음을 통하여 하나님의 뜻이 이루어지는 것이 아닙니다. 하나님의 뜻은 순종을 통하여 이루어집니다. 복종은 순결한 신부가 되는 여정입니다. 여기서 우선 전제되어야 하는 것은 주님과 사랑에 빠지는 길입니다. 예수님과 진정 사랑하는 관계라면 가능합니다. 주님과 사랑에 빠지는 길을 내 안에 무엇이 방해합니까?

> 내가 그리스도와 함께 십자가에 못 박혔나니 그런즉 이제는 내가 사는 것이 아니요 오직 내 안에 그리스도께서 사시는 것이라 이제 내가 육체 가운데 사는 것은 나를 사랑하사 나를 위하여 자기자신을 버리신 하나님의 아들을 믿는 믿음 안에서 사는 것이라(갈 2:20).

사랑하는 주님!

아직도 죽지 않고 벌떡거리고 있는 내 안에 옛 자아를 봅니다.

주님의 십자가에 나도 함께 죽었음을 인정합니다.

나의 옛 본성이 머리를 치켜들 때마다 은혜로 주님과 연합하게 하소서.

그 은혜가 부부 안에 흐르므로 연합의 은혜를 부부 안에서 누리게 하소서.

나눔을 위한 정리

지혜의 근본이시며 가장 지혜로우신 분이 우리를 사랑하는 방법은 이 세상에서 가장 미련하고 비천한 방법인 십자가의 죽으신 것입니다. 예수님은 피 흘려 죽으심으로 하나님께 복종하셨습니다. 신부의 복종은 예수 그리스도의 피 흘림과 동일합니다. 교회인 신부의 영성은 그리스도 고난의 자취를 따르는 영성입니다. 욕 당하되 되갚아 욕하지 않는 자아 죽음의 영성입니다. 자아가 죽는 죽음의 영성입니다.

여성은 특히 피와 관련된 존재입니다. 피 없이는 출산이 불가능합니다. 여성의 복종은 죄 문제와 연관이 있습니다. "여자가 해산하므로 구원을 얻으리라(딤전 2:15)."는 말씀은 여성이 에제르로 보내심을 받았기 때문에 가능합니다. 예수님은 자신이 심판자이심에도 공의로 심판하시는 이에게 자신을 의탁하셨습니다. 뿐만 아니라 친히 나무에 달리셨고, 그 몸으로 우리 죄를 짊어지셨습니다. 복종은 사랑하는 방법 중에 하나입니다.

생각 나눔

1. 당신은 십자가 앞에서 날마다 자아가 죽는 경험을 누구를 통해 하고 있습니까?

2. 에제르, 여성이 가진 탁월성이 가장 드러나는 부분은 무엇이라고 생각합니까?

3. 가정의 머리인 남편에게 복종하기 위하여 내게 가장 필요한 것은 무엇이라고 생각합니까?

5-5
그리스도를 본받는 남편의 영성

하나님의 영광인 남자

존귀한 남성 여러분! 여러분은 하나님의 영광입니다. 여러분은 하나님의 형상입니다. 여러분은 자신이 하나님의 형상이라고 생각하십니까? 자신이 하나님의 형상이라는 말에 가슴 벅찬 감격이 있습니까?

'영광'이라는 단어는 그 존재 자체가 최상급으로 활짝 만개한 상태를 말합니다.[*]

사람 안에는 하나님의 영, 하나님의 숨, 하나님의 생명, 하나님의 성품이 담겨 있습니다. 하나님과 교제하기에 알맞은 속성입니다. 이 세상의 그 어떤 존재도 이렇게 창조되지 못하였습니다. 오직 사람만 하나님의 형상으로 창조되었습니다. 남성은 보이지 않는 하나님의, 보이는 형상입니다.

남자는 하나님의 형상과 영광이니⋯여자는 남자의 영광이니라(고전 11:7).

형상은 헬라어 '아이콘, 이콘'으로 '보이지 않는 세계를 가시적으로 나타내는' 또는 '어떤 대상과 닮았다'라는 의미를 가집니다.

---

[*] 『영원에서 영원으로』, 이재철, 대장간:2009, 162.

…아들의 형상을 본받게 하기 위하여…(롬 8:29).

이 땅의 많은 피조물 가운데 하나님의 형상은 오직 사람 뿐입니다. 영원이신 하나님께서 물질세계로 오시는 방법은 몸을 입는 방법이었습니다. 예수님이 몸을 입으시고 이 땅에 오심은 보이지 않는 하나님을 이 땅에 나타내신 방법입니다. 예수 그리스도를 본 사람은 하나님을 본 사람인 것처럼 예수 그리스도를 본 남성은 예수 그리스도의 표현입니다. 여러분을 보는 사람은 여러분의 얼굴에 있는 하나님을 보게 될 것입니다.

존귀하신 남성 여러분! 여러분은 이런 존재입니다. 지금 여러분이 여러분 자신에 대하여 어떻게 생각하고 있든지 상관없이 여러분은 하나님의 영광입니다. 하나님을 닮은 존재입니다. 남성의 근원이 하나님이시듯 곁에 있는 아내의 근원은 남자입니다. 당신의 아내는 당신과는 너무나 다른 존재이지만 당신으로부터 나왔습니다. 아담! 당신은 범죄로 인해 에덴을 상실하는 순간 곁에 있는 여자에게 생명이라는 뜻의 하와라는 이름을 줍니다. 아담 당신은 분명 당신으로 말미암아 근원되어진 여자의 존재가 당신을 위하여 보내진 보이는 성령임을 알았을 것입니다. 에제르가 당신에게서 나온(당신으로부터 근원된) 살리는 존재임을 다시 한 번 기억하고 붙드는 심정으로 '하와'라고 불렀을 것입니다.

여자에 대한 남자들의 찬사를 한번 보십시오. 에드 실보소의 말입니다.

여자는 남자의 잠재되어 있는 감정을 일깨워 줍니다. 시와 드라마 노래와 음악은 완전한 조화를 이루며 이러한 감정의 심오함과 강렬함을 표현합니다. 남자들은 그들을 가장 먼저 가슴으로 껴안은 어머니로부터 그들을 두 팔로 감싼 아내와 자기들이 업고 다닌 딸들에 이르기까지 여자들과 매우 가까운 관계를 이루어 왔습니다. 이 세상에 여자처럼 남자의 마음에 감동을 주는 존재는 없습니다. 여자는 메마른 남자의 영혼을 온유의 샘물로 완전히 젖게 할 수 있습니다. 여자들은 남자들이 성능 좋은 망원경으로 볼 수 없을 만큼 심오한 존재입니다. 하나님은 경외감마저 들만큼 하와를 아름다운 얼굴과 몸매로 지으셨을 뿐 아니라 이후에 태어날 모든 여인들도 신비한 존재로 창조될 것입니다.

"남자들은 여자의 모습을 보고 넋이 나갈 것이며 사탄은 여자에 의해 무너지게 될 것입니다."[*]

은혜가 그녀의 걸음마다 깃들어 있었습니다. 동작 하나하나에 기품과 청아함과 사랑이 흘렀습니다. 완전함이 그녀에게 인쳐 있었습니다. 그녀가 온 이후로 바람은 천 배나 더 시원했었고 꽃의 향기는 천 배나 더 향기로웠습니다. 새들의 노래는 청아했고 나무는 더 아름다웠으며 해가 더 환하며 달이 더 사랑스럽고 별들이 더 가깝게 동물들은 더 온순하게 다가왔습니다. 이 모두가 그녀가 왔기 때문입니다. 여기 진정한 미스 유니버스인 그녀가 왔기 때문입니다. 그녀가 온 이유는 에덴의 완전함이 아담의 필요를 채워 주지 못했기 때문입니다.[**]

여자가 버겁다?

존귀한 남성 여러분! 남자의 넋이 나가게 할 정도로 아름답고 우아하고 품위 있는 여자, 메마른 남자의 영혼을 온유의 샘물로 적셔 줄 수 있었던 여자, 하지만 때론 날카로운 상처를 주기도 하며 버거울 때도 있습니다. 피곤합니다. 이 여자의 마음을 어떻게 맞추어 주어야 할지 알 수가 없습니다. 무언가 틀린 것 같지는 않은데 따져서 이겨 볼 재간도 없습니다. 그래서 침묵하고 동굴로 들어가 숨어 버리기도 합니다. 아내는 왜 대화하지 않고 숨느냐고 또 아우성입니다.

존귀한 남성 여러분! 알다가도 모르겠고 열심히 연구해서 이제 알 것 같았는데 또 다른 내용이 추가됩니다. 죄인이기 때문입니다. 죄로 인하여 그 아름다운

---

[*] 『여성 하나님의 특별한 계획』, 에드 실보소, 조용만 역, 예수전도단:2003.

[**] 『성령님을 만나 보세요』, 잭 하일즈, 박희원 역, 두란노:1996, 270.

에제르의 모습이 손상되었기 때문입니다. 성경은 이러한 아내를 그리스도께서 교회를 사랑하신 것처럼 사랑하라고 하십니다. 더욱 힘에 겨운 일입니다. 교회를 위하여 자기 몸을 주신 것처럼 사랑하라니….

인간으로서는 도무지 불가능한 일이니 '여자, 너나 복종하고 잘해 봐' 정도로 생각하고는 시도할 생각조차 않고 아예 포기해 버립니다. 아내는 제발 날 좀 사랑해 달라고 아우성인 데 말입니다. 다시 한번 말씀을 향하여 눈을 돌려 봅시다. 그리스도께서 교회를 사랑하신 것처럼 아내를 사랑하면 그 결과는 흠과 티와 주름 잡힌 것이 없는 거룩한 교회가 된다고 말씀하십니다. 이 결과 또한 굉장한 사건입니다. 그러나 인간으로서는 벅찬 일이니 슬그머니 모른 척하려고 합니다. 많은 남성이 이 말씀을 실천해 보려고 고민하지 않는 것 같습니다.

여성! 알 듯 말 듯 신비한 존재

에드 실보소는 여성에 대하여 이렇게 말합니다.

> 여자는 환상적이고 흥미로우며 복잡하면서도 때로는 혼돈을 불러일으키는 한 권의 책과 같다. 남자들은 마지막 페이지를 대할 때 자신들이 거기에 있는 것들을 모두 배웠다고 생각하지만 그 책은 하룻밤 사이에 새로운 내용이 추가될 것이다. 그런데 재미있는 사실은 남자들이 여자에 대해서 매력을 느끼는 것은 바로 여자가 갖고 있는 이와 같은 이해할 수 없는 부분 때문이다. 예를 들어 남자가 여자에 대해 모든 것을 이해할 경우 그는 싫증이 나서 다른 여자로 바꾸고 싶어할 것이다. ***

성경이 남자를 향해 "지식을 따라 너희 아내와 동거하고(벧전 3:7),"라고 말씀

*** 『여성 하나님의 특별한 계획』, 에드 실보소, 조용만 역, 예수전도단:2003.

하는 이유가 바로 여기에 있습니다. 남자들은 여자에 대해 자신들이 이해하지 못하는 것을 무시하거나 바꾸기 위해서가 아니라 여자들의 모습을 있는 그대로 받아들이기 위해 그들을 끊임없이 연구하고 관찰해야 한다고 말씀합니다.

· 여자의 단점만 주목하여 재조정하려고 하는 것은 불가능한 일입니다.
· 여자는 남자를 섬기기 위해서가 아니라 상호 보충적인 관계에서 남자를 돕도록 창조되었습니다.

남편들아 이와 같이 지식을 따라 너희 아내와 동거하고 그를 더 연약한 그릇이요 또 생명의 은혜를 함께 이어받을 자로 알아 귀히 여기라 이는 너희 기도가 막히지 아니하게 하려 함이라(벧전 3:7).

남자들이 이러한 말씀에 순종하지 않을 때 그들의 기도가 응답되지 않는다는 것입니다. 하나님께서는 자기 아내의 말에 귀를 기울이지 않고 아내를 귀히 여기지 않는 남자들의 기도를 들으시지 않는다고 말씀합니다.

이와 같이 남편들아

베드로 사도가 아내에게도 '이와 같이'라고 말씀하고 있습니다. 결국 **남편과 아내는 서로를 향하여 예수님이 하셨듯 서로를 향하여 죽기까지 사랑하라는 뜻입니다.** 결국 이러한 명령에 대한 순종의 결과는 회복이라고 말씀합니다.

너희가 전에는 양과 같이 길을 잃었더니 이제는 너희 영혼의 목자와 감독 되신 이에게 돌아왔느니라(벧전 2:25).

하나님은 남자가 여자에 대하여 이렇게 대해야 한다고 단호하게 말씀하십니다. 남자들은 대체로 여자의 마음, 영혼, 생각을 이해하려고 하지 않으며 부부의 성적인 관계에서도 여성의 정서적인 민감성에 대하여 무지합니다.

> 사람이 새로이 아내를 맞이하였으면 그를 군대로 내보내지 말 것이요 아무 직무
> 도 그에게 맡기지 말 것이며 그는 일 년 동안 한가하게 집에 있으면서
> 그가 맞이한 아내를 즐겁게 할지니라(신 24:5).

위의 말씀은 장가든 신랑은 1년 동안 병역을 면제받도록 말씀하고 있습니다. 결혼을 중요하게 여기셔서 신혼부부에게 특혜를 베푸시는 말씀이며 아내를 이해하고 즐겁게 해 주기 위해서 1년간 한가히 집에 머물라고 결론짓고 있습니다. 남편과 아내 모두를 위한 것이며 결혼을 귀히 여기시는 하나님의 배려입니다.

아내는 교회다

남편은 아내를 그리스도께서 교회를 사랑하사 자신을 주심 같이 하셨던 것처럼 사랑해야 합니다. 많은 여성이 남편에게 복종하는 것을 두고 어려워하고 있습니다. 그러나 남편이 아내를 사랑하라는 명령은 더 어렵습니다. 그 기준이 그리스도께서 교회를 사랑하사 목숨을 주신 것이기 때문입니다. 진정한 목회 대상 1번은 아내입니다.

예전에 묵상 나눔을 할 때 함께했던 한 전도사님의 나눔이 기억납니다.

"나는 목회를 진정 배우고 싶다. 그런데 할머니 몇 분만 계시는 이런 시골에서 어떻게 목회를 배울 수 있겠는가? 교회의 규모가 조금 있는 곳에 가서 사역을 해야 제대로 배울 수 있을 것 같다라고 고민하는 중에 '**너의 아내를 내가 교회를 사랑하여 목숨을 준 것처럼 사랑하면 그것이 가장 잘하는 목회다.**'라는 주님의 마음을 깨달았다."고 했습니다.

그렇습니다. 수많은 청중 앞에서 멋진 설교를 하여 인정을 받는 것은 가정에

서 아내에게 좋은 남편, 남편에게 좋은 아내가 되는 것보다 더 쉽지 않을까요? 남편이 아내를 제대로 사랑할 수 있는 길은 예수님과 사랑에 빠지는 길밖에 없습니다. 남편이 교회로서 자신을 위하여 목숨을 버리신 그리스도의 사랑을 받은 만큼 아내를 사랑하는 것이 가능합니다. 부부는 결코 1:1 관계로 존재하지 않습니다. 하나님의 영광이요, 하나님 형상의 표현된 존재인 남편들이여! 나 스스로 결단하고 애쓴다고 좋은 남편이 되기는 어렵습니다. 남편 역시 그리스도의 아내 된 교회로서 예수님의 사랑을 누리며 그 영광의 얼굴 빛 앞에 거하십시오. 남편인 나 자신이 그리스도와 연합한 것만큼 아내와의 연합이 가능합니다.

사랑하는 남성 여러분! 여러분이 하나님의 영광이요, 하나님의 표현된 존재로 당신의 아내 곁에 보내졌다는 사실이 얼마나 존귀하고 놀랍습니까? 땅에 있는 가족은 하늘 아버지의 가족을 비추는 거울입니다. 연약한 모습을 부끄러워하지 마십시오. 자신의 그 어떠한 모습도 용납하고 기다리시는 신랑되신 그리스도와의 깊은 연합의 비밀을 누리세요.

"여보! 나는 지금 공사 중이야. 조금만 더 기다려 줘. 내가 주님 안에, 주님이 내 안에 계시기에 우리는 소망이 있지 않소? 예수 그리스도의 십자가 사랑이 오늘도 나에게 흐르고 있으니, 그 사랑이 내게 부은바 되었으며 또 계속해서 부어지고 있으니 넘치고 흘러서 당신에게 흘러갈 거야."

이 땅의 모든 남편과 아내는 서로를 향하여 사랑해 주기를, 존경해 주기를 원합니다. 누구라도 예수 그리스도의 진정한 사랑을 경험하기 전까지는 서로의 비어 있는 공간을 채워 줄 수 없습니다. 그 진정한 사랑이 무엇일까요?

예수님과 사랑에 빠지기 전까지는

남편들이여, 당신이 신랑되신 예수님과 사랑에 빠지기 전까지는 아내를 사랑할 수 없습니다. 진정한 신랑이 어떠한지를 알기까지는, 예수님이 누구신지 알기까지는 그분의 희생적인 사랑을 경험하기 전까지는 진정한 아내 사랑은 어려울 것입니다. 예수 그리스도의 십자가 사랑이 자신의 삶을 가득 메울 때, 그때에 비로소 예수님이 교회를 사랑하신 것처럼 아내를 사랑할 수 있습니다. 남편 여러분, 진정한 신랑의 정체감! 이 정체감은 진정한 신랑되신 예수님과 사랑에 빠질 때 가능합니다.

아내를 사랑하는 것은 곧 자기를 사랑하는 것

> 누구든지 언제나 자기 육체를 미워하지 않고 오직 양육하여 보호하기를 그리스도 께서 교회에게 함과 같이 하나니 우리는 그 몸의 지체임이라 그러므로 사람이 부모를 떠나 그의 아내와 합하여 그 둘이 한 육체가 될지니(엡 5:29-31).

자기 아내를 사랑하는 것은 곧 자기를 사랑하는 것입니다. 아내는 곧 자신의 몸입니다. 아내를 사랑해야 할 중요한 이유는 한몸이기 때문입니다. 어느 누구도 자기 몸을, 자기 지체를 미워하지 않습니다. 다치면 약 발라 주고 치료해 줍니다. 몸의 한 부분이 병들면 온 마음을 다해 그 부분을 치료합니다. 자기자신을 미워한다면 치료가 필요한 사람입니다. 내면이 건강한 사람이 자기자신을 사랑하는 것은 자연스런 일입니다. 아내는 한몸이기 때문에 사랑이 연장되어 사랑하게 됩니다. 이 말씀에 무슨 설명이 더 필요하겠습니까? 에베소서 5장 18-33절은 에베소서의 절정입니다. 교회론의 절정입니다. 남편과 아내는 하나님과 자기 백성과의 관계를 유기적인 관계로 표현한 가시적 실체입니다.

사랑받는 아내는 거룩한 교회가 된다

> 남편들아 아내 사랑하기를 그리스도께서 교회를 사랑하시고 그 교회를 위하여 자신을 주심 같이 하라 이는 곧 물로 씻어 말씀으로 깨끗하게 하사 거룩하게 하시고

자기 앞에 영광스러운 교회로 세우사 티나 주름 잡힌 것이나 이런 것들이 없이 거룩하고 흠이 없게 하려 하심이라(엡 5:25-27).

남편이 아내를 이렇게 사랑하게 되면 거룩한 교회로 세우는 놀라운 축복의 결과를 가져오게 됩니다. 아내의 순종과 남편의 사랑으로 하나 된 부부의 연합! 바울이 말하고 있는 이 비밀! 에베소서의 하이라이트, 곧 교회의 진정한 비밀이 여기에서 드러나고 있습니다. "남편들아!(22절)"로 시작하여 "내가 그리스도와 교회에 대하여 말하노라(31절)" 사이에 엄청난 그리스도의 사랑이 드러나고 있습니다. 남편이 아내를 사랑하는 것과 그리스도께서 교회를 사랑하시는 것을 같은 원리로 말씀하고 있는 것이 놀랍습니다. 이 말씀에서 사랑받는 아내는 티나 주름 잡힌 것이나 흠이 없는 거룩한 교회로 세우는 길이라고 합니다.

남편에게 사랑받는 아내는 거룩한 교회가 된다는 것입니다. 남편이 자기 아내를 사랑하는 것은 곧 자기를 사랑하는 것입니다. **거룩한 교회가 비밀입니다. 곧 거룩한 신부가 비밀입니다.** 28절에서 남편들에게 아내가 자신의 몸이라고 강조하고 있습니다. 남편이 아내에 대하여 잊지 말아야 하는 한 가지는 아내가 자신의 몸이라는 사실입니다. 아담은 하와에게 "내 **뼈** 중의 **뼈**요 내 살 중의 살이라."고 했습니다. 두 번째 아담이신 그리스도께서 교회인 나를 향하여 "너는 나의 살이야 너는 나의 피야."라고 하십니다.

> 이와 같이 남편도 아내를 자기 몸처럼 사랑해야 합니다. 자기 아내를 사랑하는 것은 곧 자기를 사랑하는 것입니다. 자기 육신을 미워하는 사람은 없습니다. 누구나 자기 육신은 먹여 살리고 돌보기를 그리스도께서 교회를 그렇게 하시듯 합니다. 우리는 그리스도의 몸의 지체입니다. (엡 5:28-30, 새번역)

이 말씀에서는 그리스도께서 교회를 향하여 "너는 나의 몸이다. 나의 피로 너를 샀다. **너는 내 것이다.**"라고 말씀하시는 **애끓는 사랑의 음성**이 들리는 듯합니다. "너는 나의 옆구리가 창에 찔리므로 흘러내린 나의 핏덩이"라고 하십니다. 우리도 비싸게 산 소중한 것은 애지중지 아낍니다. 하물며 주께서 교회인 나를 향한 마음이 어떻겠습니까? '너는 내 몸이다. 내 것이다. 내 목숨과 바꾼 나의 소유된 존재다.'라고 그토록 교회를 애지중지 사랑하십니다.

피 흘리기까지

교회는 그 피의 사랑을 입은 존재입니다. 또한 교회는 지금도 그 사랑을 입고 있습니다. 교회는 이제 곧 다시 오실 신랑을 기다리는 신부입니다. 예수님은 유월절 만찬에서 "떡을 떼어 주시면서 받아먹어라. 이것은 내 몸이니라." 하시고 또 잔을 주시며 "이것을 마시라." 하시며 이것은 죄사함을 얻게 하려고 많은 사람을 위하여 흘리는 바 나의 피, 곧 언약의 피라고 하십니다.

> 내 살을 먹고 내 피를 마시는 자는 영생을 가졌고 마지막 날에 내가 그를 다시 살리리니…내 살을 먹고 내 피를 마시는 자는 내 안에 거하고 나도 그의 안에 거하나니 살아 계신 아버지께서 나를 보내시매 내가 아버지로 말미암아 사는 것 같이 나를 먹는 그 사람도 나로 말미암아 살리라(요 6:54-57).

> 육체의 생명은 피에 있음이라 내가 이 피를 너희에게 주어 제단에 뿌려 너희의 생명을 위하여 속죄하게 하였나니 생명이 피에 있으므로 피가 죄를 속하느니라 (레 17:11).

> 사람은 하나님의 생명을 불어 넣어 만든 존재입니다. 생령이 되었다는 것은 흙덩이 아담에게 피의 순환이 일어나게 되었고 피가 순환된다는 것은 생명 현상이 일어나 아담이 하나님의 형상으로 지음 받았음은 하나님의 DNA가 들어왔다고 볼

수 있습니다. 범죄함으로 인해 하나님의 형상이 상실되었음은 그의 피가 더러워졌다는 뜻입니다.[*]

나뭇잎 치마를 만들어 입은 아담과 하와를 위하여 하나님이 친히 어린 양을 잡아 가죽옷을 지어 입히십니다. 어린 양이 피를 흘렸습니다. 이때부터 어린 양의 피는 요한계시록까지 이어집니다. 아담으로부터 모세까지 아담의 범죄와 같은 죄를 짓지 아니한 자들까지도 사망이 왕 노릇하였나니 아담은 오실 자의 모형(롬 5:14)입니다.

> 우리가 아직 죄인 되었을 때에 그리스도께서 우리를 위하여 죽으심으로 하나님께서 우리에 대한 자기의 사랑을 확증하셨느니라 그러면 이제 우리가 그의 피로 말미암아 의롭다 하심을 받았으니 더욱 그로 말미암아 진노하심에서 구원을 받을 것이니(롬 5:8-9).

> 율법을 따라 거의 모든 물건이 피로써 정결하게 되나니 피흘림이 없은즉 사함이 없느니라(히 9:22).

> 너희가 알거니와 너희 조상이 물려 준 헛된 행실에서 대속함을 받은 것은 은이나 금 같이 없어질 것으로 된 것이 아니요 오직 흠 없고 점 없는 어린 양 같은 그리스도의 보배로운 피로 된 것이니라(벧전 1:18-19).

> 우리 형제들이 어린 양의 피와 자기들이 증언하는 말씀으로써 그를 이겼으니 그들은 죽기까지 자기들의 생명을 아끼지 아니하였도다(계 12:11)

---

[*] 차한(2020), "아담의 유전자와 예수님의 유전자", 유튜브 강의.

이러한 피의 사랑을 경험한 남편은 자연스럽게 그 사랑이 몸으로 흐르게 됩니다. 그 피의 사랑이 아내에게로 흘러 아내를 사랑하는 것은 자연스럽고 마땅한 일입니다. 사실 아내를 사랑한다는 것은 죽을 정도까지 해야 할 일은 아닙니다. 조금 친절하게, 조금만 자상하게 대해도 아내는 감동합니다. 그렇게 대하기 어렵다면 치유가 필요합니다.

진정한 신랑되신 그리스도의 사랑은 당신의 내면을 치료하기에 넉넉합니다.

나눔을 위한 정리

자신에 대한 생각과 상관없이 남자는 하나님의 영광이며 하나님과 닮은 존재입니다. 하나님의 영, 하나님의 숨, 하나님의 생명, 하나님의 성품이 담겨져 있는 존재는 남자입니다. 남자의 근원이 하나님이시듯 여러분 곁에 있는 아내는 남자로부터 근원되어졌습니다. 아내는 당신과는 너무나 다른 존재이지만 당신으로부터 나왔습니다. 여자의 존재를 완전히 이해하기란 어렵습니다. 하지만 이러한 아내를 그리스도께서 교회를 사랑하신 것처럼 사랑하라고 하십니다. 쉬운 일이 아닙니다. 스스로 결단하고 애쓴다고 좋은 남편이 되는 것이 아닙니다. 신랑되신 예수님의 희생적인 사랑을 경험하기 전에는 진정한 아내 사랑은 어려울 것입니다.

에베소서 5장 22-31절 말씀 중에 남편이 아내를 사랑하는 것과 그리스도께서 교회를 사랑하시는 것은 같은 원리입니다. 남편에게 사랑받는 아내는 거룩한 교회가 됩니다. 남편이 아내를 사랑하는 것은 곧 자기를 사랑하는 것과 같습니다.

생각 나눔

1. 남자인 당신은 하나님의 형상이요, 영광이라는 감격이 있습니까?

2. 그리스도께서 교회를 사랑하심 같이 아내를 사랑할 수 있습니까? 이렇게 아내를 사랑할 때 그 결과는 어떠하다고 말씀하십니까?

3. 부부 안에서 남편인 당신이 가장 힘든 때가 언제인지 나누어 봅시다.

6부

복음의 능력으로 살라

"이는 내 사랑하는 자요!"
존재, 구석구석까지
이 목소리를 듣고 있는가?

6-1
대언의 능력

나는 군대를 본다

> 또 내게 이르시되 인자야 너는 생기를 향하여 대언하라 생기에게 대언하여 이르기를 주 여호와께서 이같이 말씀하시기를 생기야 사방에서부터 와서 이 죽음을 당한 자에게 불어서 살아나게 하라 하셨다 하라 이에 내가 그 명령대로 대언하였더니 생기가 그들에게 들어가매 그들이 곧 살아나서 일어나 서는데 극히 큰 군대더라(겔 37:9-10).

우리 중 어느 누구도 마른 뼈와 같은 현실을 갖고 있지 않은 사람은 아마 없을 것 같습니다. 가족 안에서만 보아도 부부 문제, 자녀, 질고, 재정 등 여러 절망적인 문제를 안고 있습니다. 지금은 문제가 해결된 듯 하더라도 언제 또 이러한 문제를 만날지 모릅니다. 공동체 안에서 혹은 직장 안에서 우리의 국가적 현실, 이 모든 시대적 상황 가운데서 우리는 즐비한 마른 뼈를 보고 있습니다. 마른 뼈와 같은 창백한 부부관계, 교회, 자녀 세대, 조국의 현실 등 다 나열하기 어려운 정도입니다.

이 뼈들이 살 수 있겠는가?

오래오래 기도하고 기다려도 요지부동의 현실! 길이 있을까! 살 수 있을까? 상황은 현실(실제)이고 말씀은 뜬구름 같아 믿기가 어렵습니다. 살아 계신 하나님의 말씀인데도 말입니다. 그 당시 이스라엘은 포로생활 가운데 있었고 그들 삶의 모든 것, 즉 삶의 중심인 성전도 훼파되었고 어떠한 소망도 가질 수 없는 현실이었습니다.

> 우리의 뼈들은 말랐고 우리의 소망이 없어졌으니 우리는 다 멸절되었다 하느니라 (겔 37:11b).

위의 말씀처럼 이스라엘 백성 스스로 이렇게 말할 수밖에 없는 현실입니다. 절망적인 현실입니다. 그러나 하나님의 편에서는 무덤이든, 마른 뼈이든 그들을 살리는 일은 아무것도 아니지요. 흑암과 빛이 일반이듯 생명과 죽음도 하나님께는 동일합니다. 하나님은 말씀하시는 것을 이루십니다. 나라를 잃고 온 세계에 흩어져 있는 이스라엘을 모으시고 나라를 만드셨습니다. 말씀이 성취되었습니다. 마지막에 이스라엘을 일으켜 세우시므로 회복하게 하실 것입니다.

말씀은 완전한 성취입니다. 그런데 이 말씀이 지금 나와 어떤 상관이 있느냐는 것입니다. 이스라엘에게 예언하신 이 말씀이 지금 나를 향하여서도 동일하지 않습니까? 대언! 다시 한번 이 말씀에 주목해 보실까요? 3절 말씀에서 하나님은 에스겔에게 "인자야"라고 부르십니다. 이 믿기 어려운 말씀에 대하여 "너 사람의 아들아", "사람아"라고 부르시며 뼈가 가득한 골짜기를 지나가며 보게 하십니다. "인자야" 하시며 이 뼈들이 능히 살겠느냐고 물으십니다. 이렇게 친절하게도 뼈 가득한 골짜기를 보이고, 에스겔이 본 절망의 현장을 통한 그의 반응도 물으십니다. "이 뼈들이 능히 살겠느냐?" "주께서 아시나이다."라고 대답한 에스겔은 어떤 생각이었을까요?

에스겔은 당시 포로된 백성의 심정을 대변하는 것 같습니다. 하나님의 능력을 부인할 수 없지만 그렇게 될 것에 대한, 그 능력을 전적으로 신뢰하는 믿음은 불확실했었습니다. 이 말씀은 철저한 죽음과 불확실한 상황에 주저앉아 절망하고 있는 백성의 마음을 읽으시며, "나 여호와는 할 수 있어. 힘내!"라고 말씀하십니다.

대언하라: 하나님께서 말씀하신 대로

대언이란 하나님의 말씀을 에스겔이 대신 말하는 것이지요. 에스겔의 마음속에 있는 확신을 말하는 것이 아니라 하나님께서 말씀하신 대로 그대로 말하라고 합니다. 하나님께서는 여기에서 인자(에스겔)에게 해야 할 일을 두 가지로 명합니다.

"인자야, 네가 대신 말하라. 너 무능한 사람아! 나를 대신하여 네가 말해 보지 않겠니?"

너는 이 모든 뼈에게 대언하라고 하십니다. 먼저 마른 뼈를 향하여 대언하라고 하십니다. 생명이 없는, 들을 수도 없는 뼈를 보고 말입니다. 벽을 쳐다보고 말하는 것보다 더 현실감이 없는 것입니다. 그러나 내 말이 아니라 하나님의 말씀을 대신 말하라고 하시니 에스겔은 그대로 했습니다.

마른 뼈를 향하여 대언하라

너희 마른 뼈들아 여호와의 말씀을 들을지어다 (겔 37:4b).

이 말씀 안에는 '나 여호와는 이룰 수 있다.'라는 뜻입니다. 내가 생기를 너희에게 들어가게 하리니 "너희가 살아나리라."고 말씀하십니다.

"너희 위에 힘줄을 두고 살을 입히고 가죽을 덮고 너희 속에 생기를 넣으리니 **너희가 살아나리라** 또 내가 여호와인 줄 알리라."

이제 에스겔은 하나님의 명령을 따라 대언했습니다. 그 결과는 마른 뼈들이 사람의 형체를 다 갖추었습니다. 그러나 생기는 없다고 말씀합니다. 여기까지가 인자를 향한 첫 번째 명령입니다.

"인자야 너 내가 지금 한 말을 따라서 해 보지 않겠니? 아무 걱정 말고 내가 한 말 그대로 말하면 돼! 네가 한 말을 내가 이룰 것이니 너는 나만 믿고 그대로 말해 보지 않겠니?"

생기를 향하여 대언하라

"인자야 너는 생기를 향하여 대언하라!"고 또 명하십니다. 여기에서 하나님은 사람(인자)으로 불리는 에스겔과 철저히 함께 동역하십니다. 인자의 입으로 대언하게 하십니다. 하나님께서 말씀하신 일에 하나님께서는 인자, 사람으로 하여금 대신 말하게 함으로 하나님이 하신 일을 이루십니다. 어떻게 생기를 향하여 대언합니까? 주 여호와께서 이같이 말씀하십니다.

> 생기야 사방에서부터 와서 이 죽음을 당한 자에게 불어서 살아나게 하라 하셨다 하라(겔 37:9b).

"이에 내가 그 명령대로 대언하였더니 생기가 그들에게 들어가매 그들이 곧 살아나서 일어나 서는데 큰 군대더라(10절)."고 하십니다. 마른 뼈에 명하니 큰 군대가 되었습니다. 에스겔은 하나님의 명령대로 말했습니다. '인자야'라는 말씀은 '너 사람아!' 입니다. '에스겔 너는 선지자이니까 내 말을 대언하면 된다.' 이런 뜻도 있겠지만 우리 모두를 향하여 '너 사람의 아들아!'라고 하십니다. '너 사람아! 너는 나의 형상, 나의 숨으로 지음을 받은 나의 동역자이다. 너는 나의 이 말을 대언하라.'고 말씀하십니다. 어렵지 않습니다. 우리도 마른 뼈와 같은 현실을 향하여 하나님의 말씀을 대언합시다.

'하나님이 이 말씀을 하셨다.'고 대신 외칩시다. 이렇게 하는 것은 모세의 두 번째 반석 사건(7-5 참고)에서 명령대로 "반석을 명하여 물을 나오게 하라."는 말씀과 같습니다. '네가 명하면 내가 물을 나오게 하리니 너희는 그 물을 퍼서 마시고 나누어주면 된다.'는 말씀입니다.

온 우주에 하나님의 숨(루아흐)으로 가득 차 있습니다. 우리는 하나님을 먹고 마시고 있습니다. 그러나 우리가 하나님을 의식하고 하나님의 것을 먹고 마실 때와 그렇지 않을 때는 다릅니다. 우리가 호흡을 하면서도 하나님을 의식하고 모든 순간을 지낼 때는 하나님의 임재를 더욱 많이 느낄 수 있습니다. 이것을 적용해 봅시다.

"나의 마른 뼈들아! 여호와의 말씀을 들을지어다. 생기야! 사방에서부터 이 죽음 당한 곳들에 불어서 살아나라 하라."

믿음은 바라는 것들의 실체

믿음은 바라는 것들의 실상이요(히 11:1a).

우리가 믿음으로 기도할 때 바라는 실체를 마음으로 보게 됩니다. 이미 이루어진 것을 바라보며 감사함으로 아뢰는 것이 기도의 원칙입니다(빌 4:6). 보이는 것은 보이지 않는 것으로 말미암았습니다. 우리가 보고 있는 모든 현실은 그 이면에 영적인 사실이 전제된다는 뜻이지요. 영적인 것은 보이는 세계보다 더 우선입니다. 대체로 우리는 보이는 현실 세계만 보며 그것으로 인해 기쁘기도 하고 절망하기도, 슬퍼하기도 합니다.

보이는 현실을 믿는가? 하나님을 믿는가?

진정한 사실은 보이는 현실이 실제가 아니라 보이지 않는 세계가 더욱 실제라는 것을 알 수 있습니다. 우리 가운데 일어나고 있는 관계 속 갈등도 마찬가지입니다. 누군가를 미워하게 된다든지, 다투게 된다든지 할 때에 자신도 모르게 미워할 수밖에 없는 당면한 현실, 다툴 수밖에 없는 상황에 빠져들어 갑니다. 그러나 잠시 후 정신을 차리고 보면 사탄의 계략이 숨어 있었던 것을 알 수 있습니다. 사탄에게 한 방 맞은 것을 깨달을 때가 종종 있습니다. 그러므로 문제 해결을 위해서는 보이지 않는 영의 세계에 접근해야 합니다.

보이는 현실은 종이 호랑이

우리는 하나님의 약속보다 보이는 현실을 더 크게 신뢰하고 하나님의 약속을 막연한 꿈처럼 생각하고 믿지 않을 때가 더 많습니다. 영적인 실상을 보지 못하게 되면 하나님의 선하신 약속도 보지 못하고 보이는 종이 호랑이 같은 현실을 굳게 믿으므로 두려움 가운데 살 수밖에 없습니다. 이것만 보아도 보이는 세계는 보이지 않는 세계로 말미암는 것을 알 수 있습니다.

하나님의 것으로 선포하라

선포의 의미와 능력을 한번 살펴봅시다. '선포'라는 말은 헬라어로 '케루소'인데 신적인 권위를 가지고 하나님의 뜻을 전하는 메신저의 역할, 큰 소리로 외치는, 큰 소리로 외쳐 알리다 등의 뜻이 있습니다. 히브리어의 선포라는 뜻 중 하나는 '다바르'인데 말하는 것이 그대로 현실이 된다는 뜻으로 예수 이름으로 선포하면 그대로 된다는 것과 같습니다. 하나님께서 '빛이 있으라' 하실 때 빛이 있었습니다. 내 생각을 말하는 것이 아니라 하나님의 말씀을 대신 말하는 것입니다. 하나님의 말씀을 다시 말하는 것이 선포입니다. 말씀대로 한번 선포해 보실까요? 내 안에 있는 마른 뼈들의 현실을 적어 봅시다. 나의 주변에 있는 마른 뼈들의 현실을 적어 봅시다. 그리고 이 마른 뼈들을 향하여 대언해 보십시오.

사람이 마음으로 믿어 의에 이르고 입으로 시인하여 구원에 이르느니라(롬 10:10).

정원 목사는 『부르짖는 기도』에서 이렇게 말했습니다.

사람은 영혼만이 아니라 육체를 가지고 있기 때문에 입으로 시인하는 것이 필요합니다. 영혼이 육체와 교류하는 것은 소리를 통하여 하게 됩니다. 소리는 영적인 것이 실제가 되는 과정이며 소리는 영계가 물질계에 영향을 미치게 됩니다. 글이 소리로 선포될 때에 생명이 입혀집니다. 소리는 물질계에 도장을 찍는 것과 같습니다. 소리는 영적인 것, 이론, 개념이 물질계에서 실제가 되는 과정입니다.[*]

선포는 생명의 역사를 일으키는 권세를 가지고 있습니다.

이는 비와 눈이 하늘로부터 내려서 그리로 되돌아가지 아니하고 땅을 적셔서 소출이 나게 하며 싹이 나게 하여 파종하는 자에게는 종자를 주며 먹는 자에게는 양식을 줌과 같이 내 입에서 나가는 말도 이와 같이 헛되이 내게로 되돌아오지 아니하고 나의 기뻐하는 뜻을 이루며 내가 보낸 일에 형통함이니라 (사 55:10-11).

이와 같이 하나님의 입에서 나온 말씀은 하나도 헛되이 버려지는 것이 없습니다. 비와 눈이 하늘로부터 내려서 그리로 되돌아가지 아니하고 땅을 적시고 소출이 나게 하여 파종하는 자에게 씨와 양식을 주는 것과 같은 원리입니다. 또한 이스라엘 백성이 광야에서 모세와 아론을 원망한 말에 대하여 너희 말이 내 귀에 들린 대로 다 행하리라고 하시며 그들이 광야에서 40년간 방황하도록 하셨습니다.

---

[*] 『부르짖는 기도 1』, 정원, 영성의숲:2016, 75-76.

나를 원망하는 이 악한 회중에게 내가 어느 때까지 참으랴…그 원망하는 말을 내가 들었노라…**너희 말이 내 귀에 들린 대로 내가 너희에게 행하리니**…너희 시체가 이 광야에 엎드러질 것이라…너희의 자녀들은 너희 반역한 죄를 지고 너희의 시체가 광야에서 소멸되기까지 사십 년을 광야에서 방황하는 자가 되리라(민 14:27-33).

무엇을 말하고 있는가?

우리의 입이 지금 무엇을 말하고 있습니까? 불평과 염려와 두려움을 말하고 있습니까? 우리는 하나님의 사람입니다. 우리는 하나님의 것을 말해야 합니다. 우리가 말하는 것은 현실이 됩니다. 하나님이 우리에게 주신 것을 말하고 실천하기에도 우리는 시간이 부족합니다. 하나님의 약속을 말하고 하나님의 것을 선포하므로 하나님의 뜻이 이 땅에 이루어질 수 있도록 하나님과 동역하는 하나님의 사람들로 살아가야 합니다.

우리의 입이 무엇을 말하고 있습니까? 하나님의 생명을 하나님의 진리를 말합시다. 하나님의 생기, 하나님의 영이 온 땅에 흐르도록 하나님의 것을 선포합시다.

축복을 선포하라

제사장의 축복! 여호와께서 아론과 그의 아들들에게 하신 말씀입니다(민 6:23). 이 말씀은 이 땅의 제사장으로 살아가는 우리에게 하신 말씀입니다.

여호와는 네게 복을 주시고 너를 지키시기를 원하며 여호와는 그의 얼굴을 네게 비추사 은혜 베푸시기를 원하며 여호와는 그 얼굴을 네게로 향하여 드사 평강 주시기를 원하노라 할지니라 하라(민 6:24-26).

그 다음 말씀에 주목해 보십시오. **"그들은 이같이 내 이름으로 이스라엘 자손에게 축복할지니 내가 그들에게 복을 주리라**(27절)."고 말씀하십니다. 입술로 선포하십시오. 하나님께서 이루십니다. 선포는 생명의 역사를 일으키는 권세가 있습니다. 하나님의 성품 가운데 충만히 머물면서 주어지는 음성대로 선포해 보십시오.

한 사람에 대하여도 "너는 소중한 하나님의 자녀란다. 괜찮아. 하나님이 너를 사랑하셔." 이런 말 한마디가 사람을 살리고 어둠이 걷히는 역사를 불러오기도 합니다. 저희는 날마다 중보기도 모임에서 이러한 선포를 합니다. 중보기도자의 정체감입니다. 함께 선포해 보실까요?

우리는 강한 용사요. 주의 심장을 가진 자요. 의에 주리고 목마른 자요.

겸손으로 옷 입은 자요. 주의 권세를 받은 자요.

세상을 기도로 정복한 자요. 주의 거룩한 복의 통로요. 화목케 하는 자요.

여호와로 쉬지 못하시게 하는 자요. 각종 은사로 덕을 세우는 자요.

모든 일에 넉넉히 이기는 자요. 주의 음성을 듣는 자요. 겸비한 자요.

하나님의 비밀을 밝히 알고 누리는 자요.

하늘의 신령한 복과 하나님의 충만하심으로 충만케 된 자이다.

그 무엇보다 우리는 주님 자신으로 만족한 자들임을 찬양하며

경배를 드리나이다. 할렐루야!

나눔을 위한 정리

우리는 누구든 가족 안에서, 직장 안에서, 공동체 안에서 마른 뼈와 같은 절망적인 문제들을 안고 있습니다. 이스라엘이 포로 생활을 할 때 하나님은 에스겔에게 대언하라고 하셨습니다. 에스겔이 대언한 대로 마른 뼈가 살아나서 큰 군대를 이룹니다. 지금 우리에게도 하나님은 대언하라고 하십니다.

자신의 말을 하는 것이 아니라 하나님의 말씀을 대신 말하라고 하십니다. 우리가 보고 있는 모든 현실들의 이면에서 영적인 것이 지배하고 있습니다. 하지만 우리가 내는 소리가 영적인 파장을 일으켜서 보이지 않는 영적인 것을 지배할 수 있습니다. 선포는 생명의 역사를 일으키는 권세를 가지고 있습니다. "너는 소중한 하나님의 자녀란다. 하나님이 너를 사랑하신단다." 이런 말 한마디가 사람을 살리고 어둠을 걷어 냅니다. 우리의 입이 하나님의 생명이 흐르도록 진리를 말하고 선포합시다.

생각 나눔

1. 마른 뼈와 같은 현실에서 나는 이전에 어떻게 대처했습니까?

2. 주님이 내게 대언하라고 주신 생명의 말씀은 어떤 것입니까?

6-2
보혈의 능력으로

∞

> 율법을 따라 거의 모든 물건이 피로써 정결하게 되나니 피흘림이 없은즉 사함이
> 없느니라(히 9:22).

성경 속에는 창세기로부터 요한계시록에 이르기까지 피가 흐르고 있습니다. 구약은 짐승들의 피, 신약은 예수 그리스도의 피로 강물처럼 흐릅니다.

> 내가 애굽 땅을 칠 때에 그 피가 너희가 사는 집에 있어서 너희를 위하여 표적이
> 될지라 내가 피를 볼 때에 너희를 넘어가리니 재앙이 너희에게 내려 멸하지 아니
> 하리라(출 12:13).

어린 양

어린 양의 이야기 역시 창세기로부터 요한계시록까지 이어집니다. 세례 요한의 사역 중에 예수님이 나타나십니다. 요한은 예수님을 가리켜 그리스도 혹은 메시아 또는 하나님의 아들이라고도 표현할 수 있을 것인데 하필이면 '하나님의 어린 양을 보라'고 합니다. 세상 죄를 지고 가는 하나님의 어린 양 말입니다. 주께서 눈을 열어 주셔서 세상 죄를 지고 가는 어린 양이 누구신지를 제대로 보기 원합니다. 창세기에서 시작된 결혼이 언약 위반으로 깨어지고 시내 산 언약과 하나님의 아내인 이스라엘의 배도 과정을 거칩니다. 새 언약의 중보자 되신 예수님께서 오심의 과정을 거쳐 요한계시록에서 최후의 결혼식, 어린 양의 혼인

잔치, 왕과 왕후의 결혼식으로 완성됩니다. 요한계시록에서 주인공 될 교회인 신랑의 이름을 '어린 양'으로 표현하는 것이 특별합니다.

요한계시록을 한 번 주목해 봅시다. '죽임 당하신 어린 양', '어린 양의 진노', '어린 양의 피', '어린 양의 아내', '목자 되신 어린 양', '눈물을 씻어 주시는 어린 양', '생명수 샘으로 인도하시는 어린 양', '어린 양의 생명책' 등 어린 양의 단어가 31번이나 나타납니다. 왜 하필이면 어린 양인가요?

성경의 중심 주제는 어린 양이 자기 피로 드린 희생 제사입니다. 성경에는 하나님의 사랑에 대해 290번, 피에 대해서는 400번, 십자가로 이루신 속죄에 대해서는 1,300번이 나타납니다. 피는 살아 있습니다. 피는 피부나 위장이나 심장처럼 우리 몸 안에 살아 있는 기관입니다. 모든 다른 기관들의 생명은 피에 달려 있습니다. 피를 너무 많이 흘리면 죽습니다. 혈액순환이 중단되면 몸에서 피를 받지 못하는 부분은 죽어 버립니다. 우리의 생명은 피에 있기 때문입니다

> 이튿날 요한이 예수께서 자기에게 나아오심을 보고 이르되 보라 세상 죄를 지고 가는 **하나님의 어린 양**이로다(요 1:29).

그는 **세상(우리) 죄를 지고 가는 어린 양**이십니다.

저는 이 책을 쓰면서 '결혼'이라는 관점으로 성경을 훑어 보고 있습니다. 결혼이란 주제는 인류 타락부터 시작하여 지금에 이르기까지 피할 수 없는 전쟁을 안고 있음을 봅니다. 이 결혼은 남자와 여자만의 관계가 아닌 그보다 앞서 하나님과 이스라엘, 예수 그리스도와 교회라는 관계를 떠나서는 해석하기 어려운 너무도 깊고 신비한 비밀이라는 것입니다. 그럼 어린 양 역시 성경 전체에 이어지고 있습니다. **결혼과 어린 양은 무슨 연관이 있을까요?**

첫 번째 어린 양의 죽음

아담과 하와의 범죄로 인하여 이들은 벌거벗은 수치를 가리기 위해 자신들이 무화과 잎 치마를 만들어 입습니다(창 3:21). 이들은 무화과나뭇잎 치마로 가렸지만 여전히 여호와 하나님의 얼굴을 피하여 나무 사이에 숨었고 "내가 벗었으므로 숨었나이다."라고 합니다. 그들의 죄를 가릴 방법이 없었습니다. 이 수치를 가리는 무화과나뭇잎 치마의 수명이 몇 시간이 되었을까요?

하나님께서 이들의 죄의 수치를 가려 주시려고 손수 가죽옷을 만들어 입히십니다. 가죽옷을 만들려면 짐승이 죽어야 합니다. 여기서 어린 양의 가죽이라고 명시되지 않았지만 성경의 흐름을 볼 때 어린 양임을 유추해 볼 수 있습니다. 그들은 범죄했지만 하나님 자신이 양을 잡아 구원을 시작하셨습니다. 이때에 최초로 어린 양이 죽었습니다. 죄는 반드시 죽음의 대가가 필요함을 보여 줍니다(롬 6:23). 하나님의 어린 양이었습니다.

언약 파기를 회복하기 위하여 어린 양이 죽었습니다. 언약에는 언제나 피가 그 중심에 있습니다. 피가 없이는 언약 체결이 안 됩니다. 히브리문화의 관점에서 보면 피가 없이는 언약이 체결되지 않습니다. 언약이란 언약 당사자들 가운데 자기들이 만든 합의 사항에서 발을 빼고 뒤로 물러서지 않겠다는 것을 보장하는 장치였으며 그 보장은 피로 보증이 되었습니다. 예를 들면, 동양의 전통 문화에서는 언약의 당사자들이 자기 손바닥에서 피가 흘러나올 때까지 손바닥을 베고 손바닥을 합쳐서 피가 섞이게 합니다. '언약을 벤다는 것'이며 이러한 방식인 언약을 맺은 당사자는 '피'로 맺은 형제지간이 된다고 합니다.

또 다른 방법은 당사자들이 손이나 손목을 베어서 피가 흐르면 떨어지는 피를 몇 방울 포도주가 가득 담긴 잔에 떨어뜨리고 그 포도주를 같이 나누어 마시는 방법으로 언약을 체결했습니다. 이렇게 세상 문화에서도 가장 돈독하고 친밀하며 형제와 같은 관계를 설명할 때 '혈맹'이라는 표현을 사용하는 것을 볼 수 있습니다.*

피의 언약

언약이란 히브리어 '베리트'는 '피가 나올 때까지 베다'입니다. '언약을 맺다'
라는 히브리어는 언약을 쪼개다, 자르다, 짐승을 잡아 고기를 자르는 데 사용하
였습니다.**

> 약속은 말로 맺습니다.
> 계약은 서류로 맺습니다.
> 언약은 피로 맺습니다.
> 언약을 어기면 쪼개집니다.***

결혼, 피의 언약

결혼, 역시 피의 언약입니다. 성경시대 유대인들의 결혼 언약서 '케투바'는 신
부가 청혼에 허락으로 포도주 잔을 건네는 데 신랑의 포도주 잔을 받아 마시는
신부는 포도주를 남겨서 결혼 언약서 케투바에 몇 방울 떨어뜨리는 관습이 있
습니다. 결혼은 피의 언약입니다. 유월절 만찬에서 예수님이 제자들에게 포도
주 잔을 내미시므로 청혼하십니다. 그리스도께서 생명을 버려 교회를 사신 것
역시 피의 언약이지요. 결혼은 언약입니다. 언약은 피와 관계가 있습니다.

> 이것을 모두 마시라 이는 이것이 죄들을 사하심으로 인하여 많은 사람을 위하여
> 흘리는 나의 **새 언약의 피**이기 때문이다(마 26:27, 한글킹제임스).

---

* 『가장 위대한 능력 보혈』, 마헤쉬 차브다, 채수범 역, 규장:2007, 108-109.
** 『가장 위대한 능력 보혈』, 마헤쉬 차브다, 채수범 역, 규장:2007, 107.
*** "생수의 강가", 토라신학대학원(한국분교, 글쓴이:별과같이).

이 말씀이 교회를 향한 청혼이라고 볼 수 있는 것은 다음 구절입니다.

그러나 너희에게 이르노니 내가 포도나무에서 난 것을 이제부터 내 아버지의 나라에서 새 것으로 너희와 함께 마시는 날까지 마시지 아니하리라(마 26:29).

이 말씀은 주님과 함께 먹고 마시는 혼인잔치를 말합니다. 예수님의 재림 시에 완성될 하나님의 나라가 그 하늘 식탁에서 마련될 것입니다.

우리가 즐거워하고 크게 기뻐하며 그에게 영광을 돌리세 어린 양의 혼인기약이 이르렀고 그의 아내가 자신을 준비하였으므로(계 19:7).

천사가 내게 말하기를 기록하라 어린 양의 혼인잔치에 청함을 받은 자들은 복이 있도다(계 19:9a).

너희가 내 나라에서 내 식탁에 앉아 먹고 마시며(눅 22:30a, 현대인의성경).

우리가 완전한 하나님의 나라에서 먹고 마시는 그날입니다. 그날은 예수 그리스도와 교회가 혼인하는 잔치의 날입니다. 유월절 만찬에서 예수님의 피의 청혼을 받은 우리는 정혼한 신부로서 그날을 기다리고 있습니다. 그날에 우리는 하늘 잔치에 참여하여 주님과 함께 마지막 유월절 만찬에서 말씀하셨던(마 26:27) 그 새 포도주를 마실 것입니다.

아멘, 주 예수여 오시옵소서.

언약

하나님께서 아브라함과 언약을 맺으실 때 삼 년 된 암소, 삼 년 된 암염소, 삼

년 된 수양, 산비둘기, 집비둘기를 취하여 그 중간을 쪼개어 마주 대하여 놓고 언약을 맺었습니다. 언약 체결 때 두 당사자가 쪼개어진 짐승 사이로 지나가게 되는데 언약을 위반하는 자는 이 쪼개진 짐승처럼 쪼개진다는 것입니다

…타는 햇불이 쪼갠 고기 사이로 지나더라(창 15:17).

이때에 쪼갠 짐승 사이로 지나간 당사자는 하나님이셨습니다. 언약을 어긴 당사자는 이스라엘인데 하나님 자신이 어린 양으로 죽으십니다. 하나님은 이 언약 체결 때도 이스라엘을 향한 깊은 사랑이 이미 의도되어 있습니다. 나를 위해, 나의 죄로 인해 하나님이 죽으셨습니다.

하나님의 언약은 일방적이십니다. 이미 죄인 된 사람으로부터 죄의 유전자를 타고난 우리는 죄 없으신 하나님의 피가 아니면 구원의 길이 없음을 아시고 하나님 자신이 깨뜨려지십니다. 하나님이 인정하실 수 있는 언약은 피로 맺은 언약 밖에 없습니다. 그것도 죄 없는 자의 피여야 합니다. 진정한 언약은 피 없이는 불가능합니다. 그러므로 피 흘림이 없으면 사함이 없습니다. 언약 위반의 결과는 사망입니다. 언약은 하나님으로부터 출발되었습니다.

율법을 따라 거의 모든 물건이 피로써 정결하게 되나니 피흘림이 없은즉 사함이 없느니라(히 9:22).

예수님의 피
사람을 히브리어로 אדם(Adam, 아담)이라고 합니다. 첫 글자 א(아)는 '하나님'이라는 뜻이 있고, דם(dam, 담)은 '피, 포도즙'이라는 뜻이 있습니다. 이렇게 보

면 아담은 하나님의 피라는 말이 됩니다.* 아담이 창조될 때 하나님의 숨, 하나님의 입김, 하나님의 생명을 불어넣어 하나님의 형상으로 지음을 받았으니 아담의 유전자는 하나님을 닮았다고 볼 수 있습니다. 이렇게 하나님의 숨을 불어넣을 때 아담은 하나님의 생명으로 온몸에 충만하였을 것이니 아담 속에 하나님의 생명으로 인한 피의 순환이 이루어졌다고 볼 수 있지요. 차한 박사의 강의에 의하면 범죄함으로 인하여 피가 부패되었다고 합니다. 죄로 인하여 부패된 피는 죄를 사하려면 죄 없는 거룩한 예수의 피가 아니면 죄를 씻을 수 없으니 성경의 말씀처럼 당연한 진리가 아닐까요?

> 하물며 영원하신 성령으로 말미암아 **흠 없는 자기**를 하나님께 드린 그리스도의 피가 어찌 너희 양심을 죽은 행실에서 깨끗하게 하고 살아 계신 하나님을 섬기게 하지 못하겠느냐(히 9:14).

> 오직 흠없고 점없는 어린 양같은 그리스도의 보배로운 피로 된 것이니라(벧전 1:19).

우리를 속죄할 피는 흠없는 그리스도의 피밖에 없습니다. 피흘림은 창세기로부터 계속됩니다. 창세기에서부터 짐승이 죽습니다. 아담과 하와에게 짐승을 잡아 가죽옷을 입히신 일, 아벨도 믿음으로 짐승을 잡아 하나님께 제사를 드렸던 일, 노아도 방주에서 나와 첫 제사로 짐승의 피로 드린 일, 출애굽 사건의 유월절에서도 어린 양을 잡아 피를 문설주에 바른 일, 광야 여정, 성막에서도 피흘리는 제사가 이루어졌습니다.

---

* 차한(2020), "아담의 유전자와 예수님의 유전자", 유튜브 강의.

예수님의 피 흘리심

이제 이 모든 피 흘림이 예수님의 십자가 사건으로 성취됩니다. 예수님은 주후 30년 니산월 14일 금요일 오후 3시 유월절 어린 양을 잡는 시간에 죽으셨습니다.** 목자의 보호가 없으면 결코 살 수 없는, 미련하고 이기적이고 넘어지기 잘하는, 길을 찾지 못하는 어린 양 같은 우리를 살리시려고 스스로 어린 양이 되셔서 유월절 어린 양으로 피 흘리셨습니다.

> …이는 그가 자기영혼을 버려 사망에 이르게 하며 범죄자 중 하나로 헤아림을 받았음이라…(사 53:12).

인생의 죄와 사망의 문제를 구원하시려 범죄자 중 하나로 취급받으며 자신의 영혼을 사망에 던지셨습니다. 예수님은 죽음을 앞두고 무능하고 처절한 인간의 모습으로 연약한 제자들에게 기도의 도움을 요청하며 땀이 땅에 떨어지는 핏방울이 되도록 기도하셨습니다. 아담 이후, 모든 인류의 죄의 무게로 인한 스트레스는 가히 짐작할 수 없을 만큼 예수님을 짓눌렀을 것입니다. 사람이 스트레스를 많이 받으면 그렇게 되는 경우가 있다고 합니다. 그 피땀을 손수건으로 닦았다면 붉은 손수건이 되었을 것입니다.

> 그가 채찍에 맞으므로 우리는 나음을 받았도다(사 53:5b).

또한 주님은 채찍을 맞으셨습니다. 채찍은 쇠와 뼈로 된 갈고리들이 붙어 있어서 채찍을 맞을 때마다 살점이 떨어져나오기 때문에 뼈가 드러날 정도였을 것입니다. 인생의 죄의 문제는 분노의 무게와 동일한 것이니 채찍을 잡은 군병

** 『가장 위대한 능력 보혈』, 마헤쉬 차브다, 채수범 역, 규장:2007, 237.

의 손은 분노탱천하여 힘껏 때렸을 것입니다. 우리가 역사를 통하여 보듯 믿는 자를 핍박하는 자들의 모습은 증오와 분노로 이글거림을 볼 수 있습니다. 이렇게 많은 피를 흘렸습니다.

성경시대에는 십자가에 못 박히는 죄수들을 대상으로 고통을 가하는 일을 게임하듯 하였다고 하는데 나를 위해 당하신 수치와 고통은 짐작하기 어려울 것 같습니다. 양손과 양발에 못을 박고, 그 십자가를 세웠으니 체중으로 인하여 얼마나 많이 고통스러웠으며 많은 피가 흘렸을까요. 창세기 3장에서 아담의 죄의 결과로 생겨진 가시, 그 가시관을 머리에 씌웠습니다. 머리는 예민한 곳이라 많은 피가 흘렸을 것입니다.

그중 한 군인이 창으로 옆구리를 찌르니 곧 피와 물이 나오더라(요 19:34).

하나님이 죄를 알지 못하신 예수 그리스도를 우리를 대신하여 죄를 삼으신 것은 우리로 하여금 하나님의 의가 되게 하셨습니다.

$$義= 羊+手+戈$$

어린 양(羊)이신 예수님을 손(手)으로 잡아 창(戈)으로 옆구리를 찔러 피가 흐르므로 우리가 의를 입었습니다.[*]

유월절 어린 양

이 달을 너희에게 달의 시작 곧 해의 첫 달이 되게 하고(출 12:2).

---

[*] 『성경과 의학』, 차한, 라온누리:2017.

애굽에서 종살이 하던 이스라엘 민족의 출애굽 사건은 결정적인 구원이 시작되는 날로 여호와의 절기를 삼아 지키라고 합니다(출 12:14). 즉 이스라엘 역사의 시작 곧 출애굽 하던 그 해, 첫 달이 되게 하라고 합니다. 이스라엘 민족의 달력은 유월절이 시작의 기준입니다. 430년 노예 생활이 마감되고 이제 하나님의 백성이 출발합니다. 강퍅한 바로 왕은 어떤 재앙에도 굴하지 않습니다. 그러나 열 번째 저항에는 굴복합니다. 이 마지막 열 번째 재앙은 피로 심판과 구원이 구분되는 재앙입니다(출 11:7).

> …그 피가 너희의 사는 집에 있어서 너희를 위하여 표적이 될지라 내가 피를 볼 때에 너희를 넘어가리니…(출 12:13).

열 번째 재앙에서 피 아래 있는 백성은 구원됩니다(출12:29). 애굽 땅에는 죽임을 당하지 아니한 집이 하나도 없었습니다(출 12:30). 어린 양의 피로 죽을 자와 살 자를 구분했습니다(출 11:7). 어린 양의 피는 애굽인에게는 심판이요, 이스라엘에게는 구원이 되었습니다.

> 그 피를 양을 먹을 집 좌우 문설주와 인방에 바르고(출 12:7).

어린 양이 죽는 날, 그 유월절은 이스라엘이 시작된 날입니다. 어린 양의 죽음과 이스라엘의 시작은 특별한 의미를 동반합니다. 이스라엘을 자기 백성으로 삼으실 때 어린 양의 죽음으로 출발합니다. 거룩하신 하나님의 거룩한 백성 되기 위함입니다. 죄악 된 백성의 씻음을 위함입니다. 그때 **양의 피는 그림자요, 상징입니다.** 지금 우리는 상징이 아닌 실제의 시대를 살고 있습니다. 왜냐하면 어린 양 되신 하나님의 아들이 실제로 피를 흘리고 죽으셨습니다. 하나님의 유일한 어린 양의 보혈이 우리와 우리의 모든 가족을 덮어 구원해 줄 수 있습니다. 그 피가 지금 흐르고 있습니다.

> 염소와 황소의 피와 및 암송아지의 재를 부정한 자에게 뿌려 그 육체를 정결하게
> 하여 거룩하게 하거든 하물며 영원하신 성령으로 말미암아 흠없는 자기를 하나님
> 께 드린 그리스도의 피가 어찌 너희 양심을 죽은 행실에서 깨끗하게 하고 살아 계
> 신 하나님을 섬기게 하지 못하겠느냐(히 9:13-14).

피 흘림이 없으면 죄 사함이 없습니다(히 9:22). 이제 우리는 예수의 피를 힘입어 거룩한 지성소에 담대히 들어갈 수 있게 되었습니다.

마지막 시대를 사는 신부의 정체감
어린 양의 피로 인하여! 노예 생활을 하던 백성이 이제 거룩한 왕의 가족이 되었습니다(벧전 2:9).

어린 양의 피로 인하여! 노예 생활을 하던 백성이 이제 하나님의 군대가 되었습니다(출 12:41).

어린 양의 피로 인하여! 노예 생활을 하던 백성이 이제 하나님의 아내가 되었습니다(렘 3:14; 호 2:19-20).

우리가 누구입니까? 종이 아닙니다. 아들입니다. 그의 피로 인하여 예수 그리스도와 정혼한 신부입니다. 하나님의 나라 백성! 왕의 신부로 하나님과 거룩한 지성소에서 놀라운 사랑을 누리며 노래합니다. 우리는 하나님의 자녀입니다. 자기의 때가 얼마 남지 않은 줄 알고 최후의 발악을 하는 사탄을 짓밟는 하나님의 군대입니다.

유월절 어린 양의 보혈의 능력이 어떠했기에 다시 한 번 생각해 보시기 바랍니다. 출애굽 전의 그들의 형편, 이스라엘 백성은 430년이나 노예의 삶을 살았습니다. 그 당시 바로 왕의 마음이 강팍해 있었으므로 더욱 고된 노역살이를

하고 있었습니다. 이스라엘 여자와 아이들 다 합쳐 계산하면 3-4백만 명 정도는 되었을 것입니다. 부산시민 정도의 인구입니다. 이 많은 사람들이 이사를 하는 일은 가히 짐작하기 어려울 만큼 어마어마한 규모의 일입니다.

한 예로 20-30명의 학생들이 며칠간 국토 순례를 하더라도 그들에게 필요한 물품을 싣고 가기 위한 트럭은 한 대로 충분하지 않습니다. 위급상황을 위한 준비와 협조자, 여러 대의 차가 필요한 것을 보았습니다. 출애굽한 이스라엘 인구가 부산시민 정도라면, 3-4백만 명의 인구가 사는 부산에 소재한 병원 수는 또 얼마나 많습니까? 병원에 입원 환자는 얼마나 많습니까? 집안에 있는 환자는 얼마나 되는지 우리는 미처 가늠조차 할 수 없습니다.

마헤쉬 차프다*는 그때 상황을 이렇게 묘사합니다.

> 출애굽한 3백만 이상의 이스라엘 백성들 가운데 튼튼한 사람만 있었을까요? 종살이하던 그들 속에 병든 자, 아기들과 노인들, 온갖 질환을 앓고 있는 무수한 환자와 더불어 침상에 누워 거동이 불편한 환자도 많았을 것이라고 짐작할 수 있습니다. 그들을 위해 수천 대의 구급차, 수만의 간호사가 필요하며, 3-4백만을 먹일 음식을 운반하려면 1만여 대의 컨테이너 차량과 물을 수송하기 위한 1만여 대의 물차가 필요했을 것입니다. 혹독한 노예 생활에 찌든 그들 가운데는 돌봄이 필요한 아이들은 물론이고 거동이 불편한 나이든 노인, 병든 사람, 약한 사람들을 남겨 두고 떠날 수 없는 현실입니다.

하나님께서는 너희가 다 떠나게 될 것이고 심지어는 반드시 쫓아내리라고 하셨습니다(출 11:1). 우리가 평소에 깊이 생각해 보지 못한 일들입니다.

---

* 『가장 위대한 능력 보혈』, 마헤쉬 차브다, 채수범 역, 규장:2007, 204-206.

마침내 그들을 인도하여 은금을 가지고 나오게 하시니 그의 지파 중에 비틀거리는 자가 하나도 없었도다(시 105:37).

그의 택한 자는 노래하며 나오게 하시고(시 105:43).

시편 105편 37절 말씀으로 보면 '약한 자가 하나도 없었다'는 말씀은 그들을 다 치료해 주셨다는 것입니다. 마헤쉬 차프다의 말처럼 눈먼 것, 못 듣는 것, 심장병, 암 등 모든 병이 고침을 받았다는 것입니다. 그들은 모두 치유 받고 건강하여져서 온 백성이 즐겁게 노래하며 출애굽했습니다.

이스라엘 백성에게 어린 양의 피가 하나의 상징임에도 이와 같은 능력의 유월, 능력의 출애굽이었습니다. 어린 양의 피가 하룻밤 사이에 수백만 명이나 되는 한 민족을 오랜 종살이하던 자리에서 구원할 수 있었다면 어린 양의 실체인 예수 그리스도의 피가 우리에게 얼마나 실제적이고도 큰 구원이 되겠습니까?

보라, 세상 죄를 지고 가는 하나님의 어린 양이로다(요 1:29b).

이스라엘 백성에게 어린 양의 죽음과 피는 '상징'이었습니다. 예수! 이 땅에 오신 하나님의 어린 양의 '실체', 지금 우리는 첫 번째 유월절의 이스라엘보다 더욱 실재적인 예수를 보고 성령님을 이미 모시고 살고 있습니다. 복음의 실제를 살고 있는 이 시대가 복음의 상징을 살았던 구약의 이스라엘보다 더 상징적이고 더 개념적인 삶을 살고 있는 것 같아 참으로 안타깝습니다. 삶의 모든 현장에서 복음은 실제입니다. 예수의 피는 지금도 대언하고 있습니다. 왜 그럴까? 고민해 봅니다.

또 우리 형제들이 어린 양의 피와 자기들이 증언하는 말씀으로써 그를 이겼으니…(계 12:11).

우리의 복음은 너무나 세련되게 포장되어 있습니다. 너무 많은 지식으로 가득 차 있습니다. 수준 있는 신학, 많은 묵상집과 방법론, 다양한 성경공부와 방법, 많은 예배로 홍수처럼 쏟아지고 있는 말씀의 풍요, 수많은 신앙 서적 심지어 유튜브를 통한 정보와 넘쳐 나는 지식으로 우리의 머리와 가슴은 꽉 차 있습니다. 참으로 바쁘고 열심히 사는 현대 그리스도인의 삶이 창백한 원인은 어디에 있을까요? 이때야말로 교회의 진정한 정체성을 찾아야 할 때입니다.

이번에 코로나19 사태를 경험하면서 어찌할 바를 알지 못하는 교회들의 모습을 봅니다. 회중이 모일 수 없어서 예배를 드리지 못하게 되므로 '교회'라는 정체성에 혼란이 오게 되었습니다. 그런데 이 혼란한 시대에 교회가 '교회'로써 역할을 하지 못하는 것이 더 큰 충격으로 다가옵니다. 우리의 신앙 또한 너무나 의존적이었다는 것을 알 수 있습니다. 예배를 통하여 살아 계신 하나님과 교제하는 것보다 음향, 조명까지 세련되고 완벽하게 세팅되어 있는 예배와 프로그램에 의존한 예배생활이 코로나19 사태로 혼란스럽고 침체되고 갈등하는 우리의 모습에 마음이 아픕니다. 초대교회와 지하교회의 생명력 있는 예배가 애절하게 사모됩니다. 말씀을 읽고 기도하며 열심히 묵상하지만 빈 수레로 소리만 요란한 것은 아니었을까요? 돌아보는 계기가 되고 있습니다.

우리의 신앙은 종교적이었고 사역 중심적이었습니다. 이 종교적인 열심이 고르반이 되어서 너무 잘 살고 있다고 착각하게 만들었습니다. 이제 우리는 환경을 핑계할 수 없는 마지막 시대를 살고 있습니다. 지금 상황은 잉태한 여인에게 시작된 초기 진통일 뿐입니다. 이 진통의 간격은 조금씩 좁혀지면서 그 강도는 더 강해질 것입니다.

"귀 있는 자는 성령이 교회들에게 하시는 음성을 들을지어다." 한국 교회를 향하여 큰 목소리로 말씀하고 또 말씀하고 계시는 하나님의 음성을 외면하지 맙시다. 모든 것이 다 차단되어도 하늘은 열려 있습니다.

라합, 피의 언약으로 구원받다
라합도 피의 언약으로 구원받습니다.

> 믿음으로 칠 일 동안 여리고를 도니 성이 무너졌으며 믿음으로 기생 라합은 정탐
> 꾼을 평안히 영접하였으므로 순종하지 아니한 자와 함께 멸망하지 아니하였도다
> (히 11:30, 31).

라합은 하나님께서 심판하여 멸하기로 한 여리고에 살았던 자입니다. 그는
하나님의 심판 중에 긍휼을 입은 자입니다. 그가 이스라엘 정탐꾼을 잘 영접한
것은 이스라엘의 하나님에 대한 믿음을 가지고 있었기 때문입니다.

> 말하되 여호와께서 이 땅을 너희에게 주신 줄을 내가 아노라 우리가 너희를 심히
> 두려워하고 이 땅 주민들이 다 너희 앞에서 간담이 녹나니(수 2:9).

> 우리가 듣자 곧 마음이 녹았고 너희로 말미암아 사람이 정신을 잃었나니 너희의
> 하나님 여호와는 위로는 하늘에서도 아래로는 땅에서도 하나님이시니라 그러므
> 로 이제 청하노니 내가 너희를 선대하였은즉 너희도 내 아버지의 집을 선대하도
> 록 여호와로 내게 맹세하고 내게 증표를 내라(수 2:11-12)

라합은 이스라엘의 하나님을 자기의 하나님으로 받아들이는 믿음을 가지고
그와 그의 가족의 구원을 요청합니다. 이미 이스라엘은 피의 언약으로 하나님
과의 언약 관계에 들어간 백성이므로 두 정탐꾼은 라합과 맹세합니다. 여리고
성이 내려다보이는 창문에 '붉은 줄'을 매달라고 합니다. 이 붉은 줄은 하나님께

서 세우신 피의 언약에 동참하게 하는 싸인으로 라합과 그의 온 가족은 붉은 줄을 드리운 피 아래서 보호와 구원을 받습니다. 우리는 매일의 삶 속에서 하나님의 구원이 필요치 않는 순간은 하나도 없습니다. 이 놀라운 피의 사랑, 피의 능력은 지금 이스라엘의 출애굽보다 라합의 때보다 더욱 실제적으로 흐르고 있습니다.

마헤쉬 차브다는 피의 능력이 어떠한지 환상을 보았습니다.

나는 몇 년 전의 어느 날 환상을 보았다. 사람들이 흡혈귀나 박쥐처럼 보이는 동물의 공격을 피하려고 이리저리 정신없이 도망다니고 있었다. 괴물들은 마치 상어의 이빨처럼 커다란 이빨로 사람들의 등과 목을 물어뜯는 중이었다. 나는 박쥐들의 등에 글씨가 씌어 잇는 것을 보았다. 한 놈의 박쥐에는 이혼, 다른 박쥐에는 중독, 또 다른 박쥐에는 암이라는 글씨가 쓰이다. 낙태, 자살, 우울증이라는 글씨가 쎤 박쥐도 있었다. 박쥐들은 인간을 무자비하게 공격했고, 필사적으로 빠져나가려는 사람들을 잡아서 고통 중에 부르짖는 희생자들을 물어뜯으며 씹고 있었다. 악령들은 부정적인 에너지를 먹고 자란다. 그들은 우울증과 절망을 좋아한다. 남편과 아내가 다투는 것보다 그들을 더 행복하게 만드는 것도 없을 것이다. 부정적인 에너지는 마귀를 더 강하게 만든다.

나는 환상 가운데 어떤 여인이 웨딩드레스를 입은 듯이 화려한 백색 옷을 입고 서 있는 것을 보았다 여인은 아름다웠지만 어딘가 연약해보였다. 그런데 여인은 손을 올리더니 박쥐들을 향해 손가락을 튕기는 시늉을 했다. 박쥐들은 화염에 휩싸이고 연기가 피어올랐다. 비명소리와 함께 박쥐들이 오그라들다가 사라졌다. 그러자 박쥐들의 공격을 받았던 사람들에게 치유가 임했다. 갈수록 더 많은 사람들(수천만 명의 사람들)이 구원과 해방을 맞고 있었다.

나는 "주님, 이 여인은 누구입니까?"라고 여쭤보았다.

주님은 이렇게 대답하셨다.

"이 여인은 나의 신부이다. 세상은 나의 신부에게 아무런 힘이 없다고 생각한다. 그들은 온갖 말을 다 하고 있다. 교회는 내가 사랑하는 신부이다. 내가 나의 신부를 데리러 올 것이다. 그러나 그 전에 모든 귀신들뿐만 아니라 모든 민족과 권세와 사탄까지도 내 신부가 어떤 존재인지 알게 될 것이다."

그래서 나는 이렇게 여쭈었다.

"그러나 주님, 그녀가 손으로 한 일은 무엇입니까? 손가락을 튕기는 것 같은 행동은 무엇입니까? 박쥐같은 괴물들이 불에 타서 사라지도록 그녀가 한 일이 무엇입니까?"

주님이 대답하셨다.

"정말로 모르겠느냐? **그녀는 내 피를 뿌렸단다.**"*

지금 우리는 역사상 그 어느 때보다 어렵고 힘든 시대를 살아가고 있습니다. 거대한 영적 부흥의 파도를 기다리고 있는 반면에 사탄은 자기의 때가 얼마 남지 않음을 알고 그리스도의 피로 산 교회를 위협하고 핍박하는 데 혈안이 되어 있습니다. 그리스도께서 신부인 교회를 사랑하고 계십니다. 살아 있는 그리스도의 몸된 교회인 신부는 예수의 보혈의 능력을 이미 소유하고 있으며 그리스도와 동일한 권세를 그리스도로부터 위임받았습니다. 이 땅에 있는 원수들은 그리스도의 몸인 교회가 어떤 존재인지를 두려워하고 있습니다. 우리는 진정한 교회의 정체성을 되찾고 이 시대를 승리함으로 살아야 합니다.

보혈에는 우리를 위해 대언하시는 능력이 있습니다. 보혈에는 원수를 이기는 능력이 있습니다. 예수 그리스도의 피가 우리를 죄에서 해방시키셨습니다. 피를 바른 문 안에 구원과 보호가 있었습니다.

…내가 피를 볼 때에 너희를 넘어가리니…(출 12:13).

---

* 『가장 위대한 능력 보혈』, 마헤쉬 차브다, 채수범 역, 규장:2007, 193-194.

피 아래서 유월을 주장하십시오. '유월될지어다. 이미 흘리신 예수님 피의 능력을 주장하며 넘어가라.' 구원과 보호의 상황마다 유월될지어다!

유월절 어린 양의 피로
나의 삶의 문이 열렸네
저 어둠의 권세는 힘이 없네
주 보혈의 능력으로
원수가 날 정죄할 때에도
난 의롭게 설 수 있네
난 더 이상 정죄함 없네
난 주 보혈 아래 있네

난 주 보혈 아래 있네
그 피로 내 죄 사했네
하나님의 긍휼 나 거룩케 하시었네
난 주 보혈 아래 있네
난 원수의 어떠한 공격에도
더 이상 넘어 지지 않네
난 주 보혈 아래 있네

나눔을 위한 정리

아담과 하와가 범죄했을 때 수치를 가리기 위해 하나님께서 손수 가죽옷을 만들어 입히십니다. 이미 죄인 된 우리는 하나님의 피가 아니면 구원받을 수 없음을 아시고 하나님 자신이 어린 양으로 죽으십니다. 그 이후 새 언약의 중보자 되신 예수님께서 오십니다. 요한이 하나님의 어린 양, 그는 세상(우리) 죄를 지고 가는 어린 양이라고 하였습니다. 진정한 언약은 피 흘림 없이는 회복이 불가능합니다. 피 흘림이 없으면 죄 사함이 없습니다(히 9:22). 이제 우리는 예수의 피를 힘입어 거룩한 지성소로 담대히 나아갈 수 있게 되었습니다.

생각 나눔

1. 요한계시록에서 어린 양의 표현이 31번이나 나오는데, 여기서 '어린 양'의 이미지를 생각나는 대로 나누어 봅시다.

2. 죄 사함. 진정한 언약은 왜 피 흘림 없이는 불가능합니까?

3. 달의 시작, 해의 첫 달이 되게 하고(출 12:2)라는 말씀이 있듯이, 이스라엘에서는 어린 양이 죽은 날, 유월절을 왜 중요하게 여기는지 생각해 봅시다.

4. 예수의 피 흘림을 통해 우리의 정체성, 삶에 대한 올바른 태도에 대해 각자의 생각을 나누어 봅시다.

6-3
생수의 강가에서 마음껏 마시라!

우리가 누구입니까? 그리스도께서 내어주신 생명의 대가로 우리의 신분이 달라졌습니다. 하나님 나라 백성이 되고 그의 아들이 되고 그의 신부가 된 우리는 우리에게 주어진 권세와 특권이 대단합니다. 그분이 치르신 생명의 대가를 이제 누리면 됩니다. '하나님 제발 좀 주세요.' 하고 빌기만 하는 관계가 아니라 우리가 믿고 있는 진리를 선포해야 합니다. 그 넉넉한 천국의 잔칫상에 차려진 좋은 것들을 먹고 마시고 누려야 합니다.

앞에서 나온 대언의 능력과 보혈의 능력, 이 두 주제는 깨어진 반석 사건과 같은 맥락으로 이해할 수 있습니다. '마른 뼈에게 대언하라 너는 생기에게 대언하라. 마른 뼈들아 여호와의 말씀을 들을지어다. 생기야 사방에서부터 와서 이 죽음 당한 자에게 불어서 살아나게 하라.' 대언에 대하여 우리의 삶의 현장 가운데서 선포해 봅시다. 보혈의 능력으로 유월을 주장합시다.

깨어진 반석

내가 호렙 산에 있는 그 반석 위 거기서 네 앞에 서리니 너는 그 반석을 치라 그것에서 물이 나오리니 백성이 마시리라 모세가 이스라엘 장로들의 목전에서 그대로 행하니라(출 17:6).

첫 번째 반석 사건인 출애굽기 17장을 보면 하나님께서 '내가 그 반석 위 거기서 네 앞에 서리니 너는 **반석을 치라.**'고 하십니다. 이것은 반석이신 그리스도 곧 하나님께서 너희가 언약을 어겼으니 곧 아브라함과의 언약대로 나를 치라는 말씀입니다. 아브라함과의 언약에서 하나님께서 쪼갠 고기 사이로 지나가셨듯 말입니다. 고대 사회에서는 언약을 체결할 때 **쪼갠 짐승 사이로 언약의 당사자 가 지나가든지 아니면 약자가 쪼갠 고기 사이로 지나가게 됩니다.** 언약 위반 시 이 쪼개진 짐승과 같이 죽으리라는 뜻이지요. 반석을 치는 사건에서 하나님 자 신이 반석 위에 서시고 율법의 대표가 되는 모세가 지팡이로 그 반석을 칩니다.

아브라함과의 언약에서 하나님께서 쪼갠 고기 사이로 지나가셨듯이 하나님 자신, 즉 예수 그리스도께서 깨뜨려지시므로 반석에서 물이 나와 온 백성과 짐 승들이 마셨습니다. 이 사건은 율법을 지킬 수 없는 나의 죄로 인해 그리스도께 서 찢어지고 부서지는 십자가 사건인 것입니다. 우리는 쪼갠 고기 사이로 지나 가신 하나님, 깨뜨려지신 하나님, 여기서 그 놀랍고도 충격적인 십자가 사랑을 발견하게 되는 것입니다. 율법의 대표가 되는 모세가 율법을 어긴 백성을 대표 하여 반석되신 주님을 치므로 신령한 음료, 곧 살리는 물을 반석에서 얻게 되었 던 것이지요.

> 형제들아 나는 너희가 알지 못하기를 원하지 아니하노니 우리 조상들이 다 구름 아래에 있고 바다 가운데로 지나며 모세에게 속하여 다 구름과 바다에서 세례를 받고 다 같은 신령한 음식을 먹으며 다 같은 신령한 음료를 마셨으니 이는 그들을 따르는 신령한 반석으로부터 마셨으매 **그 반석은 곧 그리스도시라**(고전 10:1-4).

반석을 향하여 말하라!

모세는 두 번째 사건에서 엄청난 실수를 저지릅니다. 첫 번째 반석 사건에서 '반석을 **치라.**'고 말씀하신 명령과는 다르게 두 번째 반석 사건을 **'명하여 물을 내게 하라.'** 즉 '반석에게 명령하여라.'입니다.

…그들의 목전에서 **너희는 반석에게 명령하여 물을 내라 하라**(민 20:8b).

여기서 몇 가지 번역을 살펴보면, '바위를 향하여 물이 터지라고 명령하여라(현대어성경)', '바위를 향하여 물을 내라고 말하라(현대인의성경)', '바위에게 말하여라(한글 킹제임스성경)'라고 되어 있습니다. 다시 말하자면 '반석은 물을 낼지어다' 하고 선포하면 된다는 것입니다.

이미 반석은 깨어져 물이 흐르고 있으니 그 물은 그대로 가져다 사용하라는 뜻입니다. 첫 번째 반석 사건에서는 너는 반석을 치라 여기 두 번째 반석 사건에서는 '너희는 반석에게 물을 내게 하라.'입니다. 첫 번째 반석 사건, 출애굽기 17장 6절은 주어가 단수인 '너는' 입니다. 두 번째 반석 사건, 민수기 20장 7절에서 주어는 복수인 '너희'입니다. 여기서 '너희'는 누구나 물을 내게 할 수 있다는 것이지요. 이미 깨어진 반석이니 모세와 모세 주변의 사람들은 이렇게 명하여 물을 내게 할 수 있다는 것입니다. '아브라함과의 언약대로(창 15:17)'* 하나님 자신이 언약 위반의 대가를 지불하셨다는 것입니다.

이미 반석되시는 그리스도께서 깨뜨려지셨으니 첫 번째처럼 반석을 또 칠 필요가 없었습니다. 이제는 이미 깨뜨려져 있는 반석을 향하여 명하여 물을 내게 하면 된다는 말씀입니다. 어찌 되었든 모세의 큰 실수는 하나님의 말씀에 불순종한 것입니다. 다시 말하면 그리스도를 두 번이나 십자가에 못 박을 필요가 없었다는 것입니다. 아브라함과의 언약에서처럼 하나님 자신만이 쪼갠 고기 사이로 지나가셨듯이 언약 위반의 형벌을 하나님 자신이 친히 그 반석 위에 서서 율법대로 깨뜨려지신 것입니다.

이제 분명한 것은 십자가에서 피 흘리셔서 다 이루신 구원! 우리가 아직 죄인 되었을 때에 그리스도께서 죽으심으로 그 사랑을 이루시고 확증하셨으니 모

---

* 본서 7-4장 참고.

세가 두 번째 반석 사건에서 반석에게 명령하여 물을 나오게 하면 되었던 것처럼 그리스도께서 **십자가로 다 이루신 일을 진리대로 선포하고 그 풍성하고 놀라운 구원을 취하고 누리면 된다는 말씀입니다.** 그 보혈의 강이 흐르고 있으니 명하므로, 말하므로 보혈의 사랑, 보혈의 능력을 누리는 것만 남았습니다. 죽은 후에 천국 간다는 말은 틀린 말씀은 아닙니다. 그러나 천국은 지금부터 누릴 수 있습니다

구약의 반석 사건은 상징이요, 예표입니다. 이제는 실제 반석이신 그리스도께서 십자가에서 깨어졌습니다. 구약의 백성들은 상징적인 그림자 아래서도 바다를 지나며 세례를 받았고 신령한 음식 만나를 먹으며 신령한 음료 반석의 물을 마셨습니다. 신약의 시대를 살고 있는 우리는 그림자나 상징이 아닌 실체의 시대를 살고 있습니다. 어린 양의 실체이신 그리스도, 반석의 실체이신 그리스가 실제로 죽으셨습니다. 깨뜨려졌습니다. 그 구원의 실체를 만지고 경험하도록 하나님이 육체로 오셨고 더욱 가까이 경험하도록 보혜사 성령을 우리 모두에게 보내셨습니다.

어떻게 누립니까? 어떻게 이 충만을 누릴 수 있습니까? 우리는 지금 생수의 강가에 있습니다. 마음껏 퍼 마시면 됩니다. 그 생수의 강에 몸을 첨벙 담그고 마음껏 그 은혜의 바다를 헤엄쳐 봅시다. 충만이란 이런 것입니다. 많은 사람들이 얕은 물가에서 발도 겨우 담그지 못하고 주리고 목말라 지쳐 있습니다. 예수께서 이러시되 내가 곧 생명의 떡이니 내게 오는 자는 결코 주리지 아니 할 터이다 나를 믿는 자는 영원히 목마르지 아니하리라 하셨으니 그러니 믿읍시다. 예수를 믿읍시다. "나를 보고도 믿지 아니하는도다." 예수님이 말씀하십니다.

내 살을 먹고 내 피를 마시는 자는 영생을 가졌고 마지막 날에 내가 그를 다시 살리리니 내 살은 참된 양식이요 내 피는 참된 음료로다 내 살을 먹고 내 피를 마시는 자는 내 안에 거하고 나도 그의 안에 거하나니 살아 계신 아버지께서 나를 보

내시매 내가 아버지로 말미암아 사는 것 같이 나를 먹는 그 사람도 나로 말미암아 살리라(요 6:54-57).

믿고 있다고 착각할 때가 많습니다. 예수를 믿는다는 것은 예수님을 신뢰한다는 말이요, 예수님의 말씀을 믿는다는 말입니다. 자신의 몸을 나의 양식으로 나의 음료로 내어주신 그 사랑! 주님의 살을 먹고 주님의 피를 마시는 자는 주님과 한몸입니다. 그것은 곧 주님과 함께 사는 자를 말합니다. '함께'라는 의식이 모든 순간에 충만하다면 하나님의 충만이 우리 안에 거하시고 그 안에서 충만해진 우리는 가족과 이웃에게 저절로 생명의 충만을 확장시킵니다. 그 충만은 가족 공동체, 교회 공동체를 충만하게 합니다. 이 충만의 삶은 주님이 오실 날을 준비하는 하나님의 군대로서의 기본적인 기초입니다

명절 끝날 곧 큰 날에 예수께서 서서 외쳐 이르시되 누구든지 목마르거든 내게로 와서 마시라 나를 믿는 자는 성경에 이름과 같이 그 배에서 생수의 강이 흘러나오리라 하시니 이는 그를 믿는 자들이 받을 성령을 가리켜 말씀하신 것이라(요 7:37-39).

예수님은 명절 끝날 때에 서서 **외쳐 말씀**하십니다. 이스라엘의 삼대 절기중의 하나인 초막절 7일간 계속되는 대회 축제기간에는 매일 성전에서 실로암못까지 열을 지어 가는 의식이 있었는데 제사장이 거기서 길어온 물을 제단에 부으며 이사야 12장 3절을 낭송했는데 예수님은 초막절이 끝나고 8일째가 되는 거룩한 대회의 날에 자신이 생수의 근원이라고 선포하셨습니다.

보라 하나님은 나의 구원이시라 내가 신뢰하고 두려움이 없으리니 주 여호와는 나의 힘이시며 나의 노래시며 나의 구원이심이라 그러므로 너희가 기쁨으로 구원

의 우물들에서 물을 길으리로다(사 12:2-3).

구원의 우물에서, 우리는 생명의 강가에 있으니 나의 삶의 어떠한 자리에도 구원의 우물이 있습니다. 기쁨으로 구원의 우물을 길읍시다. 주님은 나의 힘, 나의 노래, 나의 구원의 주이십니다.

누구든지 목마른 자는 내게로 와서 마시라.

결핍은 충만의 조건입니다.

주림은 충만의 조건입니다.

가난함은 충만의 조건입니다.

고통은 충만의 조건입니다.

'나를 믿는 자'는 그 배에서 생수의 강이 흘러나오리라. 그를 믿는 자들이 받을 성령을 가리켜 하신 말씀입니다. 그 배는 그 사람의 속, 영혼 아니겠습니까? 빈 컵은 물에 담그면 컵 바깥에도 컵 안에도 물이 가득 차는 것처럼 우리 결핍의 빈 잔은 넓디넓은 바다 같은 하나님의 사랑의 바닷물에 첨벙 담그면 안 밖으로 가득 차지 않을까요? 그 배에서 생수의 강이 흘러나오리라는 말은 그 사람 영 안에 가득 차 있다면 가득 차 있는 임마누엘 하나님의 성령이 바깥으로 흘러나오게 되어 있습니다. '이는 그를 믿는 자들이 받을 성령을 가리켜 말씀하신 것이라' '받을 성령' 성령님 그분은 오셨습니다. 우리에게 오셔서 거하십니다. 이제 우리는 생수의 강이 넘치는 삶이 충분히 가능해졌습니다.

오라 너희 모든 목마른 자들아 물로 나아오라 돈 없는 자도 오라 너희는 와서 사 먹되 돈 없이, 값 없이 와서 포도주와 젖을 사라(사 55:1).

이 강물이 이르는 곳마다 번성하는 모든 생물이 살고 또 고기가 심히 많으리니 이 물이 흘러 들어가므로 바닷물이 되살아나겠고 이 강이 이르는 각처에 모든 것이 살 것이며(겔 47:9).

강 좌우 가에는 각종 먹을 과실나무가 자라서 그 잎이 시들지 아니하며 열매가 끊
이지 아니하고 달마다 새 열매를 맺으리니 그 물이 성소를 통하여 나옴이라 그 열
매는 먹을 만하고 그 잎사귀는 약 재료가 되리라(겔 47:12).

성전에서 흘러나오는 생수가 이르는 곳마다 모든 생물이 번성하고 살아납니
다.이 물이 흘러 들어가면 죽음의 바다도 살아나 생물이 살게 됩니다. 큰 바다
의 고기같이 심히 많은 고기가 살므로 강가에 어부가 설 것이라고 합니다. 강
좌우에 각종 먹을 과실이 달마다 맺고 그 열매가 맛있고 그 잎사귀가 약재료가
되리라고 합니다. 완전한 그 하나님 나라, 영광의 현장입니다.

하나님이 에스겔 11장에서 에스겔에게 보여 주신 환상은 하나님의 영광이 성
전을 떠나시는 슬픈 장면입니다. 여기 에스겔 47장에서는 하나님의 영광이 돌
아오신 장면입니다. 이 영광도 그 날에 누릴 영광이지만 우리는 지금 그 나라의
영광을 가불해서 누릴 특권과 은혜가 있습니다. 예수님의 모든 메시지는 하나
님의 나라였습니다.

…하나님 나라는 너희 안에 있느니라(눅 17:21).

다윗은 사울의 칼을 피하여 숨어 있는 아둘람 굴 속에서도 '내가 노래하고 찬
송하리이다.'라고 마음을 확정합니다.

하나님이여 내 마음이 확정되었고 내 마음이 확정되었사오니 내가 노래하고 내가
찬송하리로다 내 영광아 깰지어다 비파야, 수금아 깰지어다 내가 새벽을 깨우리
로다(시 57:7-8).

자신 속에 눌려 있는 하나님의 영을 깨웁니다. '내 영광아 깰지어다.'라고 선포합니다. 내 안에 두려워하고 있는 영 잠자고 있는 영을 깨웁니다. 어떠한 상황에도 하나님을 바라보고 찬양하기로 결정합니다. 자신을 향하여 깨어나라, 찬양하라, 감사하라고 촉구하며 '주여 내가 만민 중에서 주께 감사하고 찬양하리이다.'라고 고백합니다.

충만함으로 선포하라

선포한다는 것은 나의 기대나 원함이 아니라 하나님의 것을 대신 말하는 것입니다. 곧 진리를 선포하는 것입니다. "마른 뼈들아 여호와의 말씀을 들을지어다. 생기야 사방에서부터와서 죽음 당한 자에게 불어와서 살게 하라."고 말하십시오. 축복을 선포합시다. 감사를 고백합시다. 하나님의 주되심을 선포하고, 하나님의 하나님 되심을 선포하고, 하나님의 왕되심을 선포합시다. 아들의 권세를 주장합시다. 내가 누구임을 내가 어떠한 자임을 선포합시다. 예수 그리스도의 피로 바꾼 존재임을 선포합시다. 진리를 선포하는 것은 사탄을 짓밟는 행위가 됩니다. 진리를 선포하는 것은 보이는 현실 세계에 영적인 능력을 드러내게 하는 행위입니다.

> 나는 너를 애굽 땅에서 인도하여 낸 여호와 네 하나님이니 네 입을 크게 열라 내가 채우리라 하였으나 내 백성이 내 소리를 듣지 아니하며 이스라엘이 나를 원하지 아니하였도다(시 81:10-11).

하나님은 하나님의 충만을 자기 백성, 자기 신부인 우리에게 부으시기를 원하십니다. 광야 여정 궁핍한 땅에서 이스라엘 백성은 원망 불평하며 하나님을 원하지 아니하였습니다. 하나님 자신이 우리의 모든 것의 모든 것입니다. 누군가가 우리가 천국에 가면 후회할 것 한 가지가 있다고 했습니다. 하나님은 우리에게 가장 좋은 것을 주셨는데 우리는 구하지 아니하므로 그 축복의 비밀을 누리지 못하는 억울한 삶을 살았다는 것입니다.

신랑을 기다리는 그리스도의 신부는 신랑을 사모하고 사랑하는 만큼 충만해질 것입니다. 그 사랑에 **빠진** 신부의 충만은 온 가정과 공동체의 충만으로 이어질 것이며 마침내는 이 시대를 향하신 하나님의 부르심에 이끌려 살게 됩니다. 주님을 찬양합니다.

나눔을 위한 정리

출애굽기 17장 첫 번째 반석 사건에서 하나님께서는 모세에게 반석을 치라고 명령하십니다. 모세가 반석을 친 것은 그리스도를 친 사건입니다. 하나님 자신이 깨뜨려진 것입니다. 반석 되신 주님이 깨뜨려지심으로 신령한 음료, 즉 살리는 물을 반석에서 얻게 된 것입니다. 두 번째 반석 사건에서 하나님은 '반석에게 명령하여라.'라고 하십니다. 반석 되시는 그리스도께서 이미 깨뜨려지셨으니 반석을 또 칠 필요가 없었습니다. 십자가에서 피 흘리시어 다 이루신 구원! 그리스도가 죽으심으로 확증된 그 사랑! 우리는 그리스도께서 십자가로 다 이루신 일을 진리대로 선포하고 그 풍성하고 놀라운 구원을 취하고 누리면 됩니다.

생각 나눔

1. 첫 번째 반석 사건과 두 번째의 반석 사건에서 모세에게 말씀하신 내용의 차이는 무엇입니까?

2. 진리를 명하고 선포한다는 의미가 무엇입니까?

3. 명하고 선포하므로 '그 능력'을 누리게 된 경험이 있습니까?

7부

성숙으로 이끄는 결혼

7-1
부도난 결혼생활

⊂⊃

길은 있는가?

부도 위기인 결혼생활, 길은 어디에 있습니까? 이 질문에 대하여 어떻게 대답하겠습니까? 저는 30여 년 전부터 답이 보이지 않는 절박한 문제를 가진 많은 분을 만나 왔습니다.

"주님이 길이신데 이분의 삶에도 길이 되어 주셔야 하지 않습니까? 복음이 이분의 문제에도 복음이 되어 주셔야 하지 않습니까? 하나님의 나라가 저분의 현장에도 이루어지게 하소서."

이러한 질문을 수없이 하면서 구원의 실제를 간구하며 배우고 있습니다. 2018년 통계에 의하면 우리나라 이혼이 108,700건입니다. 4인 가족을 기준(자녀 2인)으로 한 해에 434,800명의 인구가 깨지는 것입니다. 의정부시 정도의 인구가 한 해에 이혼 가정이 됩니다. 기독교인의 이혼율도 별반 다르지 않다고 하니 더욱 슬픈 일입니다. 이것은 몇몇 가정 사역자의 몫이 아닙니다. 결혼의 본질이 복음이기 때문에 우리 모두의 몫입니다. '우울증을 앓고 있는 시대'라는 표현은 인간의 기초 관계인 결혼의 깨어짐이 곧 인간의 깨어짐이기 때문입니다.

가장 복되어야 할 결혼은 원수에게 심각한 공격을 받고 있습니다. 그리스도인도 세상과 차이가 없다는 것은 우리가 세상을 위하여 세상을 품고 살아도 모자란 데 자기 앞가림도 못하고 있는 슬픈 현실입니다. 결혼제도는 하나님의 아이디어입니다. 성경은 결혼 안내서입니다. 결혼 언약서입니다. 말씀으로, 본질로 돌아가면 길이 있습니다.

길은 오직 예수

주님께 구원이 있습니다. 이 중요한 일에 그분이 길이 되어 주시지 않는다면 복음이 아니지 않습니까? 하나님은 인간의 진정한 행복을 위하여, 그보다 앞서 하나님 자신과 인간이 결혼하시기를 원하셔서 이렇게 놀라운 결혼제도를 만드셨습니다. 결혼은 그냥 한 남자와 여자의 만남으로만 해석되는 관계 아닙니다. 결혼은 한 남자와 여자의 관계로만 끝나는 것이 아니라 이 안에 궁극적인 하나님의 비밀이 들어 있습니다.

이미 다른 여러 장에서 다루었듯이 결혼이란 인간의 모든 관계의 핵심이요, 기초 관계입니다. 이 관계가 하나님과의 관계로 이어지는 신비가 있습니다. 인간은 이러한 결혼관계를 통하여 아내이든 남편이든 정체감이 회복되어지고 존재의 의미와 행복을 누리도록 설계되었습니다. 마찬가지로 교회인 신부가 그리스도와 좋은 관계가 되어진다는 것은 그리스도로 인하여 교회가 평강 가운데 영광스러움의 신비를 누리게 된다는 것과 동일한 것이죠. 궁극적으로 이 관계는 교회와 어린 양의 혼인잔치로 결론되고 완성되는 것으로 설계되어 있습니다. 곧 한 남자와 여자만의 관계가 아닌 예수 그리스도와 교회와의 관계인 놀라운 신비가 결혼 관계 안에 들어 있습니다.

이 결혼의 신비는 이 세상의 어떠한 관계로도 대체 할 수 없는 비밀이 들어 있기에 사탄은 이 결혼을 깨려고 필사적으로 방해하는 일을 우선적으로 삼고 있습니다. 하나님께 결혼이라는 주제는 무엇보다 중요시 되고 있는 주제입니다. 결혼으로 시작된 인류의 역사에는 하나님의 놀라운 섭리가 담겨져 있습니다. 이 결혼이 세상 끝 날에는 교회와 어린 양 되신 그리스도와의 결혼으로 피날레를 장식할 것이기 때문에 더욱 공격을 받고 있습니다.

부부는 서로 너무나 다르기 때문에 기본적으로 갈등이 있는 것이 정상입니다. 어떤 부부일지라도 부부관계는 갈등이 있는 것이 이상한 일이 아닙니다. 그 갈등을 해결할 구원의 길이 예수님께 있다는 사실입니다. '인간의 구원자는 예수님이시다.'라고 말하는 것과 '결혼 문제의 구원자는 예수님이다.'라고 말하는 것은 동일한 원리라는 것입니다.

영혼이 **구원받았다는 말은 삶이 구원받았다는 말이요, 시간이 구원받는 것, 관계를 구원받는 것을 다 포함한 말입니다. 그리스도가 내 삶의 현장에 얼마나 실제적이냐는 것이죠.**

성경은 결혼 교과서

성경은 결혼 교과서입니다. 또한 인간과 하나님과의 관계의 결혼 언약서입니다. 인간의 결혼을 창시하신 하나님께서 결혼 문제의 해결의 길도 제시하고 있습니다. "내가 가진 이 엄청난 문제에 대하여 성경에 길이 있다구요?" 이 문제 해결의 길을 성경에서 본 적이 없는 것 같습니까? "이혼하지 않아야 한다는 것을 잘 알고 있습니다. 그렇지만 기독교인도 많은 분이 이혼하지 않습니까? 목사님들도 이혼하는 데 나라고 뭐 그렇게 참고 살아야 할 이유는 없는 것 같은데 말입니다."

현실은 우리의 안내자가 아니다

영생을 죽은 후부터 누리는 것이 아닙니다. 이 땅에 임한 하나님 나라에서 지금부터 누려야 합니다. 구원은 죽은 후 천국 가는 것만 구원이 아닙니다. 우리 삶의 구체적인 현장에서 구원을 누릴 수 있는 특권을 이미 받았습니다.

문제를 주목하지 말라

결혼생활은 자동적으로 행복이 주어지지 않습니다. 다른 장에서 다루었듯이 결혼은 하늘에서 누릴 천국의 축복을 이 땅에서 가불해서 누릴 수 있습니다. 사탄의 한 가지 목적은 결혼을 깨는 것입니다. 결혼생활에서 지옥 같은 순간을 누구나 경험할 수 있습니다. 문제를 주목하지 마십시오. 하나님을 주목해야 합니다. 우리 모든 삶의 문제는 하나님의 프로포즈이니까요.

① 이혼하지 않아야 하니 꾸역꾸역 참고 지옥 같은 삶을 살아라는 뜻이 아닙니다. ② 행복한 이혼은 없습니다. ③ 기쁨으로 오래 참음에 이르게 하시는(골 1:11) 과정을 통하여 하나님의 길에 이르게 하시는 은혜가 있습니다. ① 그대로 살자니 지옥 ② 포기하자, 길이 없으니 ①도 ②도 아닌 ③안입니다. 이 책은 ③ 안의 길을 안내합니다.

내가 곧 길이요 진리요 생명이니…(요 14:6)

예수님께서 당신이 길이라면 이 문제도 당신 안에 길이 있다는 뜻이지요. 그 길이 생명이고 그 길이 진리이면 그것이 해답이 되지 않겠습니까? 결혼이란 부부 두 사람 만의 관계가 아닙니다. 한몸된 부부관계 안에서 예수님이 항상 머리로 위치하여 계십니다. 우리가 원하든 원치 않든 그리스도가 머리입니다. 그렇다면 조금 소망이 보이는 것 같지 않습니까? 나와 너와의 관계로만 볼 때는 해결이 불가능 합니다.

이러한 원리로는 다른 장에서 많이 다루었으니 참고하시기 바랍니다. 우리는 다 죄인입니다. 죄인인 한 남자와 죄인인 한 여자의 만남, 이것이 부부입니다. 부부는 서로에 대하여 자신의 결핍을 채워 주기를 원하는 의식적 혹은 무의식적인 기대가 있습니다. 결코 서로의 결핍을 스스로의 힘으로 채워 줄 수는 없지요. 그럼 어떻게 해야 할까요?

부부 문제의 원인은 꼭 한 사람에게만 있는 것은 아닙니다. 그러나 두 사람 중 한 사람은 좀 더 성숙합니다. **하나님은 그 성숙한 한 사람을 다루시므로 곁에 있는 미숙한 사람을 치유와 회복에 이르게 하십니다.** 한 사람에게 가족 전체를 함몰케 할 수 있는 역기능적인 문제가 있을 수 있습니다. 일반적으로 생각하기에 문제(알코올 중독, 도박, 폭력, 외도, 정신적 문제 등)를 가지고 있는 사람, 그 사람만 바뀌면 가족 문제가 해결된다고 생각합니다. 물론 맞습니다.

그러나 하나님의 구원 방식은 우리의 생각과 다릅니다. 그 한 사람의 문제는 그 곁에 있는 다른 한 사람을 다루는 도구로 쓰신다는 것이 또한 고통인 것입니다. 사실 곁에서 당하는 사람은 참으로 무고할 수밖에 없습니다. 물론 하나님께서 일부러 고통을 허락하시지는 않지요. 하나님은 그 환경을 구원해 가는 과정을 통하여 우리를 하나님의 사람으로 하나님의 사랑을 제대로 경험해 가도록 기회를 주신다는 것이지요. 자, 말씀은 그렇습니다. 그 말씀이 지금 내 문제와 무슨 상관이 있으며 어떻게 적용 가능합니까?

이혼 취소

지금부터 25년 전의 일입니다. 회복 세미나 개강하는 날, 하나님의 나라에 대한 강의 후에 어떤 분이 찾아왔습니다. 그분은 남편과 이혼하려고 서류 준비까지 완벽하게 해 놓고 마지막으로 회복 세미나에 한 번 참석하러 왔는데 오늘 말씀을 들으니 이혼하지 않더라도 길이 있다는 것을 알았다고 했습니다. "이혼 취소합니다." 제가 그날 한 강의는 결혼에 대한 강의가 아닌 하나님 나라에 대한 강의였는 데도 말입니다.

많은 분들의 삶이 예수 그리스도와 함께하는 실제적인 삶이 아니라 교회생활 따로, 가정생활 따로, 직장생활 따로, 별 연관성이 없이 단지 종교적인 생활의 무늬만 가지고 있고 신앙이 실제가 아니라는 것이 참 안타까웠습니다. 그것은 예수 그리스도와 개인적인 인격적인 관계가 이루어지지 않은 경우입니다. '예수님 당신이 길이시라면 이 문제에 길이 되어 주셔야 하지 않습니까?' 저는 그러한 질문을 수없이 하면서 구원의 길을 배워 가고 있습니다.

비어 있는 사랑의 탱크 누가 채우나

이제 다시 질문으로 돌아가 볼까요? 부부는 서로를 통하여 사랑받기를 원합니다. 아내든 남편이든 누구든지 자기자신의 성장 과정에서의 결핍까지도 상대를 통하여 채움 받기를 원합니다. 서로 '다오, 다오.' 하지만 서로가 고갈 상태로 줄 것이 없습니다. 그런데도 자꾸 달라고 합니다. 왜 안 주냐고 아우성입니다. 사람은 상대의 필요를 채울 수가 없습니다. 그러나 하나님께 채움을 받은 사람은 줄 수 있습니다. 누구든 먼저 상대를 향한 기대를 내려놓고 하나님의 얼굴을 보아야 합니다. 하나님께서 나의 필요, 배우자의 필요를 채울 수 있냐고요? 네, 있습니다. 하나님은 결혼제도를 만드신 분이시고 아내와 남편의 진정한 필요를 아시는 분이십니다. 하나님의 사랑에 깊이 빠져 보십시오. 날마다 그분의 임재 가운데 그분의 사랑을 먹고 마시며 누려 보십시오.

> 소망이 우리를 부끄럽게 하지 아니함은 우리에게 주신 성령으로 말미암아 하나님의 사랑이 우리 마음에 부은 바 됨이니(롬 5:5).

그리스도의 사랑이 우리에게 부은바 되셨습니다. 지금도 그 사랑은 부어지고 있습니다.

내 잔이 비어 있으면 아무리 달라고 해도 줄 것이 없습니다.

내 잔이 넘치면 상대에게 흘러갑니다. 하나님의 사랑을 먼저 경험하는 자의 잔이 넘치면 사랑을 흘려 받은 배우자는 다시 되돌려 줍니다. 이제야 비로소 '서로 사랑'이 됩니다.

주님은 이미 나를 사랑하고 계십니다. 그토록 피를 바치는 사랑으로 사랑하고 계시는데 우리는 그 사랑을 그대로 받아들이고 누리기만 하면 됩니다. 내 안에 비어 있는 사랑의 탱크가 주님의 사랑으로 채워진다면 그 사랑이 배우자를 향하여 흘러갈 수 있습니다.

하나님의 사랑은 계속하여 부어지고 있습니다

하나님의 사랑이 우리에게 부은바 되었기에, 계속 부음을 받다보면 언젠가 채워지고, 계속 부음을 받다보면 언젠가 넘쳐서 상대에게로 흘러가게 된다는 것이지요. 나에게 없는 것을 줄 수가 없습니다. 내가 너희를 사랑한 것 같이 사랑하라고 하셨고, 내가 너희를 용서한 것 같이 용서하라고 하셨습니다. 우리 안에 없는 것을 결심한다고 줄 수 있는 것이 아닙니다.

하나님은 이미 우리에게 주셨기에 그 받은 것으로 흘러 보내라고 하시는 것이지요. 이러한 것을 다르게 표현하면 성령 충만한 삶입니다. 사랑은 성령의 열매이기 때문입니다.

하나님의 먼저 사랑

인간의 모든 문제의 원인은 사랑 문제입니다. 열등감, 중독, 낮은 자존감, 우울증 등은 근원적으로 사랑의 결핍증입니다. 사랑은 우리가 만들어 낼 수 있는 것이 아님을 우리는 잘 압니다(사랑의 근원은 하나님입니다.). 헨리 나우웬은 『예수님의 이름으로』라는 책에서 하나님의 사랑을 제1의 사랑이라고 표현하고, 인간의 사랑을 제2의 사랑이라고 표현합니다. **하나님이 먼저, 조건 없이 우리를 사랑하셨습니다.** 인간과 인간의 사랑은 상처로만 남을 수밖에 없습니다. 좌절과 분노, 원망과 증오를 남기는 사랑은 가정에서도, 친구관계, 공동체 안에서의 관계에서도, 사회에서의 관계 안에서 허다합니다. 스트레스와 상처가 없는 우정

이나 결혼관계, 공동체 관계는 이 땅에서는 존재하지 않습니다.[*]

조건 없는 사랑

조건 없는 하나님의 사랑은 이 모든 것을 치유하기에 넉넉합니다. 사랑은 이런 결과를 가져옵니다. '물로 씻어 말씀으로 깨끗하게 하사 거룩하게 하시고' 게리 토마스는 죄를 씻는 결혼이라고 표현했습니다. 결혼 관계 안에서는 감출 수 없는 우리의 모습이 다 드러나지만 하나님의 제1의 사랑은 죄를 씻어 주고 덮어 줍니다. 그 사랑을 받은 부부는 서로에 대하여 상대가 나를 사랑해 주지 못하더라도, 덮어 주고 사랑해 줍니다. 사랑을 줄 수 있습니다. 사랑은 허물을 씻어 주는 능력입니다.

베드로를 향해 "네가 나를 사랑하느냐."라고 세 번이나 물으시는 말씀 안에는 예수님이 '내가 너를 사랑한다.'라는 사랑의 프로포즈가 이미 들어 있습니다. 그 사랑을 받고 있는 자는 곁에 있는 배우자를 사랑할 수 있습니다. 그 사랑은 좌절, 분노, 배신, 거절과 숱한 상처를 치유하기에 넉넉합니다.

지금까지 말씀드린 내용이 회복의 길이지만 모든 이들에게 쉽지만 않은 것은 부부관계 안에서 절망과 위기를 만나기까지는 서로에게 상처받고 상처 주므로 마음이 서로를 향하여 단단하게 굳어있고 닫혀 있을 수 있습니다. 부부 두 분 중 한 분만이라도 상처를 치유 받는다면 한 사람의 치유는 반드시 한 사람에게 머물지 않고 가장 가까운 대상에게 흘러가게 되어 있습니다.

가족은 유기적인 공동체이므로 온 가족에게 흐릅니다. **문제가 배우자에게 있는데 본인이 회복되면 배우자도 자녀도 회복됩니다.** 자녀에게 문제가 있더라도 부모 중 한 사람의 변화가 부부에게 흐르고 자녀에게 흘러 온 가족이 은혜를 경험하게 됩니다. 저는 이러한 사례들을 수 없이 경험했습니다. '나' 한 사람의 변

---

[*] 『예수님의 이름으로』, 헨리 나우웬, 두란노:1998, 28.

화로부터입니다. 삶의 구원의 실제가 이런 것입니다. 위기의 결혼에 대한 처방을 여기서 다 설명드리기에는 부족하지만 이 책 안에 있는 전체의 내용이 많은 도움이 될 것이라 생각합니다. 그리고 더 구체적인 적용은 앞서 출간된 『회복』에서 다루고 있습니다.

이 땅의 깨어진 가정들을 주님께 올려 드립니다.
그 상한 심령을 만져 주소서.
이 땅의 위기 가운데 있는 가정들을 긍휼히 여겨 주소서.
하나님의 진정한 구원을 그들의 삶의 관계 안에서 경험하게 하소서.

그들의 관계 안에서 용서와 치유를 맛보게 하소서.
길과 진리이신 주님이 그들의 죽음 같은 삶에 생명의 빛 비취소서.
그들을 말씀으로 살려 주소서.

주께서 깨어진 가정의 자녀들의 아빠 엄마가 되어 주소서.
교회 가운데 살리는 영으로 충만하게 하셔서 가정들이 치유 받고
회복되는 은혜로 넘치게 하소서.

결혼을 깨려는 어둠의 거센 물결보다
하나님!! 당신은 더 크십니다.
우리의 결혼을 구원하소서.
우리의 가정을, 우리의 자녀들을 구원하소서.
이 땅의 신부인 교회를 물과 피로 정결하게 하사
거룩한 신부로 거듭나게 하소서.

나눔을 위한 정리

인간은 결혼을 통하여 아내와 남편으로서의 정체감을 회복하며 인생의 의미와 행복을 누리도록 설계된 존재입니다. 예수 그리스도와 교회와의 관계가 신랑과 신부의 관계로 설명되고 남녀의 결혼에도 그러한 관계의 신비가 들어 있습니다. 사탄은 하나님의 놀라운 계획과 섭리가 들어 있는 결혼을 깨뜨리기를 원하며 부부의 관계를 공격합니다. 가정이 위기가 왔을 때 부부 중에서 성숙한 사람이 먼저 하나님의 임재 가운데 그분의 사랑을 먹고 마시며 조건 없는 사랑을 넉넉히 누리면 치유는 가족에게 흐릅니다. 상대에 대한 기대를 내려놓고 문제에 주목하지 않아야 합니다. 그리스도는 가정의 머리이십니다.

생각 나눔

1. 신랑과 신부의 관계는 어떤 관계를 뜻합니까?

2. 가정의 주인은 누구이며 배우자를 이떻게 사랑할 수 있습니까?

3. 가정이 위기가 왔을 때 회복시킬 수 있는 주체는 누구입니까? 회복시킬 능력은 어디서 나옵니까?

7-2
결혼 속에 숨겨진 복음의 신비

존귀하신 남성 여러분, 아름다운 여성 여러분. 여러분은 하나님의 영광이 표현된 존재입니다. 여러분 스스로가 하나님의 영광임을 인정하십니까? 지금 곁에 계신 아내, 남편에게 표현해 보실까요?

"당신은 하나님의 영광이에요. 당신은 하나님의 걸작품, 나의 영광입니다."

남편 여러분, 아내 여러분. 여러분은 지금의 결혼에 만족하십니까? 여러분이 다시 태어난다면 지금의 배우자와 결혼하시겠습니까? 뉴스엔조이 여론조사 전문기관의 통계에 의하면 '지금 배우자와 결혼하겠다'라는 질문에 아내는 19.4%, 남편은 45% 답했다고 합니다.[*]

어떤 목사님이 교인들에게 "다시 태어나면 지금의 배우자와 결혼하시겠습니까?"라고 질문하니 아무도 답하지 않을 때, 할머니 한 분이 손들었습니다. 목사님이 "그렇게 할아버지와 사랑이 깊었습니까?" 하니, "다 그 놈이 그 놈이여. 그래도 길들여진 놈이 아무래도 낫제."라고 대답했다 합니다.

단적인 사례이지만 "다시 태어난다면 지금의 배우자와 결혼하시겠습니까?"라는 질문에 남편이 죽으면 관에 들어가자마자 '성형수술'할 것이라고 대답하는 아내를 만난 적이 있습니다. 성형수술을 하려는 이유를 물으니 남편이 알아 볼 수 없게 하려고 수술한다고 했습니다. 겉으로 보기에는 참으로 행복하고 단란한 크리스천 부부였습니다.

---

[*] 「연합뉴스」, 2013. 10. 2.

지금 여러분은 어떻습니까? 속았습니까? 내가 많이 기도하고 결정했는 데도 주님이 속이셨습니까? 속지 않은 분 계세요? 괜찮습니다. 모두 다 속았으니까 괜찮아요. 이것은 잠깐의 코스입니다. '평생 속았구나, 잘못 골랐구나!'라고 생각하신다면 그건 사람에게 속은 것이 아니라 사탄에게 속은 겁니다.

이혼에 대한 바리새인들의 질문에 대하여 예수님께서는 "본래는 그렇지 아니하니 하나님이 짝지어 주신 것을 사람이 나누지 못한다."라고 단호히 말씀하십니다. 콩깍지가 씌어서 결혼하신 분 많죠. 평생 콩깍지 끼고 산다면 얼마나 좋겠습니까? 어떻든 이미 결혼하신 분들은 하나님의 뜻 안에 있습니다. 지금 여러분의 배우자는 인사 관리에 가장 뛰어나신 하나님이 짝지어 주셨습니다. 하나님이 주신 현재의 배우자는 70억 인류 중에서 나 자신에게 가장 적절한 사람이라고 받아들일 수 있을까요? 그렇다면 여러분의 배우자가 가지고 있는, 여러분이 끔찍이도 싫어하는 그 단점조차도 하나님의 섭리 아래 있음을 받아들일 수 있을까요? 아니 더 적극적으로 감사할 수 있을까요?

연애시절 열렬히 사랑해서 헤어지기 싫고, 밤늦게 헤어져 각자의 집으로 돌아가서도 1시간이 넘게 통화를 하고, 그래도 같이 오래오래 있고 싶어서 연인은 결혼합니다. 그렇다고 해서 자동적으로 행복이 굴러오는 것은 아니지요. 결혼은 우리의 벌거벗은 모습 그대로가 드러나는 장입니다. 범죄 이전 아담과 하와는 벌거벗었으나 부끄러워하지 않았습니다. 하지만 죄가 들어와 우리 안에 유전됨으로 인해 서로를 판단하고 탓하는 관계로 바뀌었습니다.

남자와 여자의 전쟁

아담과 하와가 에덴에서 지은 범죄가 사탄에게 빌미를 제공함으로써 최초로 시작된 영적 전쟁은 중동전쟁보다도 길게 인류의 역사 가운데 이어져 오고 있습니다. 이 피할 수 없는 남자와 여자와의 전쟁!

내가 너로 여자와 원수가 되게 하고 너의 후손도 여자의 후손과 원수가 되게 하리니 여자의 후손은 네 머리를 상하게 할 것이요 너는 그의 발꿈치를 상하게 할 것이니라(창 3:15).

사탄이 여자를 공격하는 이유는 여자가 가족 관계의 중심에 있기 때문입니다. 또한 하나님이 여자와 남자가 연합한 부부를 통하여 그의 원대한 경륜을 이루시기에, 사탄은 그 역사를 방해하기 위해 가족 관계의 중심인 여자를 공격합니다. 가족의 중심인 여자가 가족 전체에 영향력을 끼친다는 사실을 사탄이 알고 있기 때문이지요. 궁극적으로 이것은 곧 여자의 후손인 예수 그리스도의 사역을 방해하려는 사탄의 궤계입니다. 때문에 사탄의 공격 우선순위는 결혼입니다. 사탄도 하나님께서 결혼을 얼마나 중요하게 여기시는지를 압니다.

하나님과 자기 백성과의 관계가 결혼 언약으로 존재하며, 결혼으로 시작된 인류의 역사가 결혼으로 완성될 것(계 21장)이기에, 사탄은 자기의 때가 얼마 남지 않았음을 알고 최후의 발악을 하고 있습니다. 이혼, 동성애, 젠더 이데올로기, 낙태 등이 사회적으로 큰 이슈가 될 만큼 사탄은 혈안이 되어 있죠. 이것은 하나님의 인간창조의 목적을 향한 도전입니다. 그러므로 이 시대의 결혼의 본질이 제대로 계시되고 알려져야 할 필요가 있습니다.

결혼, 성화의 학교

결혼은 남자를 하나님이 원하시는 가장 멋진 남자로, 여자를 하나님이 원하시는 가장 아름다운 여자로 만드시는 학교입니다. 철이 철을 날카롭게 하고 사람이 그 친구의 얼굴을 빛나게 하는 것처럼 결혼은 두 사람을 하나님의 형상으로 회복하게 하는 훈련의 장입니다. 문제가 없는 결혼은 이 세상 어디에도 없습니다. 나의 배우자가 가지고 있는 문제는 곧 나의 문제입니다. 왜냐하면 부부는 한몸이기 때문입니다. 내 손과 내 발의 아픔은 곧 나의 아픔입니다. 아픈 손에게 너 왜 아프냐고 나무랄 수가 없는 것이지요. 어떠한 문제라 할지라도 하나님께는 그 문제를 통한 목적이 있습니다. 결혼생활 가운데 모든 문제는 나를 하나님의 사람으로 회복하게 하고 그리스도의 온전한 성품으로 닮아가게 합니다.

> 폴 워서(Paul Washer)는 복음과 결혼이라는 글에서 결혼은 성화의 학교라고 말씀합니다. 만약 당신이 원하는 모든 조건을 다 갖춘 사람과 결혼 했다면 어떻게 무조건적으로 사랑하는 방법을 배울 것입니까? 만약 당신을 한 번도 실망시킨 적이 없고 당신에게 한 번도 어려움을 준적도 없고 당신에게 한 번도 죄를 지은 적도 없이 항상 자신의 죄를 인정하고 용서를 구하는 그런 배우자와 결혼 했다면 당신은 어떻게 자비, 관용, 오래 참음, 연민을 배울 것입니까?
> 만약 당신이 항상 당신으로부터 좋은 대우를 받을 만한 자격이 있는 사람과 결혼 했다면 당신은 어떻게 자격 없는 사람에게 베푸는 은혜를 배울 것입니까? 조건을 다 갖춘 사람과 결혼했다면 당신은 하나님을 닮을 수 없습니다. 결혼은 성화에 있어 가장 위대한 길입니다.*
>
> 우리가 알거니와 하나님을 사랑하는 자 곧 그 뜻대로 부르심을 입은 자들에게는 모든 것이 합력하여 선을 이루느니라(롬 8:28).

오래 전 어떤 분이 회복 세미나에 오셔서 말씀하셨습니다. "내가 참 괜찮은 사람이었는데, 남편을 만나서 내 성질을 다 버렸어요. 이렇게 병까지 들고 나니 억울하고 분하여 한숨 밖에는 안 나옵니다." 그렇습니다. 자주 밟히고 찔리다 보면 충분히 그럴 수 있습니다. 이것으로 끝나 버리면 더욱 억울한 삶이 될 수밖에 없습니다. 결혼제도를 만드신 하나님께서는 결혼의 A/S(After Service)도 감

---

* 『폴 워서의 복음』, 폴 워서, 조계광 역, 생명의말씀사:2015.

당하십니다. 결혼을 통해 치유받고 회복되면서 아름답게 성숙해 갈 수 있는 기회를 놓치지 말아야 합니다. 이 모든 고난과 역경을 통하여 선을 이루시는 하나님을 기대할 수 있습니다.

우리가 복음을 살아내는 1차 현장은 가정입니다. 어렵고 힘든 나의 부부관계에서 복음이 말 그대로 福音(복음)되어야 참 복음 아닙니까? **하나님 나라는 멀고 막연한 개념이 아니라 지금 여기 나의 현장에서 이루어져야 하는 실체입니다.** 하나님은 지금 여기에 살아 계십니다. 우리와 함께 고난의 현장에 실제로 실재하고 계십니다. 진정한 신앙과 진정한 하나님의 임재하심은 교회에서 예배드릴 때에만 경험하는 것이 아니라, 나의 삶의 현장에서 경험되어야 합니다.

고난을 만날 때 두 가지 모습이 나타날 수 있습니다. 하나는 그 고난 때문에 억울하고 분해서 강퍅해지는 것이고, 다른 하나는 고난 덕분에 진정한 하나님의 사람으로 더욱 깊어지고 겸손해지는 것입니다. 우리가 어떤 모습이 되느냐는 고난 속에서 어떻게 하나님의 음성을 찾는 방법에 달렸습니다. 모든 어려움과 고통 안에는 하나님의 음성이 있습니다. 무고히 받는 고난 같아 보여도 사실은 하나님께서 우리 안에 있는 불순물을 씻어 내시기 위한 과정입니다.

> ♪ 내가 건너야 할 강 거기서 내 죄 씻겠네 이제 주의 사랑이 나를 위해 흐르네
> 깊은 강에서 주가 나를 일으키셨도다 구원의 노래 부르리 예수 자유 주셨네

결혼의 진정한 목적은 거룩입니다. **결혼은 참으로 성화의 학교입니다.** 몸과 마음이 만신창이가 되어 오신 한 집사님이 계셨습니다. 참으로 상식으로 이해할 수 없는 힘든 환경이었습니다. 고통 가운데서 날마다 절규하며 수년을 회복 그룹에서 치유되고 좋아지고 있었습니다. 늘 진지하게 말씀을 직면하던 그분은 어느 날부터 남편과 시어머니를 향하던 화살을 자신에게 돌리며 말씀을 내면 깊이 흡수해 갔습니다.

"이 '회복 그룹'의 장은 나의 목욕탕입니다. 내 안에 있는 더러운 모습을 아무리 쏟아내어도 하나님은 정죄하지 않으시고 받아 주시며 격려해 주시니 하나님의 임재 앞에서 날마다 어린아이처럼 기뻐할 수 있습니다."

"결혼은 성화를 위한 위대한 장입니다. 결혼을 통해 예수님의 참된 온유를 배울 수 있습니다. 결혼은 사랑할 수 없는 사람을 사랑하도록 가르치는 영성의 학교이며, 나 자신이 얼마나 죄인인지를 직면하고 겸손해지도록 하는 거울입니다. 결혼은 진정한 하나님의 언약적 사랑을 배울 수 있는, 그리하여 그 모든 순간에 하나님의 임재와 하나님의 긍휼을 구하며 살 수 있는 축복의 장입니다."

결혼, 제자도의 또 다른 기회

…누구든지 나를 따라오려거든 자기를 부인하고 자기 십자가를 지고 나를 따를 것이니라(마 16:24).

폴 워셔 목사님은 결혼에 대하여 다음과 같이 설교했습니다.

결혼은 하나님의 딸 중 한 명의 유익을 위한, 하나님의 신성한 부르심이며, 그 한 사람을 위하여 당신의 생명을 내어놓아야 한다는 것입니다. 저는 목숨이 붙어 있는 한 이 사역에 대한 부르심을 내려놓을 수 없습니다. 마찬가지로 그분의 딸을 위하여 생명을 내어 놓으라는 부르심은 무를 수 없는 제자도의 중요한 기회입니다. 즉, 제자도를 배울 수 있는 그 기회의 다른 이름은 '결혼'이라는 것입니다. 누구든지 나를 따라오려거든 자기를 부인하고 자기 십자가를 지고 나를 따르라고 하셨습니다. 진정한 제자도를 위한 기회는 아내 곁입니다. 제자도의 길은 다른 사람과의 관계 속에 그 기회가 있습니다.

우리는 그리스도를 따르기 위해 목숨을 잃어 본 적이 없습니다. 그 기회는 영영 없을까요? **주님을 위해 죽을 수 있는 기회는 우리 곁에 매일같이 주어지고 있습니다. 그 기회의 다른 이름이 결혼입니다.** 머나먼 선교지에서 모르는 사람들을 위해 목숨을 잃는 것보다, 가장 가까운 한 사람을 위하여 목숨을 잃는 것이 더 어려울 수 있습니다. 결혼을 이런 시각으로 본다면 하나님의 영광을 위해 다른 사람을 섬길 수 있는 기회가 얼마나 많은지를 깨닫게 될 것입니다. 24시간 우리 곁에 있는 사람들을 위한 진짜 섬김 말입니다.[*]

복음의 비밀을 가장 먼저 누리고 맛볼 수 있는 현장은 가정입니다. 다시 말해 가장 먼저 진정한 그리스도인의 삶을 살아내야 하는 현장이 부부관계라는 것입니다. 저도 동일한 고백입니다. 저에게 있어서 하나님의 첫 번째 부르심은 '여성'으로의 부르심과 동시에 아내로서의 부르심입니다. 이 삶은 내 인생의 목적이기도 합니다. 저는 그 무엇보다 제 남편에게 순종하며 섬기는 일이 모든 사역보다 우선입니다. 왜냐하면 제 남편은 내 곁에 그리스도로 보냄을 받은 하나님의 영광과 형상이기 때문입니다.

제가 하나님의 나라를 실제로 살아야 하는 현장은 가정입니다. 제가 무언가를 선하고 착하게 마음먹고 결정해서가 아니라 하나님의 말씀이 저에게 그렇게 말씀하기에 그대로 순종하려는 태도를 훈련해 갈 뿐입니다. 남편에게 좋은 파트너가 되는 것과 하나님께 좋은 파트너가 되는 것은 같은 원리입니다. 어느 누구도 이러한 원리에서 예외일 수는 없습니다. 바꾸어 말하면 좋은 목회자가 되는 것과 좋은 남편, 좋은 아빠가 되는 것은 같습니다. 어느 사역자의 고백처럼 "세계를 품는 것은 쉬운데 아내를 품는 것은 왜 그리 어려운지" 모르겠습니다.

---

[*] 폴 워셔, youtube-LNCK I LOVE N com. 2018. 3. 9.

놀라운 비밀

하나님은 결혼을 참으로 중요하게 여기십니다. 왜냐하면 하나님이 인간을 지으신 궁극적인 이유는 인간과 결혼(계 19:7) 하기 위해서였기 때문입니다. 인간의 심금을 울리는 주제들인 사랑, 부부, 결혼 등이 드라마나 소설에서 주로 다루어지는 것을 보면, 하나님을 알든 모르든 본래 인간에게는 결혼에 대한 갈망과 향수가 있다는 것을 알 수 있습니다. 다른 여러 장들에서 결혼을 주제로 한 말씀을 많이 나누었으니 구체적인 내용은 참고하시기 바랍니다.

하나님과 인간의 결혼 계획이 인간의 범죄로 인하여 상실되었기에 하나님은 하늘과 땅과의 단절을 그리스도의 십자가로 연결하셨습니다. 남편과 아내 자녀로 이루어진 **가정은 삼위 하나님의 연합의 원리를 이 땅에 옮겨 놓은 것입니다.** 즉, 부부 공동체의 모형은 하늘의 삼위 공동체입니다. **결혼은 회복이 필요한 인간에게 베푸신 하나님의 놀라운 아이디어입니다.** 결혼은 부부 안에서 하나님의 형상과 영광을 만져 보며 그분의 임재를 누릴 수 있는 거룩한 축복의 장입니다.

성경은 남편과 아내의 관계를 예수 그리스도와 교회의 관계로 설명하고 있습니다. 그 놀라운 비밀이 가정의 모든 현장에서 어떻게 구체화되고 실제가 되는지를 우리 모두가 발견하기를 원합니다. 남편이 아내로 인하여 거룩해지고 아내가 남편으로 인하여 거룩해지는 이 거룩의 만남, 거룩의 접촉, 거룩한 예배! 우리 안에 있는 죄와 이기심이 배우자와의 만남을 통하여 거룩해지도록, 우리의 진정한 신랑되신 그리스도의 보혈의 은혜는 우리의 가정에 충만히 흐르고 있습니다.

삼위 하나님의 공동체=부부 공동체

나눔을 위한 정리

다른 환경에서 자란 두 사람이 결혼을 통해 하나 된 부부는 하나님이 짝지어 주신 것이고 남편의 사랑과 아내의 순종을 통해 유지되어야 할 관계입니다. 사탄은 예수 그리스도의 사역을 방해하려는 의도로 결혼을 공격합니다. 연합된 부부를 통해 위대한 경륜을 펼쳐가는 하나님의 일을 방해하며 가족 관계의 중심인 아내를 공격합니다. 하지만 결혼생활은 두 사람을 하나님의 형상으로 회복하게 하는 훈련의 장으로, 결혼 앞에서 생기는 문제를 통해서도 자비, 관용, 오래 참음, 연민을 배워서 성화에 이르게 하는 길입니다. 결혼을 통해 우리는 그리스도의 제자로서 온전한 성품을 가지게 되며 삶의 현장에서 하나님의 임재를 경험하며 거룩한 축복 속에 있게 됩니다. 하나님의 영광을 위해 다른 사람을 섬기며 복음의 비밀을 가장 먼저 누리고 맛볼 수 있는 현장이 가정입니다. 그리스도와 교회의 관계와 같이 남편과 아내의 관계에서 우리는 그리스도의 보혈의 은혜가 충만히 흐르는 것을 경험하며 살아갈수 있습니다.

생각 나눔

1. 결혼생활에서 내가 배우자를 잘못 골랐다고 생각한 적이 있습니까? 있다면 어떤 일 때문이었습니까? 지금은 감사함으로 받을 수 있습니까?

2. 배우자가 가진 문제는 지금 나의 어떤 성품을 다루시는 것 같습니까?

3. 배우자가 가지고 있는 단점 중에 내가 끔찍이도 싫어하는 점이 있습니까?(한몸으로서 부부 문제는 상대의 문제가 곧 나의 문제이기도 합니다.)

4. 결혼생활을 통하여 주님이 나에게 원하시는 것이 무엇이라 생각하십니까?

7-3
코이노니아(친밀한 교제)

여성성의 회복, 코이노니아

여성성을 표현하는 단어가 여러 가지로 있지만 그중 대표적인 부분을 말한다면 친밀함이라고 표현할 수 있습니다. 이 친밀함은 코이노니아와 동일한 뜻을 갖고 있기도 합니다. 이 코이노니아는 여성성의 대표적 표현이라고 해도 되겠습니다. 코이노니아는 다양한 뜻을 담고 있습니다. 대부분 여성성과 연관된 표현들을 볼 수 있습니다. 여성성의 존재론적 어원인 '배필'이라는 히브리어 '에제르'는 하나님이 인간을 도우실 때 사용했던 신적인 용어라고 말씀드렸습니다. '에제르' 뜻 안에는 성령의 본질인 코이노니아의 뜻이 담겨 있습니다.

고린도후서 13장 13절에서의 '성령의 교통하심'이 코이노니아로 해석됩니다. "성령의 교통하심이 너희 무리와 함께 있을지어다." 이 말씀을 통해 성령님의 친밀하심이 다가오지 않습니까? 여기에서 삼위 하나님의 역할이 다 표현되어지고 있습니다.

주 예수 그리스도의 은혜(성자)

하나님의 사랑(성부)

성령의 교통하심(성령)(고후 13:13)

여기서 코이노니아는 신약 모두에서 표현(18회)되고 있는 성령의 교통하심을 함축하는 단어라 생각됩니다. 성령의 교통하심! 즉 코이노니아의 어원적인 뜻은 몸의 모든 장기와 기관들이 서로 하나되어 신진대사를 원활하게 하는 것과 같이 동일한 기능을 하도록 협력하는 것처럼 헬라어의 코이노니아는 결혼의 의미로도 사용되었다고 합니다(죽기까지 책임지는 관계).*

이러한 뜻으로 본다면 '**성령의 교통**', **코이노니아는 그리스도의 은혜가 은혜되게, 하나님의 사랑이 사랑되게 운반하고 수송하는 중요한 역할입니다.** 마치 성령 하나님은 성부 하나님과 성자 예수님과의 관계 안에서 그 안에 있는 사랑을 서로에게 전달하고 수송하므로 성부 하나님의 역할과 성자 예수님과의 역할을 하나 되게 합니다. 가정 안에서 여성(에제르)의 역할은 남편과 자녀 사이의 관계 중심에 있어서 성령과 동일한 역할을 합니다. 인간은 내면 속에서 누구나 다 친밀함의 갈망을 가지고 있습니다. 하나님의 형상대로 지음 받았기 때문입니다. 하나님의 성품 안에는 친밀함이 이미 내재해 계십니다.

> 여호와의 친밀하심이 그를 경외하는 자들에게 있음이여 그의 언약을 그들에게 보이시리로다(시 25:14).

관계는 코이노니아를 통하여 깊어지고 견고해집니다. 코이노니아가 없으면 두 개체가 아무리 좋은 것을 가지고 있더라도 생명력이 없어서 관계가 단절될 수밖에 없습니다. 코이노니아는 생명의 흐름 즉 피의 순환과 같습니다. 피가 온 몸 구석구석까지 장기나 지체의 필요를 따라 전달하는 것과 같습니다.

고린도후서 13장 13절의 말씀은 삼위 하나님의 존재 방식대로 가정과 교회의 존재 방식이 같아야 함을 말씀합니다. 당신은 하나님과 얼마나 친밀하십니까? 당신은 아내 또는 남편과 얼마나 친밀하십니까? 당신은 자녀들과 얼마나

---

* 다음 블로그: 천성 순례자.

친밀하십니까?

영성은 친밀함입니다. 여성 안에는 이미 창조적부터 에제르 성이 부어져 있고, 그 에제르 성은 친밀함(코이노니아)의 형태로 관계 안에서 기능하고 있습니다. 그래서 여성은 남성과의 관계 안에서 친밀함의 허기를 많이 느낍니다. 대부분의 여성들이 남편에 대한 공통되는 불만은 친밀함에 대한 것입니다. 여성은 친밀함 특히 코이노니아에 대한 갈망이 많습니다.

친밀함이 회복되어야 할 부부관계

아내들은 사랑에 갈증을 느끼고 있습니다. 여자는 '사랑'을 '친밀함'의 동의어로 느끼기 때문입니다. 예를 들면 딸이 많은 집 딸들은 SNS의 카톡 대화에서도 온갖 정보를 나누지만 남자 형제들은 제한된 정보만 교환합니다. 여성들은 감정과 느낌을 나눕니다. 그래서 할 말이 많습니다. 제 경우에도 바쁜 일로 하루 혹은 이틀만 저희 자매들 SNS 대화를 확인하지 못하면 문자가 20개씩, 많게는 50여 개씩 쌓이는 것을 볼 수 있습니다.

위의 경우처럼, 일반적으로 여성들은 하루에 10,000-20,000마디의 말을 하며, 남성들은 여성들의 언어의 절반이나 1/3정도의 말만 한다고 합니다. 남성들의 언어는 그중에도 6,888개의 언어는 여자(아내)를 침대로 유혹하기 위한 것이라고 합니다. 이러한 자료가 조금 당황스러울지라도 분명한 것은 남성과 여성은 다르다는 것입니다. 여성의 말수가 남성보다 많은 이유는 친밀함에 대한 갈망의 표현이기도 합니다. 여성과 남성은 뇌의 구조부터 다릅니다. 여성은 우뇌[**]가, 남성은 좌뇌[***]가 발달되어 있으니 창조적으로 그럴 수 있습니다.

[**] 우뇌의 특성: 이미지 뇌라고도 하며 예체능과 관련이 있고 공간 도형, 거리 감각, 직관적, 감성적, 예술적, 창의적, 구체적, 연역적, 감성적 인식 담당, 비언어 기능.

[***] 좌뇌의 특성: 언어 뇌라고도 하며 문자, 숫자, 기호 이해, 논리적, 합리적, 이성적, 인지적, 남성적, 공격적, 능동적, 현실적, 분석적, 귀납적, 사물을 추리하고 문제 분석하는 등 이성적 인식 담당. 언어 기능.

긍휼과 진리의 입맞춤

남자는 객관적이고 논리적입니다. 그것은 진리를 대표합니다. 여성은 주관적이고 감성적입니다. 그것은 사랑을 대표합니다. 그러므로 남자는 여자가 객관성(진리)과 논리가 부족하므로 속이 뒤틀리고 여자는 남자가 사랑이 없고 따뜻하지 않아서 속이 뒤집힙니다.

여자와 남자의 만남은 긍휼과 진리의 만남입니다. 이러한 긍휼과 진리의 입맞춤을 통하여 부부는 연합을 이루어 갑니다(삼위 하나님이 연합을 이룬 것을 기억합시다.). 여성 역시 하나님의 성품인 친밀감을 회복해 가야 합니다. 또한 남성들도 친밀감을 회복해 가야 합니다. 다름은 나쁜 것이 아닙니다. 여성성과 남성성은 서로 대치되지만 사랑과 순종을 통하여 서로 보완되고 상승되므로 하나를 이루어 하나님의 놀라운 영광의 하나 됨을 나타나도록 창조되었습니다.

그래서 상실한 하나님의 형상은 회복되어져 가야 합니다. 부부의 하나 됨을 위하여 남자의 남성성과 여자의 여성성의 회복이 필요합니다. 남자의 남성성 안에 친밀함이 들어 있습니다. 회복을 위해서 성령의 충만함이 필수적입니다. 성령 충만이 곧 사랑 충만입니다. 하나님과 친밀함을 누리는 자는 부부 안에서도 친밀함 즉 코이노니아를 누립니다. 여기서 남자보다 여자가 더 코이노니아성을 가지기도 하지만 또한 그러기에 아내는 남편에 대하여 이 코이노니아를 더욱 목 말라 하고 있습니다.

남자! 하나님의 코이노니아에 참여한 자

남편이여, 당신의 옷자락을 펴 아내를 덮으소서! 여성이 이토록 코이노니아에 목말라 한다는 사실을 대부분의 남성들은 잘 모르고 있습니다(제가 30년 이상 만나 온 여성의 마음을 대변하는 말입니다.).

교회인 신부의 영성에 있어서 코이노니아의 깊이는 매우 소중합니다. 교회는 전적으로 공동체로 부름을 받았습니다. 그리스도를 머리로 한 한몸으로 부르심을 받았습니다. 부부 공동체는 가장 기초적인 한몸 공동체입니다. 한몸은 유기적입니다. 몸은 몸의 어떤 지체, 어떤 부분일지라도 언제나 서로를 위하여 코이노니아로 역동하고 있습니다. 남자는 하나님의 영광이요, 하나님의 형상이므로 남성 자신의 영광인 여자에게 하나님의 코이노니아를 흘러 보내야 합니다. 남자가 하나님의 친밀함에 참여함으로 가능한 일입니다. 즉 보아스의 고엘(이어줌)에 참여한 자입니다.

> 룻의 시어머니 나오미가 그에게 이르되 내 딸아 내가 너를 위하여 안식할 곳을 구하여 너를 복되게 하여야 하지 않겠느냐(룻 3:1).

여기서 나오미는 룻이 안식할 곳을 보아스를 염두에 두고 이야기합니다. 나오미가 룻을 보아스에게 보냈을 때 "당신의 옷자락을 펴 당신의 여종을 덮으소서." 보아스는 하나님의 인애(헤세드)로 룻을 결국 덮어 줍니다. 당신의 옷자락을 펴 당신의 아내를 덮으소서. 결혼 관계 안에 있는 아내들도 이러한 보아스의 인애를 갈구합니다. 하나님은 결혼 관계 안에 있는 자기의 백성을 그분의 날개로 덮으십니다(옷자락으로 덮다라는 말은 결혼 관계를 나타내는 말입니다.). 보아스가 그리스도의 예표이듯 남자는 하나님의 영광입니다(고후 11:7).

친밀함의 표현
친밀함을 나타내는 것 또는 표현하는 것은 그리 어렵지 않다고 생각합니다. 돈이 드는 일도 아닙니다. 남자 안에는 하나님의 영광이 가득 담겨 있습니다. 그리스도의 피로 인하여 본래보다 더 영광스럽게 회복된 영광입니다. **그 영광의 팔로 하루에 한 번씩만 아내를 안아 주십시오**. 그러면 남성 당신을 통하여 하나님의 인애(헤세드)가 아내에게 흐릅니다. 아내도 자녀도 이러한 코이노니아를 목 말라 합니다. 남편을 통하여 흐르는 영광을 사모합니다.

보라 형제가 연합하여 동거함이 어찌 그리 선하고 아름다운고 머리에 있는 보배로운 기름이 수염 곧 아론의 수염에 흘러서 그의 옷깃까지 내림 같고 헐몬의 이슬이 시온의 산들에 내림 같도다 거기서 여호와께서 복을 명령하셨나니 곧 영생이로다(시 133:1-3).

보라! 어찌 그리 선하고 아름다운고! 제사장된 남편, 아버지로부터 흘러내리는 영생의 복을 보십시오. 한몸된 가족 공동체, 제사장의 머리에 부으신 거룩한 관유가 한몸된 가족에게 흐르는 모습! 그것은 나의 가족뿐만 아니라 헐몬의 이슬이 시온의 산들에 내림같이 온 땅에 흐릅니다. 단순한 복이 아니라 영생이 흘러 누리게 하십니다. 아내의 잔소리도 아름다운 노래로 들어 주십시오. 하루에 한 번이라도 사랑한다고 표현해 주십시오.

우리 안에 계신 성령 하나님은 날마다 우리 존재 구석구석까지 울려 퍼지도록 사랑한다고 말씀하고 있습니다.[*]

부부 안에 가족 안에 성령의 교통하심이 있게 하십시오. 이것이 우리의 삶의 기초요, 본질입니다. 하나님의 일꾼이 되는 것과 연인이 되는 것은 다릅니다. 하나님의 일꾼으로 생명을 바치더라도 사랑이 없으면 아무 것도 아닙니다. 사랑은 표현되어야 진정 사랑입니다. '괜찮아!' '사랑해!' 이 말 한마디에 어둠이 꺾입니다. 진정 한 번이라도 포옹해 줄 때 어둠이 날아가고 빛이 임합니다. 메마른 가슴에 눈시울이 촉촉해집니다. 하나님께서 우리에게 이렇게 하십니다.

너희가 젖을 빠는 것 같이 그 위로하는 품에서 만족하겠고 젖을 넉넉히 빤 것 같

---

[*] 『예수님의 이름으로』, 헨리 나우웬, 두란노:1998, 28.

이 그 영광의 풍성함으로 말미암아 즐거워 하리라 여호와께서 이와 같이 말씀하시되 보라 내가 그에게 평강을 강같이 그에게 뭇 나라의 영광을 넘치는 시내같이 주리니 너희가 젖을 빨 것이며 너희가 옆에 안기며 그 무릎에게 놀 것이라 어머니가 자식을 위로함 같이 내가 너희를 위로할 것인즉 너희가 예루살렘에서 위로를 받으리니(사 66:11-13).

이 얼마나 사랑이 가득하시며 친절한 하나님이십니까?

야곱의 집이여 이스라엘 집에 남은 모든 자여 내게 들을지어다 배에서 태어남으로부터 내게 안겼고 태에서 남으로부터 내게 업힌 너희여 너희가 노년에 이르기까지 내가 그리하겠고 백발이 되기까지 내가 너희를 품을 것이라 내가 지었은즉 내가 업을 것이요 내가 품고 구하여 내리라(사 46:3-4).

안아 주시는 하나님! 그 하나님께 안겨 보십시오.
업어 주시는 하나님! 그 하나님의 등에 업혀 보십시오.
특히 남성 안에 이러한 하나님의 유전자가 들어 있습니다.
아내를, 자녀를 이렇게 품어 보십시오.
당신을 통하여 하나님의 사랑이 하나님의 구원이 흘러 갑니다.
나의 힘이 되신 여호와여 내가 주를 사랑하나이다.
이전보다 더욱 사랑합니다.
주님의 그 사랑을 먹고 마시므로 그 사랑 나로 인하여 시내같이 흐르게 하소서!
삼위 하나님의 친밀하심이 우리의 부부 안에서, 가정 안에서, 공동체 안에서
흐르게 하소서!

나눔을 위한 정리

여성성을 표현하는 대표적인 단어가 친밀함입니다. 이 친밀함은 성령의 교통하심을 의미하는 코이노니아와 동일한 뜻을 가지고 있습니다. 코이노니아는 그리스도의 은혜와 사랑을 운반하고 수송하는 중요한 역할을 합니다. 삼위 하나님이 서로 친밀하게 존재하듯이 가정의 구성원의 존재 방식도 그래야하며 코이노니아를 이루어야 합니다. 영성은 친밀함입니다. 인간의 내면에는 친밀함의 갈망이 존재하고 있으며 특히 아내는 사랑에 갈증을 느끼고 그것이 남편으로 인해 충족되기를 원합니다. 남편은 아내에게 하나님의 코이노니아를 흘러보내여야 합니다. 하나님의 영광인 남편이 하루에 한 번씩이라도 아내를 안아줌으로 하나님의 인애와 하나님의 구원을 아내가 경험하도록 할 필요가 있습니다. 부부 안에 성령의 교통하심이 있게 하는 것이 우리 삶의 기초요 본질입니다.

생각 나눔

1. 코이노니아가 여성성을 대표하는 단어라고 할 수 있는 이유는 무엇입니까? 코이노니아를 영성으로 설명할 수 있다는 사실을 나누어 봅시다.

2. 코이노니아가 없으면 두 개체의 소통은 단절됩니다. 부부 안에서 어떻게 코이노니아를 회복할 수 있는지 나누어 봅시다.

3. 가정에서 여성의 역할은 무엇입니까?

7-4
코이노니아의 회복

여성성의 회복

아담에게는 하나님의 여성성과 하나님의 남성성이 모두 들어 있었습니다. 하나님께서 자신의 온전한 형상으로 지으신 사람을 통하여 자신의 온전한 형상이 드러나기를 얼마나 원하실까요? 온전한 하나님의 형상이 꽃피기 위해서는 남자만으로도 또 여자만으로도 불가능합니다. 왜냐하면 하나님은 각각 남자와 여자에게 하나님의 형상을 나누어 부여하셨기 때문에 온전한 하나님의 영광이 나타나기 위해서는 남자와 여자의 온전한 연합이 필요합니다.

그런데 어느 시대를 막론하고 여성성은 남성성에 의해 그 가치를 짓밟혀 왔습니다. 하나님을 떠난 인간은 조직, 개발, 생산, 집행, 실행하는 능력으로 세상을 이루어 왔습니다. 이것은 죄로 인해서 약간 변질된 남성성입니다. 교회도 문명의 발달로 잃었던 부분은 여성성입니다. 여성성은 무엇일까요? 긍휼, 친밀함, 배려, 사랑 등 입니다. 곧, 이러한 것들은 하나님이 특별한 경륜으로 창조하신 여성의 창조목적과도 연결됩니다.

앞서 말씀드린 '돕는 배필' '에제르'는 생명을 살리는 항체라고 에드 실보소는 표현합니다. '돕는 베필 에제르'는 뜻 그대로 '성령'의 역할을 그대로 옮긴 단어입니다. 잭 하일스는 여성은 가정의 성령이라고 표현합니다. '하나님이 인간을 돕는다'라고 표현 할 때만 쓰신 이 단어는 '에제르'인데, 여성도 진정한 에제르의 회복이 필요하다는 말씀입니다. **사탄이 여자를 싫어했던 이유는 이미 하나님께서 사탄을 이길 수 있는 능력 즉, 긍휼과 친밀함, 사랑을 여성에게 주셨기 때문**

입니다. 교회가 사탄을 이길 수 있는 능력을 상실했기에 갈등과 시기와 다툼에서 휘청거리고 넘어지는 것이 아닐까요?

신부의 영성

여성성의 특징은 친밀한 관계입니다. 이 말은 여성이 먼저 여성성을 회복해야 한다는 말입니다. 복음의 깊은 진리는 관계를 먼저 기초로 하고 있지 않습니까? 하나님과의 관계가 제대로 되어진다는 것은 하나님과 온전한 연합을 말씀하는 것이지요. 하나님과 온전한 연합이 없이도 열정으로 사역하고 선교하고 달려 갈 수 있지만 결국 기초 없는 집과 같습니다.

다르게 표현해 본다면, 성령의 열매는 내주하시는 성령으로 인한 인격의 변화로 맺을 수 있는 사랑, 희락, 화평, 오래 참음, 자비, 양선, 충성, 온유, 절제의 9가지 열매입니다. 이것은 Doing이 아니라 Being입니다. 사역이 아니라 인격이요, 관계 안에서의 삶입니다.

성령	성령의 은사	Doing
	성령의 열매	Being

은사는 일입니다. 사역입니다. 둘 다 동일하게 '성령'께서 하시는 것이지만 성령의 사람이 되는 것과 능력의 사람이 되는 것과는 다를 수 있습니다. 성령의 열매를 가진 사람이 성령의 은사를 행하는 것과 그렇지 못한 사람이 은사를 받아 사역하는 것은 기초가 있는 집과 없는 집의 차이와 같습니다.

> 내가 사람의 방언과 천사의 말을 할지라도 사랑이 없으면 소리 나는 구리와 울리는 꽹과리가 되고 내가 예언하는 능력이 있어 모든 비밀과 모든 지식을 알고 또

산을 옮길 만한 모든 믿음이 있을지라도 사랑이 없으면 내가 아무것도 아니요(고전 13:1-2).

13장을 시작하기 전 12장 마지막 절에서 '더욱 큰 은사를 사모하라 제일 좋은 길을 보이리라'고 하시며 13장을 시작합니다.

더욱 큰 은사 = 제일 좋은 길 = 사랑

'더욱 큰 은사를 사모하라'의 더욱 큰 은사는 사랑을 말합니다. 사랑은 성령의 열매 즉, 인격을 말합니다. 사랑이란 단어 하나만으로도 성령의 9가지 열매를 함축합니다.

여성의 진정한 에제르성의 회복은 성령의 사람으로 회복하는 것입니다. 사랑이 어떤 것인지 장황하게 설명하다 마지막 절에서 '그중에 제일은 사랑이다'라고 결론을 내립니다. 사람의 방언, 천사의 말, 산을 옮기는 능력이 있다 할지라도 사랑으로 행하지 아니하면 아무것도 아닙니다. 성령의 열매와 성령의 은사는 한 성령 안에서 주어지는 것이므로 함께 가지 않으면 하나님이 교회에게 주신 온전한 능력을 나타내기가 어렵습니다. 은사가 있는 사람이 성령의 열매를 기초하지 않을 때 소리 나는 구리와 울리는 꽹과리와 같이 교회의 하나 됨을 방해하고 상처를 주는 경우들을 많이 봅니다.

고린도 교회가 은사는 충만했지만 그 안에 온갖 종류의 갈등으로 시기, 분쟁하는 모습들에 대하여 바울은 "육신에 속한 자 곧 예수 안에서 어린 아이들을 대함과 같이 하노라."고 하면서 아직 단단한 음식을 먹을 수 없음을 알고 밥으로 하지 아니하고 젖으로 먹인다고 말합니다. 교회는 연약한 지체를 서로 섬기기 위해서 각종 은사들이 필요합니다. 그러나 은사가 나타나고 활용될 때 성령의 열매에 의하지 않고 미성숙한(상처 많은 자) 자들이 은사를 사용하다 보니 서로 상처주고 은사 받은 사람이 하나님 노릇하며 교만하여 분쟁의 요인을 만들기도 합니다. 이런 이유로 어떤 교회는 아예 교회 안에서 은사들을 활용도 못하게 눌러 버리기도 합니다. 그러므로 그리스도의 생명이 그 성령과 더불어 인격적인 교제를 통하여 내면에 제대로 복음화 되고 성숙되어야 합니다.

'하나님과의 관계' 즉, '관계'로 말미암지 않은 복음의 모양들은 종교일 뿐이라는 것입니다. 진정한 복음의 본질은 관계 회복입니다. 그 본질 중의 신비가 곧 부부이고 그 동의어가 교회와 예수님과의 관계입니다. 그것이 곧 관계 중의 관계, 노래 중의 노래, 하나님의 비밀인 예수 그리스도! 그 비밀이 교회라는 뜻입니다.

> 사랑하는 주님!
> 여성을 가정의 성령으로 보내신 것을 감사합니다.
> 그토록 특별한 경륜으로 여성을 지으심을 찬양합니다.
> 스스로를 열등하다고 여겼던 일들을 용서하소서.
> 또한 여자라고 하대하고 학대했던 모든 이들을 용서합니다.
> 이제, 여성을 지으신 그 창조론적 정체감을 고스란히 받아들입니다.
> 성령으로 부으셔서 창조적 에제르로 거듭나게 하소서.
> 지으심의 목적대로 에제르들에게 기름 부으셔서
> 이 땅을 살리는 산 자의 어미로 거듭나게 하소서.

나눔을 위한 정리

교회도, 가정도 코이노니아의 회복이 필요합니다. 하나님의 온전한 형상이 하나님의 온전한 영광으로 꽃피기 위해서입니다. 성령의 은사는 성령의 열매가 기초되어야 합니다. 그러하기에 교회도, 부부도 회복되어야 할 영성은 코이노니아의 영성입니다.

생각 나눔

1. 성령의 사람이 되는 것과 능력의 사람이 되는 것의 차이는 어떤 것인지 나누어 봅시다.

2. 당신이 이 장에서 이해한 여성성이란 어떤 것인지 나누어 봅시다.

8부

신부의 영성으로

네가
나를
사랑하느냐?

8-1
신부의 정체성을 갖기까지

종의 정체성

사랑하는 여러분! 하나님과의 관계 안에서 여러분은 누구입니까? 우리가 궁극적으로 가지게 될 정체성은 신부의 정체성입니다. 이 신부의 정체성을 갖기까지 여러 종류의 정체성을 경험할 수 있습니다. 성경은 우리의 정체성에 대하여 여러 단어로 표현합니다. 하나님 나라의 백성, 하나님의 가족, 하나님의 종, 하나님의 친구(벗), 하나님의 아들, 신부(어린 양의 아내) 등으로 표현합니다. 이 모든 것은 관계 용어입니다. 하나님과의 관계말이지요. 인생을 살아가는 데는 정체성이 매우 중요합니다. 정체성은 관계 안에서 만들어집니다. 수많은 사람들이 겪는 삶의 고난은 다양하지만 정체성이 분명한 사람은 어떠한 시련 속에서도 흔들림 없는 평안을 누릴 수 있습니다.

종은 일로 맺어진 관계입니다. 종은 수용의 근거가 행위입니다. 그러다보니 종으로서의 정체감이 강한 사람은 유능하고, 탁월하고, 많은 일을 해야 가치 있다고 생각합니다. 하나님도 그러한 자를 좋아하실 거라고 생각하지요. 그래서 누군가를 축복해 주는 기도를 할 때도 유용성에 가치를 둔 기도, 크게 쓰임 받는 유능한 사람이 되게 해 달라고 기도합니다. 1등 하고, 최고가 되게 해 달라고 기도합니다.

그러므로 교회 안에서 자신의 연약함을 감추고 믿음 좋고, 열심 있는 사람으로 보이려고 하지요. 하나님과의 관계에서도 내가 뭔가를 잘해야 사랑을 받을 거라는 기본 생각이 깔려 있으므로 하나님의 그 조건 없는 사랑에 대하여는 잘 이해하기가 어렵습니다. 또한 양육의 과정에서도 부모는 공부 잘하고, 착한 일 잘하는 아이는 사랑의 대상이 되므로 아이들 역시 조건적 사랑에 길들여진 부모의 조건적 사랑 아래 자라다보니 자존감이 바닥이 됩니다.

이러한 분들에게는 신앙생활에서 섬김의 행위는 하나님을 사랑하기 때문이 아니라 의무감으로 다른 사람 눈을 의식하므로, 처음에 자기 열정이나 인정받는 즐거움이나 스스로의 만족감에 도취되어 열심히 하지만 자신의 수고에 대하여 인정받지 못하거나 어려움이 올 때 좌절하게 됩니다.

종의 정체감을 가진 자는 남들이 자신을 어떻게 평가할 것인지가 삶의 가장 큰 관심과 기준이 됩니다. 그러다 보면 하나님의 성품도 오해하게 됩니다. 하나님은 늘 불꽃같은 눈으로 나의 잘못을 감시하는 형사와 같은 분이시죠. 그러한 분들은 하나님이 경외의 대상이 아니라 두려움의 대상이 되지요. 하나님께 벌받지 않으려고 예배에 출석하고, 십일조 제대로 안 하면 징계하실까봐 두려움 가운데 신앙생활을 합니다.

건강한 관계 안에서 아들로서의 정체감이 내면화 되어 있는 사람은 어려움에 휘청거릴 수 있지만 곧 일어납니다. 생명은 자라게 되어 있습니다. 하나님의 생명을 받은 자는 영적 성숙의 과정이 일어나게 됩니다. 상담을 하다보면 정서적·정신적인 고통을 앓고 있는 자들은 대부분 낮은 자존감의 소유자들임을 봅니다. 그들 안에는 늘 자신을 향하여 '아직도 모자라', '난 무가치해'라고 말합니다. 그러다 보면 그의 내면은 깊은 죄책감에 시달립니다. 그건 대부분 거짓 죄책감임에도 말입니다. 그러한 감정들은 강박증적 증상까지 나타납니다.

종은 '하나님은 당신을 사랑하십니다.'라는 말씀이 가슴에 와 닿지 않습니다. '당신의 있는 모습 이대로 사랑하십니다.'라는 말을 들으면 '그럴리가.'라고 스스로에게 대답합니다. 그래도 내가 뭔가를 좀 잘해야 한다고 논리를 폅니다. 이 말씀이 부딪히기만 하면 치유와 회복이 일어나는 데도 말입니다. 종의 정체감을 가진 자는 다른 사람의 나에 대한 평가에 목숨을 겁니다. 사역에서도 번듯한 외형, 업적, 결과, 교회당이 얼마나 큰지, 교인 수가 얼마나 되는지, 나의 사역의 내용은, 스펙을 멋지게 나열해야 할 것이 많아야 합니다. 헌금하는 일 또한 자기 과시를 위한 행위가 됩니다. 명단을 나열하고, 거기다 축복기도까지 보태어 거래하니 인간의 죄성을 더욱 부추기게 되지요.

심지어는 은사를 받는 일까지도 자기 과시의 방편이지요. 교회 안에서도 '영빨' 경쟁을 합니다. 누구 설교가 더 은혜롭고 누구 기도가 더 '영빨'이 있는지 비교합니다. 직분도 주어지는 것이라기보다 따내는 감투로 봅니다. 그러다보니 시기와 분쟁의 씨앗으로 사탄의 놀음 거리가 되는 일도 허다하지요. 진정한 하나님의 평가는 간 곳이 없습니다. 오직 사람과의 관계에서만 경쟁합니다. 그것은 시기와 미움과 분리를 가져옵니다.

> 진리를 알지니 진리가 너희를 자유롭게 하리라⋯종은 영원히 집에 거하지 못하되 아들은 영원히 거하나니(요 8:32-35).

아들의 정체성

> 너희가 아들이므로 하나님이 그 아들의 영을 우리 마음 가운데 보내사 아빠 아버지라 부르게 하셨느니라 그러므로 네가 이후로는 종이 아니요 아들이니 아들이면 하나님으로 말미암아 유업을 받을 자니라(갈 4:6-7).

보십시오. 우리는 아들의 영을 가진 자입니다. 저와 여러분의 안에 아들의 영이 있다는 것은 하나님과 동질의 그 영광, 그 형상이 있다는 것이지요. 참으로 가슴 후끈한 정체감 아닙니까? 이후로는 종이 아닙니다. 아들입니다. 아들의 영을 가진 자는 아버지의 사랑이 담긴 음성을 듣습니다.

"이는 내 사랑하는 아들이요 내 기뻐하는 자다."라는 말씀은 말형 되시는 아들 예수께서 이미 듣고 계신 말씀입니다. 지금 아버지께서 여러분과 저에게 이렇게 말씀하고 계십니다.

"너는 나의 사랑하는 아들 나의 기뻐하는 자다"

지금 하나님의 음성을 들어보십시오.

"내가 너를 사랑한다. 내가 너를 기뻐한다."

"왜 사랑하실까요?"

"왜일까요?"

"피의 아들! 값비싼 피로 산 바 되었기 때문이죠."

> 너는 내 형제들에게 가서 이르되 내가 내 아버지 곧 너희 아버지, 내 하나님 곧 너희 하나님께로 올라간다 하라 하시니(요 20:17b).

내 아버지 곧 너희 아버지, 내 하나님 곧 너희 하나님! 이 말씀이 얼마나 좋습니까? 예수님의 아버지가 내 아버지입니다. 예수님의 하나님이 내 하나님입니다. 예수님과 하나님과의 관계 안에서 누렸던 그 친밀함을 우리도 누릴 수 있습니다. 그의 피로 값을 지불하시고 우리를 하나님의 가족으로 인정하시고, 아들의 위치까지로 끌어 안으셨습니다. **우리의 안정감은 하나님의 가족, 하나님의 아들로 소속되어진 소속감에서 비롯됩니다.** 사랑의 관계 안에서는 소속감이 견고해집니다. 이러한 소속감으로부터 얻어진 안정감! 그분의 날개 그늘은 우리의 피난처요. 요새입니다.

> 군대가 나를 대적하여 진 칠지라도 내 마음이 두렵지 아니하며 전쟁이 일어나 나를 치려할지라도 나는 여전히 태연하리로다(시 27:3).

하나님과의 관계에서 자신이 누구인가를 잘 아는 자, 즉 하나님의 아들 된 진정한 안정감을 가진 자는 이러한 전쟁 상황 가운데서도 태연할 수 있습니다. 우리 안에 자주 찾아오는 두려운 상황마다 우리의 내면이 흔들리는 순간일 지라도 진정한 아들의 정체감은 우리를 평안으로 안내합니다.

신부의 정체성

예수님의 유월절 기도에서 이루어져야 할 기도는 하나 됨입니다. 이 하나 됨은 최후의 혼인잔치에서 이루어질 것입니다. 그러므로 신부로서의 정체성 회복이 필요합니다.

아들의 정체성을 누리며 사는 자는 그리스도와의 관계가 깊어질수록 신부의 정체성을 누리며 살 수 있습니다. 이제는 다시 오실 신랑을 기다리는 신부의 영성으로 깨어나야 할 때입니다.

예수님의 유월절 기도 내용 중 아버지께서 내 안에 내가 아버지 안에 있는 것과 같이 우리도 그러한 관계로 하나가 되기를 원하십니다. '이 기도가 이루어지게 하소서.' 예수님의 유월절 기도에서 이 놀라운 신비의 기도를 하십니다.

> 아버지께서 내 안에, 내가 아버지 안에 있는 것 같이=저희도 하나 되어, 우리 안에 있게 하사(요 17:21b).

하나님과 하나 된 이 놀라운 신분! 이 신분을 가진 자가 우리입니다. 어린 양의 신부라는 신분입니다. 삼위 하나님의 하나 됨 같이 죄인 된 우리가 어찌 하나가 될 수 있다는 말입니까? 유월절 어린 양으로 오신 예수님, 주님의 유월절 기도는 이토록 비천한 우리를 하나님과 '하나'라는 연합으로 이끌어 주십니다. 이 기도의 응답, 이러한 연합의 신비는 세상으로 아버지께서 예수님을 보내심을 믿게 하는 것이라고 말씀하십니다. 이 기도의 응답은 '다 이루었다. 보라 새로운 피조물이 되었도다.'에 다 들어 있습니다. 성령님을 우리에게 보내시므로 예수님께서 이 땅에 계실 때 가지셨던 권세와 능력이 이미 우리에게 부어졌습니다.

성경도 하나 됨으로 주어진 권위와 능력이 어떠한지를 말씀합니다.

> …하늘과 땅의 모든 권세를 내게 주셨으니…그러므로 너희는 가서…(마 28:18-20).

> 내게 주신 영광을 내가 그들에게 주었사오니 이는 우리가 하나가 된 것 같이 그들도 하나가 되게 하려 함이니이다(요 17:22).

보십시오. 아버지께서 아들 예수에게 주신 영광을 우리에게 주었다고 말씀하십니다. 도대체 우리에게 주신 그 영광이 무엇이란 말입니까?

> 예수께서 이르시되 빌립아 내가 이렇게 오래 너희와 함께 있으되 네가 나를 알지 못하느냐 나를 본 자는 아버지를 보았거늘 어찌하여 아버지를 보이라 하느냐 (요 14:9).

빌립의 '아버지를 보여 주소서.'라는 말에 대한 대답입니다. 예수님은 하나님 자신일 뿐만 아니라 하나님 자신을 세상에 드러내신 분이십니다. 예수님을 본 자는 하나님을 본 자이고, 예수님 안에 거하는 우리를 보는 자도 내 안에 거하시는 예수님을 볼 수 있다는 말씀입니다.

우리의 얼굴에서도 하나님의 얼굴이 나타난다는 뜻입니다. 아들 안에 하나님 아버지의 영이 아들의 영으로 계시니 우리를 보는 자는 우리의 얼굴에 반영된 하나님을 보게 될 것입니다. 좋은 아버지와 아들의 하나 됨의 관계 안에 있는 비밀을 알 수가 없습니다. 하나님의 생명을 받은 자는 어릴지라도 아들입니다. 하나님은 우리를 아들로서 대하십니다. 아이는 아이인 그대로 사랑하시고, 청소년기는 청소년의 모습 그대로 키워 가십니다. .

보혜사가 우리 안에 계십니다. 무서워하는 종의 영을 받지 아니하고 양자의 영을 받았으므로 '아빠'라고 부를 수 있음에 얼마나 감사한지요(롬 8:15). 종의 정체감을 가진 자는 결코 자신을 비워 종이 되기는 싫어합니다. 진정한 아들로의 정체감을 누리는 자는 종 됨의 섬김이 가능합니다. 우리는 종이 아니라 아들입니다. 아들은 새 언약에 근거하여 이 마지막 때에 신부의 영성으로 살아가야 합니다.

나눔을 위한 정리

하나님과 나의 관계는 어떤 관계인지요? 성경에는 우리의 정체성을 하나님 나라의 백성, 하나님의 종, 하나님의 아들, 신부로 표현하고 있습니다.

정체성은 관계 안에서 만들어지는데, 정체성이 분명한 사람은 뿌리가 깊은 나무처럼 많은 시련과 고난에도 흔들림 없이 평안을 유지하며 잘 헤쳐 나갑니다. 아들의 정체성으로 사는 자는 하나님과 관계가 깊어질수록 신부의 정체성을 누리며 살 수 있습니다. 이것 또한 신비입니다.

생각 나눔

1. 성경에서 하나님과의 관계에 대한 표현들이 많은데, 그중 나는 하나님과 어떤 관계였는지 나누어 봅시다.

2. 새 언약에 근거하여 신부의 정체성이 주어졌습니다. 신부의 정체성으로 사는 삶은 어떠한지 나누어 봅시다.

8-2
신부의 영광(하나님의 임재 가운데)

우리가 그 영광을 보니

말씀이 육신이 되어 우리 가운데 거하시매 **우리가 그 영광을 보니** 아버지의 독생자의 영광이요 은혜와 진리가 충만하더라(요 1:14).

사랑하는 여러분! 우리가 그 영광을 직접 보고 있습니다. "우리가 그 영광을 보니." 여기서 잠깐 멈추어 그 영광을 주목해 보실까요? '보다'의 원어의 뜻은 '인식하다, 관찰하다'는 뜻입니다. 우리가 볼 수 있는 것은 그분이 이미 우리 가운데 거하시기 때문입니다. 존귀하신 왕이 우리 안에 오셔서 사시다니요! '거하시매'의 원어의 뜻은 '장막을 치다'입니다. 그 존귀하신 분이 내 안에 오셔서 사시려고 장막을 치셨습니다. 말씀이신 분이(요 1:1) 육신을 입으셨습니다. 범죄로 인하여 하나님과 소통능력을 상실하여 육체가(창 6:3) 된 인생을 구원하시려면 육체를 입으시는 길 밖에 없었던 것입니다.

'보고 싶은 주님을 실컷 보고 만져 보게 이천 년 전 그때에 그곳에 태어났으면 얼마나 좋았을까?' 어릴 적 철부지 시절에 이런 생각을 해 본 적이 있었습니다. 그러나 그때는 그 시간, 그 장소에 있지 않으면 예수님을 만날 수가 없었지요. 그분이 떠나가시므로 임마누엘 되신 그분은 이 세상 어디에서나 나를 그분이 거하실 집으로 삼으시고 계시다는 사실입니다.

구약 시대에는 하나님을 본 자는 살 수가 없었습니다. 하나님의 영광을 본

이사야는 "화로다 나여 망하게 되었도다 나는 입술이 부정한 사람이요 나는 입술이 부정한 백성 중에 거주하면서 만군의 여호와이신 왕을 뵈었음이로다(사 6:5)."라고 두려워 떨었습니다.

삼손의 아버지 마노아도 자기들이 만난 분이 하나님의 사자인 것을 알고는 "우리가 하나님을 보았으니 반드시 죽으리이다(삿 13:22)." 하며 두려워했습니다. 모세가 시내 산에서 율법을 받은 때에도 그 율법의 보좌 경계를 범하면 어떤 짐승이라도 죽게 되었습니다. 죄악된 인간과 거룩하신 하나님과의 거리가 이토록 멀어져 있을 때에도 하나님은 지성소에서 백성을 대표한 제사장을 만나셨고 만남의 장막, 회막을 모세와의 만남의 곳으로 지정하셨습니다.

"거기서 내가 너와 만나고…"

이 말씀에서도 자기 백성과 만나고 싶어 하시는 하나님의 마음이 진하게 느껴집니다.

거기서 내가 너와 만나고

거기서 내가 너와 만나고, 속죄소 위 곧 증거궤 위에 있는 두 그룹 사이에서 내가 이스라엘 자손을 위하여 네게 명령할 모든 일을 네게 이르리라(출 25:22).

인애와 진리가 같이 만나고 의와 화평이 서로 입 맞추었으며 진리는 땅에서 솟아나고 의는 하늘에서 굽어보도다(시 85:10-11).

그와는 내가 대면하여 명백히 말하고 은밀한 말로 하지 아니하며(민 12:8a).

'대면하여 명백히 말하고'는 어느 목사님의 아가서 강해에서는 입맞춤을 의미한다고 말합니다.

지성소는 하나님의 거룩한 영광이 임하시는 곳입니다. 그 해의 대제사장 외에는 그 누구도 근접할 수 없는 곳입니다. 그리스도께서 십자가로 그 지성소의 휘장을 찢으셨습니다. 많은 백성들이 사모하며 보고 싶었지만 들어갈 수 없었던 거룩한 곳이 이제는 활짝 열렸습니다. 이 지성소를 여시려고 하나님은 당신의 생명으로 대가를 지불하십니다.

> ♫ 왕의 지성소에 들어가 보좌 앞에 엎드려 경배해
> 그 거룩하신 주님 앞에서 주의 영광 뵈오리 그 얼굴 뵈오리
> 왕의 지성소에 들어가 아름답게 변하리

영광에서 영광으로

> 우리가 다 수건을 벗은 얼굴로 거울을 보는 것 같이 주의 영광을 보매 그와 같은 형상으로 변화하여 영광에서 영광에 이르니…(고후 3:18a).

와우! 영광을 얻는 정도에서 머무는 것이 아니라 그와 같은 형상으로 변화한다는 것입니다. 이스라엘 자손들은 모세의 얼굴에 없어질 영광도 하나님의 영광이기에 모세의 얼굴을 감히 주목하지 못하고 얼굴을 수건으로 가렸습니다. 율법 조문은 죽이는 것이요 영은 살리는 것입니다. 돌에 써서 새긴 죽게 하는 율법 조문도 그토록 영광스러웠습니다.

> 우리는 모세가 이스라엘 자손들에게 장차 없어질 것의 결국을 주목하지 못하게 하려고 수건을 그 얼굴에 쓴 것 같이 아니하노라(고후 3:13).

이제 그 수건은 그리스도 안에서 없어졌습니다.

그러나 언제든지 주께로 돌아가면 그 수건이 벗겨지리라(고후 3:16).

우리가 주께로 돌아왔으니 그 수건이 벗겨졌습니다.

하나님이 이스라엘 자손들의 존귀한 자들에게 손을 대지 아니하셨고 그들은 하나
님을 뵙고 먹고 마셨더라(출 24:11).

율법의 보좌 끄트머리에 있는 이스라엘의 존귀한 자들도 이러한 영광을 보았
습니다. 하물며 은혜의 보좌 앞에 담대히 나아온 우리! 이제 그 영광을 볼 수 있
습니다. 때를 따라 돕는 은혜를 맘껏 누립시다!

성전은 무너졌습니다

예수님은 그 화려한 성전을 향하여 "이 성전을 헐라! 내가 삼 일 동안 일으키
리라!"고 말씀하십니다. 성전은 하나님을 만나는 장소입니다. 성전은 하나님께
서 임재하여 계신 곳이니 거룩한 집, 성전이라 하신 것입니다. 이 성전은 하나
님을 만나기 위해서 죄를 씻는 제사를 드리는 곳입니다. 그런데 이 성전을 헐면
하나님은 어디 계셔야 합니까? 이 성전이 없으면 죄를 씻는 제사는 어디서 어떻
게 드려야 합니까? 예수님이 죽으심으로 건물 성전의 기능을 단번에 완수하셨
습니다. 그래서 보이는 성전도 무너져야 했습니다. 그분이 친히 제물이 되셨습
니다. 우리 각자의 몸을 성전 삼아 거하시려고 예수님의 몸도, 예루살렘 성전도
무너졌습니다.

육체로 오신 하나님께서 죽으심으로 예수님을 대신하여 예수님의 영을 보내
시겠다고 하십니다. "내가 떠나는 것이 너희에게 유익이라."고 하십니다. 왜냐
하면 지금은 예수님 자신이 세상에 제자들과 함께 계시기에 예수님이 떠나가시
면 보혜사 성령님을 보내시겠다고 하십니다. 곧 그분의 영, 성령님 말입니다.

예수님이 지상에 계실 동안은 성령님께서 하시는 일을 예수님 자신이 하셨습니다. 제자들은 3년간 예수님과 함께 합니다. 하나님을 보이시는 분이 예수님이시니 제자들은 하나님과 함께 사셨던 것입니다. 떠남을 예고하시는 예수님의 말씀에 제자들은 근심하였습니다. 근심하는 제자들에게 다시 너희를 데리러 오겠다고 약속하십니다. 내가 너희를 위하여 처소를 예비하면 너희를 나 있는 곳으로 데리고 가겠다고 말씀하십니다. 이 말씀은 당시 이스라엘의 결혼 풍습과 관련이 있습니다(유대인의 결혼풍습 참조).

숨을 내쉬며 이르시되

요한복음 20장을 볼까요? 예수님은 부활하신 후 두려움 가운데서 떨고 있는 제자들에게 찾아오십니다.

"그들을 향하여 **숨을 내쉬며** 이르시되 성령을 받으라."

이때는 오순절에 보내실 성령의 약속 이전이지만 예수님은 지금 제자들에게 성령을 받으라고 하십니다. '**숨을 내쉬며**' 이 말씀을 보면 생각나는 사건이 있지요? 에덴에서 사람을 지으시고 숨을 불어 넣으시는 하나님의 모습 말입니다. 하나님의 숨, 하나님의 생명, 하나님의 성품, 하나님의 영을 불어 넣으셔서 만드신 인간이 죄로 인해 상실한 하나님의 영을 오순절 사건 이전인데도 그의 제자들에게 행하십니다.

'내가 십자가에서 다 이루었지 않느냐?'

지금 제자들은 3년이나 예수님과 함께 생활하였지만 그들은 예수님의 모든 것을 보고 듣고 경험했음에도 그들의 내면에 변화가 없었습니다. 이제 상실했던 하나님의 영을 불어 넣어 주십니다. 이 사건은 에덴에서의 상실에 대한 분명한 회복을 보여 주는 사건입니다. 하나님의 영을 불어 넣으셨다는 것은 하나님은 사람과의 코이노니아를 원하신다는 것입니다. 동질의 것이 아니면 소통은 어렵습니다. 영으로 지음 받은 사람이기에 동일한 영으로만 하나님과 교통할 수 있습니다.

우리 가운데 거하시매

이 얼마나 가슴 설레는 일입니까? 십자가로 우리에게 오셔서 거하시기 불편하셨던 모든 것을 다 처리하셨습니다. 구약의 수천 년 동안 자기 백성을 향하신 그 사랑의 집념을 포기하지 않으시고 광야에서도 늘 함께 장막을 치시고 오매불망 소원하셨던 하나님의 소원이 성취되는 사건입니다.

그분은 내게 오셨습니다. 우리 안에 거하십니다. 또한 성령의 임재 가운데 있을 때 가장 많이 들리는 음성은 '내가 너를 사랑한다'입니다. 또 다른 음성은 '내가 외로웠다'입니다. 성령님은 우리와 교제하기를 원하십니다. 친밀한 사귐을 갖기를 원하십니다. 하나님은 그토록 우리 안에 오셔서 사시기 위하여 아담의 범죄 이후 어린 양을 구원자로 보내시겠다는 집념의 사랑으로 수천 년 구약의 역사를 섭리해 오셨습니다. 하나님 사랑의 오랜 기다림을 보십시오. 신부인 교회의 계속되는 배도와 음행도 참으시고 결국은 자신이 직접 땅으로 오시는 불타는 사랑의 열정을 보십시오. **오직 그분의 소원은 우리와 '함께' 거하시는 것입니다.** 이것이 기독교가 종교가 아닌 이유입니다.

예수님은 유월절 기도에서 '아버지와 내가 하나인 것처럼 저들도 우리와 같이 하나 되게 하소서.'라는 기도가 바로 이것입니다. 사람들도 친해지기 위해서는 자주 만나야 합니다. 그리고 만남 가운데 깊은 교제가 있어야 합니다. 자주 만날지라도 깊은 대화를 나누지 않으면 친해지기 어렵지요. 사랑하는 연인들은 자주 만나기를 원합니다. 사랑하는 사람끼리 만날 약속을 하고 나면 시간이 참 더디게 가는 것 같지요? 사랑하는 애인이 군대를 갔는데 벌써 휴가 왔어? 하는 분은 없습니다. 기다리고 기다리다가 틈만 나면 만납니다. 그 어떤 일보다 두 사람이 만나는 것이 우선입니다. 그러다가 만나서 헤어지기 싫으니까 결혼하자고 합니다.

하나님과 얼마나 친한가?

사랑하는 여러분! 여러분은 하나님과 얼마나 친밀하십니까? 그 친밀함은 도대체 무엇일까요? 80년대 말의 사역 초기에 저의 갈망은 '복음이 내 삶에 얼마나 실제적인가?'였습니다. 그때에 만났던 많은 분이 복음을 잘 알지 못한다는 생각에 안타까웠습니다. 그래서 소그룹 모임에서 복음의 기초를 먼저 공부했습니다. 저의 갈망은 '그리스도 안에'라는 말이 무슨 뜻인지 알고 싶었습니다. 그리스도 '안'이란 설명으로 그리스도를 내 삶의 왕좌에 모시고 나는 그 자리에서 내려오는 그림으로 설명하는 교재가 있습니다. 하지만 그 그림은 별 의미를 전달하기 어려웠습니다. 그분 안에 산다는 말이 도대체 무엇인가요? 저의 현장은 '그리스도 안'을 함께 배워 가는 과정이었습니다. 그때 우리 모두를 살리는 말씀은 이 말씀이었습니다.

> 그는 진리의 영이라 세상은 능히 그를 받지 못하나니 이는 그를 보지도 못하고 알지도 못함이라 그러나 너희는 그를 아나니 그는 너희와 함께 거하심이요 또 너희 속에 계시겠음이라 내가 너희를 고아와 같이 버려두지 아니하고 너희에게로 오리라(요 14:17-18).

이 말씀으로 수년 간 우리 모임 곳곳마다 기름 부음이 있었습니다. 이 말씀이 얼마나 좋은지, 진리의 영이신 그 분을 세상이 받지 못하지만 나는 그를 안다. 왜냐하면 그분은 우리와 함께 거하신다. 또 우리 안에 계신다는 기쁨을 누렸습니다. '나와 함께 거하신다. 내 안에 계신다.' 이보다 더 가슴 벅찬 말씀이 있을까요? 하나님을 얻었고 그 영광의 주와 함께 산다는 이 기쁨, 점점 함께하심의 충만함이 각 모임마다 가득해졌습니다. 고아의 정서는 외로움, 두려움입니다. 보호자가 없기 때문입니다. 그러나 신실하신 그분이 보호자가 되어 주시나니 얼마나 가슴 벅차는 일입니까?

우리는 모든 것을 얻었습니다. 이 말씀을 기반으로 하여 진주를 중심으로 한 각 그룹들의 현장에서 실제적인 성령의 일하심으로 가정, 부부, 부모 그리고 직장과 교회 안에서 많은 분이 변화를 경험해 갔습니다. 말씀 앞에서 삶을 나누는 열 명 정도의 각 그룹들 안에서 삶의 조용한 혁명이 일어나기 시작했습니다. 각 가정과 교회 그리고 다양한 장소에서의 모임이었지만 성령님은 그 현장들에서 각 사람들 안에 일하셨습니다. 정직하게 말씀을 받고 자신을 직면하며 나눌 때 눈물이 없는 날이 없었습니다.

성령님이 지금, 여기에 계신다

한 가지만 더 나눌까요? '예수님이 지금, 여기에 계십니다.' 이 한 마디의 말이 시작되는 순간, 우리 모두는 그 현장에 계시는 성령님의 임재를 느끼면서 그날 주셨던 말씀의 은혜를 예수님께 또박또박 한 분씩 직접 이야기하기 시작합니다. 성령님의 임재 안에서의 감격, 감사, 눈물과 기쁨이 그 방안을 가득 채웁니다. 각 개인이 주님과의 만남의 감격이 그룹원 모두에게 흐르면서 충만의 상승작용으로 은혜가 몇 배가 되어 삶의 현장까지 흐르게 됩니다. 그리하여 삶이 변화되기 시작합니다.

많은 분들의 기도가 상투적이며 종교적인 언어를 의미 없이 나열하는 경우가 많습니다. 이것 또한 하나님 앞에서 사실적인 대면의 기도가 아님을 보면서 훈련의 자리에서 대화식 기도를 시도해 보았습니다. 『회복』에 이 대화식 기도 내용이 있습니다(209-210). 모임의 마무리는 한 명씩 돌아가면서 한 마디씩 예수님께 이야기하는 시간으로 진행했는데 이 몇 마디의 마무리 기도가 실제가 되니 성령님 앞에서 솔직한 마음을 토로하는 은혜의 기회가 되었습니다. 이 몇 마디의 기도 가운데서 임마누엘 되신 성령 하나님을 인격적으로 대면하는 시간이 되었습니다.

여호와의 친밀하심이 그를 경외하는 자들에게 있음이여 그의 언약을 그들에게 보이시리로다(시 25:14).

우리가 하나님을 크시다, 능력 많으시다, 무소부재하시다 등으로 표현합니다. 이 하나님은 당신에게 어떤 하나님이신가요? 우리가 하나님을 알려고 할 때 하나님의 성품을 먼저 경험하게 됩니다. 사람은 자주 만나는 사람이나 함께 사는 사람을 닮아가게 됩니다. 하나님을 닮으려면 하나님을 자주 만나는 정도를 넘어 내 안에 살려고 오신 성령님과 교제해야 합니다. 하나님을 자주 만나는 사람이 하나님을 닮아가는 것이 당연한 결과가 아닙니까? 더 많이 닮으려면 아예 함께 살면 됩니다.

이미 나와 함께하시려고 나에게 오신 성령님! 혹시 그 분을 잠시 방문한 손님 정도로 모시고 있지는 않습니까? 주님은 가끔 방문하시는 손님으로 머무시기를 원하지 않습니다. 주인으로 계시기를 원하십니다. 집 주인은 자기 집에 방문하지 않고 그 집에서 삽니다. 주님은 머리 둘 곳을 나로 지정하시고 나를 주님이 사시는 집으로 삼으셨습니다. 요즘 가족들이 각자 자기 방에서 소통은 문자로, 식사는 자기 원하는 시간에 각자 해결하며 가족 공동체성을 점점 상실하고 있습니다. 우리(나)와 주님과의 관계도 용건 소통만 하고 마음을 나누거나 깊은 교제를 통한 친밀함을 잃어가고 있습니다. 그래서 엄한 사감선생 같은 신으로 벌 받지 않고 또 지옥가지 않으려고 믿는 정도라면 주님의 마음이 얼마나 외롭고 슬프실까요?

교회, 코이노니아의 회복

지금 이 시대는 친밀함이 회복되어야 할 때입니다. 하나님과 친밀함을 나누는 자는 부부 안에서도 친밀함이 자연스럽습니다. 하나님 안에 인간을 향하신 친밀함이 아주 많이 있습니다. 왜 그렇습니까? 마지막 시대를 사는 교회인 우리는 어린 양의 신부이기 때문입니다. 노래 중의 노래인 아가서에서 솔로몬과 술라미 여인과의 사랑의 관계는 그리스도와 교회와의 관계입니다. 제일 먼저 나오는 말이 입맞춤입니다. 입맞춤은 친밀함의 극치입니다.

하나님의 일을 하는 것과 하나님과 함께 거하는 삶은 다를 수 있습니다. 하나님 안에 거하는 사람이 그 열매로 자연스럽게 하나님의 일을 하는 것과 그 사랑 안에 거하지 않으면서도 하나님의 일을 할 수 있습니다. 하지만 그것은 딱딱하고 경직되어 생명의 능력이 없습니다. 하나님 안에 거하면서 그 은혜가 자연스러운 삶으로 묻어나 섬기게 될 때의 결과는 주변의 반응과 상관없이 기쁨이 넘치게 됩니다. 진정 하나님은 누구이신지 모르면서 지식만으로 하나님에 대하여 잘 가르치고 말할 수도 있습니다.

열 처녀 비유에서 다섯 처녀들에게 "내가 너희를 알지 못하노라."라고 하십니다. '내가 너를 모른다'라는 말은 친밀함의 관계에 있지 않았다는 말입니다. 깨어 있으라! 라는 말씀은 내 안에 이미 오신 그리스도의 영, 성령님과 항상 교제하고 사랑하라는 말씀입니다. 내가 다시 올 때 믿는 자를 보겠느냐는 말씀과도 같은 맥락의 말씀이 아닐까요?

내게 입 맞추기를 원하니 네 사랑이 포도주보다 나음이로구나

내가 잘 지라도 마음을 깨었는데 나의 사랑하는 자의 소리가 들리는구나

문을 두드려 이르기를

나의 누이 나의 사랑 나의 비둘기 나의 완전한 자야

문을 열어다오

내 머리에는 이슬이

내 머리털에는 밤 이슬이 가득하였다 하는구나

돌아오고 돌아오라 술람미 여자야

돌아오고 돌아오라 우리가 너를 보게 하라

너의 의를 도장같이 마음을 품고 도장 같이 팔에 두라

사랑은 죽음 같이 강하고 질투는 스올 같이 잔인하며 불길같이 일어나나니

많은 물도 이 사랑을 끄지 못하고

홍수라도 삼키지 못하나니 사람이 그의 온 가산을 다 주고

사랑과 바꾸려 할지라도 오히려 멸시를 받으리라

나는 내 사랑하는 자에게 속하였도다

그가 나를 사모하는구나

_아가서

나눔을 위한 정리

하나님의 일을 하는 것과 하나님과 함께 거하는 삶은 다를 수 있습니다. 하나님 안에 거하지 않고 그 사랑 안에 거하지 않으면서도 하나님의 일을 할 수 있습니다. 잘 가르치고 말할 수도 있습니다. 열 처녀 비유에서 다섯 처녀들에게 "내가 너희를 알지 못하노라."는 말씀도 친밀함의 관계에 있지 않았다는 말입니다.

어린 양의 신부인 우리가 마지막 시대를 살아가며 회복해야 할 것이 하나님과의 친밀함입니다. '깨어 있으라'는 말씀 또한 우리 안에 살려고 오신 예수님과 항상 교제하고 사랑하라는 말씀입니다.

생각 나눔

1. 나는 성령님의 임재를 느끼고 있습니까? 성령님의 임재 가운데 나에게 하시는 음성은 무엇입니까?

2. 당신은 하나님과 얼마나 친밀하십니까?

3. 하나님의 일을 하는 것과 하나님과 함께 거하는 삶의 가장 큰 차이점을 나누어 봅시다.

전쟁하는 신부

⊚⊚

하나님의 충만으로 충만한 교회

> 교회는 그의 몸이니 만물 안에서 만물을 충만하게 하시는 이의 충만함이니라(엡
> 1:23).

"여보, 당신과 나는 하나님으로 가득 차 있어요." 곁에 있는 배우자에게 이렇
게 한번 말해 봅시다. 좀 생뚱맞습니까? 부부가 곧 교회이기 때문입니다.

하나님으로 충만한 교회!

하나님으로 충만한 부부!

여기 헤세드에서 바라보는 5월의 산은 참으로 생명으로 충만합니다. 만물 가
운데 충만한 하나님의 모든 충만!

> 그 안에는 신성의 모든 충만이 육체로 거하시고 너희도 그 안에서 충만하여졌으
> 니(골 2:9-10a).

신성의 모든 충만이 육체로 거하시니 육체 가운데 있는 우리도 동일하게 '충
만'입니다.

사랑하는 여러분! 충만! 우리는 이미 '충만'입니다. 무엇으로 충만합니까? 하
나님의 생명, 하나님의 영광, 하나님의 거룩, 하나님의 기쁨, 하나님의 빛, 하나

님의 사랑으로 충만합니다. 그 충만의 본체이신 주 예수 그리스도께서 내 안에 거하시니 우리 역시 '충만'인 것입니다.

그리스도의 신부인 교회! 그리스도와 한 몸인 교회 즉, 그리스도의 몸인 저는 이 말씀을 볼 때마다 감격으로 충만합니다. 나(교회)는 '하나님의 충만'입니다. 부부 역시 '하나님의 충만'입니다. 아내와 남편이 하나로 연합되면 놀라운 하나님의 능력이 나타나게 되어 있습니다. 부부가 연합하여 이룬 영광스러운 교회의 최초의 영적 전쟁은 에덴에서 시작되었습니다.

에덴에서부터 시작된 영적 전쟁

> 내가 너로 여자와 원수가 되게 하고 네 후손도 여자의 후손과 원수가 되게 하리니 여자의 후손은 네 머리를 상하게 할 것이요 너는 그의 발꿈치를 상하게 할 것이니라 하시고(창 3:15).

저는 사역의 초기에 주로 하나님의 나라, 관계치유와 관계회복의 구체적인 주제들을 다루었습니다. 정말 신기하리만큼 성령의 임재하심으로 관계회복 사역에서 많은 사람이 치유되고 회복되는 것을 보았습니다.

그런데 세월이 점점 흐르면서 어느 한계에 부딪히기 시작했습니다. 알듯 모를 듯 영적 전쟁이라는 현장 앞에 서게 된 것이지요.

에베소서 6장 초반부까지만 다루고 6장 마지막에 나오는 '끝으로' 이 부분을 간과했던 것입니다. 그때만 해도 이 영적 전쟁이란 주제는 일반적으로 교회 안에서 낯선 주제였습니다.

> 끝으로 너희가 주 안에서와 그 힘의 능력으로 강건하여지고 마귀의 간계를 능히 대적하기 위하여 하나님의 전신 갑주를 입으라 **우리의 씨름은 혈과 육을 상대하**

는 것이 아니요 통치자들과 권세들과 이 어둠의 세상 주관자들과 하늘에 있는 악의 영들을 상대함이라(엡 6:10-12).

'끝으로'라는 말은 앞부분 전부를 결론짓는 말입니다. 1장부터 5장까지 전부를 다 포함한 내용의 결론을 말씀하고 있습니다. 바울을 통하여 막 쏟아져 나온 보석 같은 말씀, 서신서의 왕관이요. 바울서신의 클라이막스라고 하는 에베소서의 결론과 그 마무리인 영적 전쟁을 놓친다면 많은 것을 잃게 되는 것이지요. 그 놀라운 신비, 이 비밀의 누림과 보존을 위해서, 원수에게 빼앗긴 것들을 되찾기 위해서 영적 전쟁은 꼭 필요한 주제입니다.

우리는 이 주제를 통하여 원하든지 원치 않든지 영적 전쟁 가운데 있음을 알게 될 것이며, 우리의 삶의 현장이 바로 그 치열한 영적 전쟁터임을 알게 될 것입니다.

에덴에서부터 시작된 영적 전쟁은, 구약에서 여호수아, 느헤미야 등에서 영적 전쟁의 모델들을 보여 주고 있습니다.

영적 전쟁은 회복 사역입니다. 사단이 훔쳐 갔던 것들을 되찾는 일입니다. 하나님의 형상의 회복 사역이요. 하나님의 것이 하나님의 것 되게 하는 사역입니다. 빛과 어둠의 충돌입니다. 그리하여 빛이 어두움을 삼키며, 생명이 사망을 삼키는 사역입니다.

회개와 용서, 사랑과 정체감 회복 등 모든 치유와 회복에 관한 주제들이 영적 전쟁에 포함됩니다. 영적 전쟁은 보이지 않는 세계와의 싸움입니다. 그러니까 지금 우리에게 펼쳐져 있는 현실은, 정사와 권세와 하늘에 있는 악의 영들과의 보이지 않는 싸움의 결과인 것입니다.

내면 세계의 전쟁
'저 사람은 하는 짓이 왜 이렇게 얄밉지? 왜 이렇게 말도 안 되는 것으로 화를

내지? 오늘은 왜 이렇게 기분이 꿀꿀해?'

이것은 우리가 화살을 맞은 것과 같습니다. 누군가가 했던 말이 우연히 생각을 타고 들어와 곱씹고 묵상하다 보면 마음 안에 섭섭함, 억울함, 원망과 분노가 내 마음을 장악해 버립니다.

우리는 가만히 혼자 있을 때에도 얼마든지 우리 마음을 도적맞을 수 있습니다. 뿐만 아니라 가족이나 부부 관계 안에서도, 공동체의 관계 안에서도 얼마든지 적의 공격에 속아서 좋은 것들을 잃을 때가 많습니다.

교회가 영적 전쟁을 모르면 아군끼리 열심히 싸울 수밖에 없습니다. 정말 아군끼리 피 터지게 싸워서 원수가 됩니다. 진짜 원수는 사탄인데 말입니다. 나름대로는 진리를 고수한다고 열심히 싸우지만, 진리의 방법대로 싸우는 것이 아니라, 자신 속에 있는 분노의 열매로 반응하면서 철저히 속고 있을 때가 얼마나 많은지 모릅니다. 사탄은 뒷짐 지고 있다가 오히려 박수를 치며 좋아하겠지요.

사탄은 우리의 마음을 사로잡으므로 우리의 날과 달과 시간을 훔쳐 갑니다. 우리는 모든 상황 가운데서 하나님께 귀 기울여야 합니다.

대적 마귀는 삼킬 자를 찾아다니며 포효하고 으르렁거립니다. 그들은 우리를 삼킬 수 없음에도 으르렁거리며 겁을 줍니다. 사탄이 울부짖으면 우리는 겁을 먹고 낙망하고 분노하고 침체의 늪에 빠집니다. 나는 사탄의 울부짖음에 이끌리는가? 하나님께 이끌리는가? 매 순간 자신에게 질문해 보아야 합니다

주위를 들러 보면 사자의 포효에 이끌려간 사람들의 빈 자리와 빈 초소를 발견하게 됩니다. 마귀는 자기가 울부짖을 때에 반응해야 한다고 하며 우리의 감정에 불을 지릅니다. 우리는 자신의 느낌에 상관없이 하나님의 음성에 귀를 기울여야 합니다.

"내 기분이 어떻든 내가 원하는 것이 거절되든 나는 요동하지 아니한다, 하나님께서 분명하게 내가 움직일 곳을 가르쳐주기 전에는 한 발짝도 움직이지 않겠다."고 말해야 합니다. 우리의 감정들이 우리에게 '반격하라! 멈추어라!' 하고

크게 외칠 때에도 나 자신에게는 '아니오' 라고 말해야 하고 하나님께는 '예'라고 말해야 합니다. 이것이 영적 성숙함입니다.*

사람의 감정도 매 순간 주님의 구원을 받아야 합니다. 자신의 불편한 감정을 묵상하다 보면 사탄의 올무에 빠져들기 일쑤입니다. 우리의 감각 역시 마찬가지이지요. 세상의 풍조는 미디어를 포함한 다양한 통로를 통하여 우리의 삶 속에 깊이 스며들어 와서 우리의 시간과 우리의 영혼을 도적질하고 세상의 것으로 물들게 합니다. 미디어와 접촉하고 있는 모든 순간에도 우리는 성령의 지배를 받으며 주님의 음성에 귀 기울여야 합니다.

> 그러므로 죄가 여러분의 죽을 몸을 지배하지 못하게 해서 여러분이 몸의 정욕에 굴복하는 일이 없도록 하십시오.…오히려 여러분은 죽은 사람들 가운데서 살아난 사람답게 여러분을 하나님께 바치고 여러분의 지체를 의의 연장으로 하나님께 바치십시오(롬 6:12-13, 표준새번역).

역사적으로 볼 때도 마녀사냥, 종교 전쟁 등 동일한 악이 저질러져 왔습니다. **상대의 죄를 고쳐주려다 상대가 지은 죄보다 더 큰 폭력을 행사할 수 있습니다.**

복음의 핵심은 하나님의 나라입니다. 그 하나님의 나라를 방해하는 사탄은 치밀한 조직과 전략을 가지고 낮은 자존감, 두려움, 우울감, 분노, 증오등의 심리적인 무기들까지 동원하여 집요하게 하나님 나라를 공격 합니다. 그러므로 깨어 있어서 하나님 나라를 빼앗기지 않아야 합니다.

> 네 씨가 그 대적의 성문을 차지하리라(창22:17b).

---

* 『영적 전쟁』, 딘셔만, 이상신 역, 예수전도단:2010, 64-65.

하나님께서 아브라함을 통하여 아브라함의 후손들이 대적의 문을 취할 자임을 말씀하셨습니다. 구약에는 많은 전쟁이 있지 않았습니까? 여호수아 11장, 민수기, 신명기, 출애굽기 34장 13절 등에서 볼 수 있습니다.

"그술 사람과 마아갓 사람은 이스라엘이 **쫓아내지 아니하였으므로** 그술과 마아갓이 이스라엘 가운데 거하더라(수 13:13)."고 하였고, 사사기 1장에서만도 '쫓아내지 아니하였으므로'라는 말이 여덟 번이나 나옵니다. 이로 보건대 전쟁은 분명히 외적인 영역인데, 이것이 어떻게 내면세계의 전쟁인가에 대해서 살펴보아야 합니다.

옆구리의 가시

너희는 이 땅의 주민과 언약을 맺지 말며 그들의 제단들을 헐라 하였거늘 너희가 내 목소리를 듣지 아니하였으니 어찌하여 그리하였느냐. 그러므로 내가 또 말하기를 내가 그들을 너희 앞에서 쫓아내지 아니하리니 그들이 너희 옆구리에 가시가 될 것이며 그들의 신들이 너희에게 올무가 되리라 하였노라(삿 2:2-3).

이스라엘 민족이 하나님의 말씀에 순종하지 않으므로 쫓아내지 않고 남겨 둔 자들이 그들 옆구리에 가시가 될 것이며 올무가 될 것이라고 하셨습니다.

우리의 현장에서 꼭 찾아내어야 할 적들이 있습니다. 나의 내면 안에도, 가정 안에도 도사리고 있어서 오늘까지 함께 거하며 옆구리의 가시로 찌르고 있는 적들은 어떤 것입니까? 내가 쫓아 내지 아니하므로 점점 견고해지고 자라나서 옆구리를 찌르고 있는 가시는 없습니까? 찾아내서 쫓아버려야 합니다.

여호와께서 가나안의 모든 전쟁들을 알지 못한 이스라엘을 시험하려 하시며 이스라엘 자손의 세대 중에 아직 전쟁을 알지 못하는 자들에게 그것을 가르쳐 알게 하려 하사…(삿 3:1-2).

하나님께서 전쟁을 알지 못하는 세대를 가르쳐 알게 하시려고 남겨두신 족속을 통하여 순종하는지를 보셨습니다. 결국 이스라엘 민족은 그 올무에 걸려 우상숭배의 늪에 점점 빠지고 말았습니다.

교회의 부르심은 영적 전쟁으로의 부르심에 상당한 영역을 차지합니다. 사탄은 자기 때가 얼마 남지 않음을 알고 교회가 가진 영광스러움과 연합의 신비를 방해하려고 최후의 발악을 하고 있음을 현실 가운데서 우리는 보고 있습니다.

하나님은 영적 전쟁을 통하여 크신 하나님을 알게 하시고 교회의 정체감을 알게 하시고 성숙에 이르게 하십니다.

하나 됨을 방해하는 사탄의 전략

하나님의 군사로 부르심을 받은 자는 자기를 위하여 살지 않습니다. 자기의 것을 구하지 않습니다. 하나님의 나라를 구합니다.

사탄은 그리스도의 몸인 교회가 얼마나 소중하며 그들에게 위협적인 능력이 있는지를 알기에 교회를 표적으로 삼아 집요한 공격을 하고 있습니다. 그리스도인은 영의 사람들입니다. 영의 사람들은 이 영의 정체에 대하여 분별하며 싸울 수 있어야 합니다.

교회가 하나 되는 자체가 영적 전쟁의 기반을 이루는 것이 됩니다. 연합하면 교회는 놀라운 힘을 발휘할 수 있습니다. 그러므로 '**교회의 하나 됨**' 과 '**부부의 하나 됨**'이 중요합니다.

아군끼리 싸우게 하는 사탄의 전략

사탄이 노리는 것은 아군끼리 싸우게 하므로 정작 해야 할 전쟁은 못하게 하는 것입니다. 총을 사람에게 겨누지 말아야 합니다.* 총을 겨누어야 할 대상은 사탄입니다. 교회는 영적 전쟁에 능한 자로 훈련되어야 합니다.

사탄은 이 전략을 가지고 있습니다. 교회가 아군끼리만 싸우도록 교란시키면 교회의 힘을 무력화시킬 수 있다는 것을 알고 그 집요한 전략을 늦추지 않고 있습니다. 그런데 우리는 너무도 많이 속고 있습니다. 악을 악으로 대응하면 악이 더 강화됩니다. 선으로 악을 이기는 능력을 믿지 못합니다. 말씀하신 대로 제대로 순종해 보면 하나님의 크심을 맛볼 수 있음에도 악을 악으로 갚느라고 모든 에너지를 다 소진하고 있습니다.

묶고 푸는 권세를 가진 교회

> …내가 이 반석 위에 내 교회를 세우리니 음부의 권세가 이기지 못하리라 내가 천국열쇠를 네게 주리니 네가 땅에서 무엇이든지 매면 하늘에서도 매일 것이요. 네가 땅에서 무엇이든지 풀면 하늘에서도 풀리리라 하시고(마 16:18-19).

하나님께서 우리에게 천국 열쇠를 주셨습니다. 묶고 푸는 권세가 교회인 우리에게 주어졌습니다. 하나님은 교회된 우리와 동역하시길 원하십니다. 우리가 묶으면 우리가 풀 때까지 하나님도 그대로 두십니다.

우리는 천국을 이 땅에서도 열어 가는 자들입니다. 아브라함에게 주신 축복의 통로가 우리에게도 적용됩니다. 우리는 천국 문에 걸터앉아서 천국을 가로막을 수도 있고 천국을 열어 갈 수도 있는 자들입니다(더 상세한 것은 『회복』 참조).

하나님은 우리를 부르셔서 자신의 피로 산 교회가 어떠한지 그 정체성을 보여 주고 싶어 하십니다.

---

* 『영적 전쟁』, 딘서만, 이상신 역, 예수전도단:2010.

열쇠가 나에게 있습니다.

내가 땅에서 묶어야 하늘에서도 묶습니다.

내가 땅에서 풀어야 하늘에서도 풀립니다.

교회인 우리에게 위임된 권세가 대단합니다.

예수님이 떠나시기 전 이 땅에 계실 때 하시던 일을 교회인 우리가 할 수 있도록 그 권세를 위임해 주셨습니다. 보혜사 성령, 곧 예수님의 영을 보내시므로 가능해졌습니다.

···나를 믿는 자는 내가 하는 일을 그도 할 것이요 또한 그보다 큰 일도 하리니 이는 내가 아버지께로 감이라(요 14:12).

대적의 문을 취해야 합니다. 빼앗겼던 것들을 다시 되찾아 와야 하는 회복 전쟁입니다. 주님께서 십자가에서 '다 이루었다'고 하셨습니다. 하늘 의회에서 결정했던 일들이 예수님의 순종과 헌신으로 다 이루어졌습니다. 이제 우리가 하나님의 뜻을 따라 묶고 풀면 하늘 법정에서 승인되기에 땅에서도 그대로 이루어지게 됩니다. 우리는 열쇠를 가진 집행자들입니다.

여기에서 우리가 간과해서는 안 되는 것이 있습니다. 이 권세가 '몸 된 교회'에게 주어지는 전제, 곧 머리이신 그리스도의 몸으로서의 교회의 전제는 바로 '거룩'입니다.

···내가 거룩하니 너희도 거룩할지어다(레 11:45).

우리가 정결하게 되는 것은 '온전한 회개'에서만 가능합니다. 다니엘이 포로로 잡혀간 바벨론에서 여호와 하나님께 기도한 내용은 중요한 영적 비결을 내포합니다.

주여 구하옵나니 주는 주의 공의를 따라 주의 분노를 주의 성 예루살렘, 주의 거룩한 산에서 떠나게 하옵소서 이는 우리의 죄와 우리 조상들의 죄악으로 말미암아 예루살렘과 주의 백성이 사면에 있는 자들에게 수치를 당함이니이다(단 9:16).

다니엘이 주목한 것은 '우리의 죄와 우리 조상들의 죄악'입니다. 그것은 우리 죄에 대한, 그리고 그 죄의 범주에 대한 것입니다. 다니엘이 기도를 마치자 하나님의 천사 가브리엘이 다니엘에게 와서 말해준 것은 회개의 엄청난 효과를 말해 줍니다.

곧 네가 기도를 시작할 즈음에 명령이 내렸으므로 이제 네게 알리러 왔느니라(단 9:23a).

거룩함은 왕이신 하나님과 신부인 교회 즉 우리를 연합되게 하는 유일한 통로입니다. 우리의 주인은 누구입니까? 지금 나는 누구에게 순종하고 있습니까? 거룩하신 하나님 말씀보다 사탄의 거짓말에 더 순종하고 있지는 않습니까?

이스라엘 자손의 온 회중이 실로에 모여서 거기에 회막을 세웠으며 그 땅은 그들 앞에서 돌아와 정복되었더라(수 18:1).

교회인 신부의 부르심은 오랫동안 황폐되었던 곳을 위하여 부르셨습니다. 그 땅이 돌아와 정복되도록 철저히 말씀을 따라 순종하며 싸워야 합니다.

그리스도의 신부는 반드시 군사여야 한다

'에제르'의 히브리어 뜻 중에는 '전쟁의 지원군으로 결정적인 순간을 도와 승리를 이끄는 군대'를 가리키는 말로도 사용되었습니다. 강자가 약자를 도와서 승리케 하는 군사용어입니다.

> 아침 빛 같이 뚜렷하고 달 같이 아름답고 해 같이 맑고 깃발을 세운 군대 같이 당
> 당한 여자가 누구인가(아 6:10).

> 내게 입 맞추기를 원하니 네 사랑이 포도주보다 나음이로구나(아 1:2).

> 내 사랑하는 자는 내게 속하였고 나는 그에게 속하였도다(아 2:16).

왕과의 입맞춤! 지성소의 사랑에 흠뻑 젖은 신부! 충만한 사랑을 입은 여인!
승리한 군사로서의 신부는 이토록 아름답고 성숙하고 엄숙한 위엄을 지닌 삶이
가능해집니다. 이 순결한 사랑과 거룩함을 빼앗기지 않기 위해서 전쟁해야 하
는 것입니다.

> 이 비밀이 크도다 나는 그리스도와 교회에 대하여 말하노라(엡 5:32).

이 비밀을 누리는 자는 담대한 영적 군사가 될 수 있습니다. 또한, 이 비밀의
누림의 축복을 빼앗기지 않으려면 영적 전쟁을 하여야 합니다. 내가 싸우는 것
이 아니라 하나님의 싸움에 동참하는 것입니다. 이 어두운 시대의 교회는 전쟁
에 능한 전사가 되어야 합니다.

> 네 발에서 신을 벗으라(출 3:5b).

> 하나님 아는 것을 대적하여 높아진 것을 다 무너뜨리고 모든 생각을 사로잡아 그
> 리스도에게 복종하게 하니(고후 10:5).

우리가 사는 시대는 하나님을 거슬러 높아진 모든 이론들이 하나님인양 득세를 하고 있습니다. 하나님을 거슬러 높아진 모든 이론을 파하고 대적의 문을 취해야 합니다. 사탄은 하나님의 창조 원리와 질서에 도전하고, 미디어와 각종 문화를 통하여, 부부, 결혼, 가정을 공격하고 있습니다. 이것은 곧 하나님을 향한 공격입니다. 그리스도와 한몸 된 교회가 원수에게 호락호락 그 권세를 내어 줄 수 없습니다. 그리스도의 죽으심으로 신부인 교회가 되찾은 권세를 사용해야 합니다.

이기는 자는

요한계시록의 모든 교회들에게 하나같이 강조하시는 말씀은 '이기는 자는'입니다. 일곱 교회 모두에게 동일한 말씀을 반복하십니다. 이 말은 싸움이 전제된 말씀입니다. 교회는 이 땅의 소망입니다. 천국의 열쇠를 가지고 있으면서 여호와의 전쟁을 하지 않았던 것을 회개해야 합니다.

하나님의 통치에 온전히 순종할 수 있도록 우리를 도우소서.

귀 있는 자는 성령이 교회들에게 하시는 말씀을 들을지어다.

교회론을 마무리하는 에베소서 6장의 마지막 권면은 영적 전쟁입니다. 사탄의 집요한 공격의 대상은 교회입니다. 특별히 마지막 시대를 살아가는 신부는 전쟁에 능한 전사가 되어야 합니다. 전쟁에서 이기는 힘은 신부인 교회가 그리스도와 온전히 연합하여 정결함을 회복하는 데 있습니다.

나눔을 위한 정리

우리가 원하든 원치 않든 삶의 현장에서는 영적 전쟁이 일어나고 있습니다. 영적 전쟁은 회복 사역입니다. 하나님의 것이 하나님의 것 되게 하는 사역입니다. 빛과 어둠의 충돌입니다. 영적 전쟁은 보이지 않는 세계와의 싸움입니다. 사탄은 복음의 핵심인 하나님 나라를 끊임없이 방해하고 있는 데도 우리는 영적 전쟁 중임을 잊고 있습니다. 교회가 깨어나야 합니다.

사탄은 그리스도의 몸인 교회가 얼마나 소중하며 그들에게 위협적인 능력이 있는지를 알기에 교회를 표적으로 삼아 집요한 공격을 하고 있습니다. 그리스도인은 영의 사람들입니다. 영의 사람들은 이 영의 정체에 대하여 분별하며 싸울 수 있어야 합니다.

주님께서는 십자가에서 다 이루었다고 말씀하셨습니다. 아버지의 뜻에 따라 이 땅에서 풀고 묶을 수 있는 권세를 받은 우리는 거룩한 군대요, 주님의 신부요, 교회입니다. 이 비밀을 누리는 자는 담대한 영적 군사가 될 수 있습니다. 이 비밀의 누림을 빼앗기지 않으려면 영적 전쟁을 하여야 합니다.

생각 나눔

1. 창세기 3장 15절 말씀의 뜻하는 바를 이야기해 봅시다.

2. 영적 전쟁 중 내면세계의 전쟁의 내용은 어떤 것들이 있으며 그 결과는 어떻게 되는지 나누어 봅시다.

3. 묶고 푸는 권세가 교회인 나에게 있다고 합니다(마 18:18). 이 말씀의 의미를 이야기해 봅시다.

4. 삶의 현장에서 영적 전쟁을 치렀던 경험들을 나누어 봅시다.

5. 교회가 하나 되어 사탄의 공격에 대처할 수 있는 방법에 대해 나누어 봅시다.

8-4

신부를 찾으시는 하나님

성경은 우리의 정체성에 대하여 여러 단어로 표현하고 있습니다. 하나님의 나라, 하나님의 백성, 하나님의 가족, 하나님의 종, 하나님의 친구(벗), 하나님의 아들, 신부(어린 양의 아내) 이것은 모두 관계 용어입니다. 이 모든 단어들에 포함되어 있는 정체성을 우리는 이미 다 경험하고 있었습니다. 이 모든 단어들 중에 하나님과 관계에서 가장 친밀함을 나타내는 단어는 신부입니다. 이 책에서 말하고 싶은 핵심은 결혼, 신부입니다. 마지막 시대를 사는 교회는 신부의 영성이 필수입니다.

시대와 나라를 막론하고 인간 내면 속에 잠재해 있는 결혼에 대한 환상이 있습니다. 이러한 스토리를 다룬 책이 동화부터 시작해서 드라마 등으로 많이 있지요. 이것은 창조 목적에 순응한 자연스런 인간 본능일지도 모르겠습니다. 결혼 대상자(아내)를 찾으시는 하나님, 창세기를 통하여 볼 수 있는 내용은 하나님이 아들 예수를 위해서 적합한 배우자를 찾으시는 사람의 창조 역사를 볼 수 있습니다.

인간의 범죄로(인간은 그 사랑을 배신해 버렸습니다.) 그 하나님의 계획이 무산되어 버리자 하나님은 다시 자신의 결혼 배우자를 찾으십니다. 갈대아 우르(창 12장), 그곳에 살고 있는 아브라함을 부르셔서 하나님의 백성이 되게 하셔서 큰 민족을 이루게 하십니다. 그들과 연합하고 싶으신 오직 한 가지 사랑의 일념으로 구약의 모든 역사 가운데서 개입하십니다. 광야를 지나는 동안 불과 구름 기둥으로 함께 머무십니다. 그 크신 하나님께서 심지어 텐트 안의 초라한 법궤에 머무시면서까지 자기 백성과 함께 동행하셨습니다. 광야에서 방황하고 있는 자기 백성 가운데 머무시면서 그들과 함께하셨습니다. 자기 백성을 향하신 이 사랑 이야기는 사람과 결혼하시기를 원하셨던 하나님의 사랑 이야기입니다. 아담과 하와(남자와 여자)를 창조하시고 부모를 떠나 아내와 연합하라고 하신 명령을 아브라함에게도 동일하게 하십니다.

> …너는 너의 고향과 친척과 아버지의 집을 떠나…(창 12:1).

아브라함은 아들을 하나님께 드리기까지 하나님을 향한 사랑을 보여 줍니다. 하나님이 그의 남편이고 아들이 하나님으로부터 왔고, 하나님 것이니 가능했을까요? 그 다음 창세기 12장 2-3절의 축복은 완전 하나님의 것이라는 말입니다. 그러므로 아브라함의 어떤 상황에도 보호하시고 사랑하시며 아브라함의 편이 되어 주시는 것을 볼 수 있습니다.

이스라엘을 하나님의 아내로 삼으셨습니다. 구약이 신약의 모형이듯이 구약 전체 역사에서 우리를 구원하러 오실 신랑의 모습을 볼 수 있습니다. 우리가 무엇이길래 그 영광의 나라 왕께서 우리를 구원하시려 저주받은 땅으로 오셔서 죽음으로써 신랑(신부)의 값을 치르셨을까요?

세례 요한은 '신부를 취하는 자는 신랑이니, 나는 이런 기쁨이 충만하노라(요 2:29).'라고 자신을 신랑되신 예수님의 들러리로 소개합니다.

요한은 신부를 찾아오신 신랑을 보라고 말합니다. 이렇게 성경의 모든 문맥은 결혼으로 이어집니다. 예수님의 공생애 첫 번째 표적인 가나 혼인잔치는 예수님 자신이 신부를 찾으러 오신 신랑이심을 드러내시고 또 다시 오실 신랑이심을 계시합니다. 이렇게 성경은 계속하여 결혼과 관련하여 전개되고 있습니다. 당신의 제자들은 왜 금식하지 않느냐는 말에 신랑을 **빼앗기는** 날이 이르리니 그때는 금식할 것이라고 하십니다(마 9:14). 마지막 때를 말씀하시면서 마태

복음 25장에서 열 처녀 이야기는 하나님 나라 천국은 신랑을 맞으러 간 열 처녀와 같다고 말씀합니다. 요한계시록에 이르기까지 결혼의 완성을 어린 양의 혼인잔치로 하나님 나라를 표현합니다.

하나님 나라의 구원 역사를 기록한 창세기 46장에 장차 하나님의 나라를 이루게 될 야곱을 비롯한 그의 가족 70명의 명단이 있습니다. 그런데 그 70명에 들어 있는 두 명의 여자가 디나와 세라인데 디나를 주목하게 됩니다. 야곱의 아픈 손가락으로 이사야 54장의 "홀로 된 여인"중의 하나인 디나가 왜 야곱과 그의 열두 아들을 비롯한 남자들 사이에 왜 들어 있을까요? 기록이 없으니까 추측해 봅니다. 이 400년 후에 60만 명으로 폭발적인 증가를 이루어 하나님의 백성을 이루게 되는 것을 보면 이스라엘 민족의 조상(?) 모판이라 할 수 있는데 왜 거기에 "홀로 된 여인" 디나가 포함될까요?

메시아 라인에 들어 있는 홀로 된 여인 중에 유다의 며느리 다말과 룻기의 룻 그리고 예수님의 어머니 마리아를 생각합니다. 물론 마리아는 요셉이라는 남편이 있었지만 동정녀로 예수님을 잉태한 것은 남편이 없는 홀로 된 여인에 포함해도 되지 않을까요? 우리 하나님은 역전의 드라마를 즐거워하시는 분이신 것 같습니다. 위의 예를 든 분들을 보면 사람으로는 불가능하여 감히 상상할 수 없는 일을 행하시는 섭리를 볼 수 있으니까요.

세겜 땅에 대한 호기심으로 기웃거리다가 예상치 못한 슬픔과 곤욕을 당한 디나! 그래서 홀로 되어 아마 평생을 외롭게 보낸 디나의 후손을 출애굽 시켜 생명의 공동체를 이루게 하십니다. 그 놀라운 하나님의 섭리는 디나처럼 세상을 향하다 세상에 욕을 당하고 배척당하여 홀로 된 교회를 출애굽 시켜서 충만한 생명이 가득한 하나님의 나라를 이루게 하실 것입니다.

이 놀라운 하나님의 역설, 하나님의 비밀은 감히 헤아리기 어렵지만 그러나 앞서 살펴본 바와 같이 결혼제도를 창조하신 하나님의 의도 한 가지는 이 땅에서의 우리의 결혼생활을 통하여 장차 새 하늘과 새 땅에서 펼쳐질 어린 양과 교회의 결혼을 꿈꾸며 연습하라는 것으로 여겨집니다. 그래서 단순히 한 남자와 한 여자의 결혼이 아니라 나와 하나님, 교회와 예수님이 하나 되는 결혼의 의미이기에 어떤 어려움도 극복해야만 하는 것이 아닐까요? 디나처럼 홀로 되어 불가능해 보이지만 하나님의 비밀은 홀로 된 여인의 자식이 남편 있는 자의 자식보다 많다고 여호와께서 말씀하십니다. 이해하기 어려운 이 비밀을 우리 모두 함께 누릴 수 있기를 소원합니다. 마리아를 통하여 나타나신 예수 그리스도의 풍성한 생명의 비밀을 우리에게 열어 주옵소서.

> 내가 이미 얻었다 함도 아니요 온전히 이루었다 함도 아니라 오직 내가 그리스도 예수께 잡힌바 된 그것을 잡으려고 달려가노라…나는 아직 내가 잡은 줄로 여기지 아니하고…(빌 3:12-13).

그 바다와 같이 광대하신 하나님 안에 감추어져 있는 큰 비밀을 작고 작은 조가비 하나에 담은 것처럼 미숙하고 어설픕니다. 그러나 존귀하신 독자들께 이보다 더 넓고 깊은 비밀의 신비를 계시해 주실 성령 하나님을 기대합니다.

이 일에 한 바가지의 마중물이 되기를….

♬ 지금은 희미하게 보이나
그때는 주님의 얼굴을 맞대고 보리
하나님 나를 알고 계시듯 우리도 주를 알리

주님은 다시 오실 것입니다

이 책을 쓰는 전체 기간 동안 제 마음에 궁극적으로 주신 부담은 "어린 양의 신부여, 깨어나라."는 말씀이었습니다.

이와 같이 너희도 이 모든 일을 보거든 인자가 가까이 곧 문 앞에 이른 줄 알라 (마 24:33).

그러므로 깨어 있으라 어느 날에 너희 주가 임할는지 너희가 알지 못함이니라 (마 24:42).

열 처녀의 비유에서,

그들이 사러 간 사이에 신랑이 오므로 준비하였던 자들은 함께 혼인잔치에 들어 가고 문은 닫힌지라(마 25:10).

그런즉 깨어 있으라 너희는 그 날과 그 때를 알지 못하느니라(마 25:13).

저는 가끔씩 사람들에게 재림에 대한 생각이 어떠한지 질문합니다. 대부분은

"아직은 오시지 않아야 한다. 심판하러 오시기 때문에 두렵다. 관심 두고 싶지 않다."는 대답을 합니다. 어떤 사람들은 "괴로운 세상이니 주님이나 빨리 오시면 좋겠다."고 합니다.

많은 사람이 예수님이 언제 오시느냐에 대한 관심은 많지만 왜 오시는지는 관심이 없습니다. 그래서 재림의 시기에 관련한 많은 이단이 있었고 논쟁이 있어 왔습니다. 예수님이 다시 오시는 이유는 신랑이 신부를 데리러 오시는 일, 즉 결혼을 위해 오십니다. 신랑이 신부와 연합하여 영원히 함께 사시려고 오신다는 사실에 집중해야 합니다. 갈릴리의 결혼 풍습은 세계 그 어느 지역보다 특별합니다. 복음서의 3분의 2가 갈릴리를 배경으로 하고 있습니다. 앞에서 다루었듯이 가나 혼인잔치는 재림의 비밀이 숨겨진 중요한 단서가 됩니다.

우리는 예수님과 정혼한 신부입니다. 정혼한 신부는 자신이 신부인 것을 잊을 수가 없습니다. 신랑은 신부를 데리러 올 것이라고 약속하셨기 때문입니다. 갈릴리의 결혼 풍습에서 정혼한 신부는 예복을 준비하여 예복을 입고 잠을 잡니다. 신랑이 밤 늦게 오기 때문이고 어느 날, 어느 때에 올지 모르기 때문입니다. 신랑은 정혼 후 자신의 집으로 돌아가 신부와 함께 살 집을 짓습니다. 신랑이 언제 신부를 데리러 갈지는 신랑 아버지에게만 결정권이 있습니다. 집을 다 지은 신랑은 밤마다 아버지의 눈치를 보며 잠이 듭니다. 잠자는 신랑을 깨워 드디어 결혼날이라는 것을 알리면 신랑은 친구들과 함께 신부를 데리러 갑니다. 나팔을 불며 "보라! 신랑이로다." 하고 신부를 가마에 태우고 이웃의 축하객과 함께 신랑의 집으로 들어가고 나면 문은 굳게 닫힙니다.

갈릴리 지방의 결혼 문화는 신랑이 신부에게 포도주잔을 내밀며 청혼할 때 신부가 포도주를 받아 마시면서 정혼이 성립됩니다. 그리고 정혼한 신랑은 신부를 데려와서 혼인잔치를 하기 전까지는 포도주를 마시지 않습니다.

내가 포도나무에서 난 것을 하나님 나라에서 새 것으로 마시는 날까지 다시 마시지 아니하리라 하시니라(막 14:25).

위의 말씀처럼 예수님은 약속을 지키시기 위하여 십자가 위에서 고통을 감할 수 있는 쓸개 탄 포도주를 마시지 않습니다. 우리와 약속을 지키시기 위하여 그 고통을 감내하십니다. 하나님 나라가 완성되어 어린 양의 혼인잔치에서 하늘 식탁이 마련될 그날엔 신부된 우리와 함께 새 언약의 성취인 새 포도주를 마시게 될 것입니다. 우리는 주님을 만나는 그날까지 주의 흘리신 피를 먹고 마시므로 정결한 신부의 삶을 살아야 합니다.

> 인자의 살을 먹지 아니하고 인자의 피를 마시지 아니하면 너희 속에 생명이 없느니라 내 살을 먹고 내 피를 마시는 자는 영생을 가졌고 마지막 날에 내가 그를 살리리니 내 살은 참된 양식이요 내 피는 참된 음료로다(요 6:53-55).

> …무너졌도다 무너졌도다 큰 성 바벨론이여 모든 나라를 그 음행으로 말미암아 진노의 포도주를 먹이던 자로다…(계 14:8).

구약 시대에 우상을 섬기는 것을 음행으로 간주하고 간음한 아내인 백성을 책망하는 선지자들의 외침이 있었습니다. 이 시대는 하나님 백성인 신부의 음행이 바벨론이 주는 진노의 포도주를 마시게 될 것이라고 경고합니다.

> 그 음행의 진노의 포도주를 말미암아 만국이 무너졌으며 또 땅의 왕들이 그로 더불어 음행하였으며 땅의 상인들도 사치의 세력으로 인하여 치부하였도다 하더라(계 18:3).

바벨론은 우리를 안락하게 합니다. 세련되게 합니다. 이곳이 영원한 도성인

것처럼 여기게 합니다.

> 귀 있는 자는 성령이 교회들에게 하시는 말씀을 들을지어다(계 2:7a).

이 시대 교회인 신부를 향하여 성령께서 지금 말씀하십니다. 코로나19라는 전염병으로 온 세상을 흔드시고 진동케 하심으로 신부인 교회를 깨우고 계십니다. 기름을 충분히 준비하지 않은 처녀들에게 기회를 주고 계십니다. 기회는 언제나 주어지지 않습니다. 신랑을 기다리는 신부는 두렵지 않습니다. 기쁨과 설레는 마음으로 신랑을 기다립니다. 초림하셨던 주님은 반드시 재림하실 것을 약속하셨습니다. "갈릴리 사람들아 어찌하여 서서 하늘을 쳐다보느냐 이 예수는 너희가 올라가심을 본 그대로 오시리라(행 1:11)."고 분명히 약속하셨습니다. 신부는 그리스도의 피의 예복을 빨아야 합니다. 신부의 생명력은 순결입니다. 바벨론의 화려하고 안락함에 취하면 우리의 등불이 어둡게 됩니다.

> 그러므로 네 속에 있는 빛이 어둡지 아니한가 보라(눅 11:35).

미련한 다섯 처녀도 등과 기름을 준비하고 신랑을 맞을 모양을 갖추고 있습니다. 그러나 등불이 꺼져 갑니다. 기름이 모자란다는 뜻이죠. 열 처녀의 비유에서 미련한 다섯 처녀는 불신자가 아닙니다. 주님을 기다리는 신부입니다. 우리를 세상에 빛이라고 하셨는데 우리 각자는 빛의 밝기가 있습니다. 그래서 "네 속에 있는 빛이 어둡지 아니한가 보라."고 말씀하십니다.

> 네 온몸이 밝아 조금도 어두운 데가 없으면 등불의 빛이 너를 비출 때와 같이 온전히 밝으리라(눅 11:36).

우리는 발광체는 아닙니다. 주님의 빛을 받은 만큼 보여지는 반사체입니다. 우리를 향하여 세상의 빛이라고 하셨는데 무엇이 우리를 가리워 어둡게 만들었을까요? 세상의 유혹, 돈, 염려, 분노, 두려움, 깨어진 관계, 상처 입은 마음은 우리를 바벨론에 묶어 두어서 어둡게 합니다. 교회생활을 통한 모든 종교적인 행위를 하는 것으로 등과 기름이 준비된 것으로 착각하게 합니다. 교회인 신부는 이미 하나님의 충만으로 충만하다고 말씀합니다.

> 그 안에는 신성의 모든 충만이 육체로 거하시고 너희도 그 안에서 충만하여졌으니…(골 2:9-10).

하나님으로 충만하다는 것은 곧 말씀 충만이고 성령 충만입니다. 하나님의 충만은 빛의 충만입니다. 이것이 곧 기름을 채운 신부의 영성입니다. 어떻게 해야 이 기름을 채워서 불이 꺼지지 않도록 할 수 있을까요?

> …**순금 등잔대 위에 그 등불을 늘 켜 두어야 한다**(레 24:4, 새번역).

순금 등대는 항상 기름이 떨어지지 않게 하여 외부의 모든 자연 빛이 차단된 성소를 밝힙니다. 우리는 오직 성령 충만함으로만 우리의 빛을 밝힐 수 있습니다. 한 번의 충만으로 영구적이지 않습니다.

"술 취하지 말라 오직 성령의 충만을 받으라."는 말씀은 성령 충만을 받고, 또 받고, 지속적으로 받으라는 뜻입니다. 그러므로 주님에 대한 목마름이 있어야 합니다. 목마름, 사모함은 주님의 은밀한 처소에 머물게 하므로 주님과의 친밀함을 누리게 합니다. 그리하여 주님의 사랑에 젖어들게 하여 불을 밝힐 수 있는 기름이 부어지게 합니다. 성령 충만함과 술취함의 현상은 유사점이 많지만 실제로는 대조적입니다. 성령으로 충만할 때는 성령께서 전 인격을 지배하시지만 술에 취하면 술이 그 사람을 지배합니다. 주님의 영으로 충만하지 아니하면 내 속에 있는 빛이 어두워지며, 기름이 모자라 등불이 꺼져가게 됩니다. 양 다리를 걸친 신앙의 자리는 술에 취하듯 세상, 바벨론에 취하여 음녀가 내미는 진노의 포도주를 마시게 될 위험에 노출될 수밖에 없습니다.

> …내 백성아, 거기서 나와 그의 죄에 참여하지 말고 그가 받을 재앙들을 받지 말라(계 18:4).

> 주의 날이 밤에 도둑 같이 이를 줄을 너희 자신이 자세히 알기 때문이라(살전 5:2).

> 형제들아 너희는 어둠에 있지 아니하매 그날이 도둑 같이 너희에게 임하지 못하리니 너희는 다 빛의 아들이요 낮의 아들이라 우리가 밤이나 어둠에 속하지 아니하나니 그러므로 우리는 다른 이들과 같이 자지 말고 오직 깨어 정신을 차릴지라(살전 5:4-6).

잠자고 있을 때나 꿈속에서는 자신의 상태를 볼 수도, 느낄 수도 없습니다.
깨어 있는 자는 주님으로 목마른 자이며(시 42:1),
깨어 있는 자는 환경 속에서도 주의 음성을 듣는 자이며(아 5:2),
깨어 있는 자는 주님과 사랑에 빠진 자이며(아 1:2),
깨어 있는 자는 마음의 눈을 주님께 고정하고 있는 자이며(시 86:4),
깨어 있는 자는 지존자의 은밀한 처소에 거하는 자이며(시 91:1),
깨어 있는 자는 환란 가운데 그 날개 아래 피하는 자이며(시 91:1-2),
깨어 있는 자는 주님을 의뢰하고 담을 뛰어 넘는 자이며(시 18:29),
깨어 있는 자는 주님의 사랑을 누리는 자입니다(계 3:20).
그 무엇보다 신랑이 오실 날을 고대하고 기다리는 자입니다(마 24:4).

내게 입 맞추기를 원하니 네 사랑이 포도주보다 나음이로구나(아 1:2).

내가 잘지라도 마음은 깨었는데 나의 사랑하는 자의 소리가 들리는구나(아 5:2a).

북풍아 일어나라 남풍아 오라 나의 동산에 불어서 향기를 날리라 나의 사랑하는 자가 그 동산에 들어가서 그 아름다운 열매 먹기를 원하노라(아 4:16).

때를 따라 양식을 나누어 줄 자가 누구냐?

그러므로 깨어 있으라 어느 날에 너희 주가 임할는지 너희가 알지 못함이니라(마 24:42).

이러므로 너희도 준비하고 있으라 생각하지 않은 때에 인자가 오리라 충성되고 지혜 있는 종이 되어 주인에게 그 집 사람들을 맡아 때를 따라 양식을 나눠 줄 자가 누구냐(마 24:44-45).

주님은 이 시대를 향하신 주님의 마음을 알아 그 집 사람들에게 때에 맞는 양식을 나누어 줄 청지기를 찾고 계십니다. 수많은 사람들은 이 혼란스런 세대를 살면서 때에 맞는 말씀에 굶주려 있습니다. 시대마다 하나님은 그 종들을 통하여 하나님의 마음을 백성에 전하게 하셨습니다. 마지막 시대를 사는 우리들을 향하여서도 말씀하고 계십니다.

…'순금 상 위에 (떡 열두 덩이를) 차려 놓아라.'(레 24:6, 새번역)

제사장은 성소 안에서 떡 열두 덩이를 진설하여 먹었습니다. 이 시대의 제사장인 우리도 날마다 생명의 떡이신 주님을 먹고 마시고 교제하는 자라야 때를 따라 양식을 나누어 주는 자가 될 수 있습니다.

> 신랑이 더디 오므로 다 졸며 잘새 밤중에 소리가 나되 보라 신랑이로다 맞으러 나
> 오라 하매 이에 그 처녀들이 다 일어나 등을 준비할새(마 25:5-7).

주님의 초림의 오실 길을 예비하여 광야에서 외쳤던 세례 요한의 소리처럼 주님이 재림하실 길을 예비하라고 외치는 소리가 필요한 때입니다. 잠자고 있는 신부를 향하여 다시 오실 어린양의 신부를 깨우는 소리! "보라! 신랑이로다!" 하고 맞으러 나오라고 외치는 소리가 필요합니다.

> 그리고 각 줄에 하나씩 순전한 향을 얹어라(레 24:7a, 새번역)

> 그가 그 두루마리를 받아 들었을 때에 네 생물과 스물네 장로가 각각 거문고와 향
> 이 가득히 담긴 금 대접을 가지고 어린 양 앞에 엎드렸습니다. 그 향은 곧 성도들
> 의 기도입니다.(계 8:4, 새번역)

신부를 깨우는 소리와 신랑을 맞으러 나오라고 외치는 소리는 신부들을 향한 중보의 기도로 함께 울려 퍼져 보좌까지 닿아야 합니다. 신랑의 애끓는 마음을 깨달아야 합니다. 잠자는 신부들이 깨어나야 합니다. 기도의 향으로 가득 차도록…(계 8:4).

> 너희는 주께 받은바 기름 부음이 너희 안에 거하나니 아무도 너희를 가르칠 필요
> 가 없고 오직 그의 기름 부음이 모든 것을 너희에게 가르치며 또 참되고 거짓이
> 없으니 너희를 가르치신 그대로 주 안에 거하라 자녀들아 이제 그의 안에 거하라

이는 주께서 나타내신바 되면 그가 강림하실 때에 우리로 담대함을 얻어 그 앞에서 부끄럽지 않게 하려 함이라(요일 2:27-28).

귀를 기울여 보십시오. 신랑의 발자국 소리가 들리지 않습니까? 신부를 향해 달려오는 신랑의 발자국 소리 말입니다. 오직 성령의 기름 부음 받은 당신이 신랑되신 주님의 오심을 알리는 소리가 될 것입니다. 또한 성소에서 주님 안에 친밀히 거하는 당신이 부끄럽지 않는 순결한 신부로 준비될 것입니다.

신랑이 오시기까지
밤이 점점 더 깊어지고
어둠이 점점 더 짙어질지라도
영원히 꺼지지 않는 성소의 불을 밝히며
신랑되신 주님과 날마다 더불어 먹고 마시며
기도의 향이 가득 채워지기 까지
내게 기름을 부어주소서!
아멘! 나의 신랑이신 주 예수여!
어서 오시옵소서!

이전보다 더욱 사랑합니다.